大学生
口语交际实用教程

主　编　傅红英
副主编　屠国平
参　编　(按姓氏笔画为序)
　　　　白文杰　叶芳芳　邱娟飞　陆飞飞
　　　　孟念珩　罗玉石　胡彩敏　姚轶蓝
　　　　曹颖群　程　隽

南京大学出版社

图书在版编目(CIP)数据

大学生口语交际实用教程 / 傅红英主编. — 南京：南京大学出版社，2014.8(2021.7重印)

ISBN 978-7-305-13884-3

Ⅰ. ①大… Ⅱ. ①傅… Ⅲ. ①汉语－口语－高等学校－教材 Ⅳ. ①H193.2

中国版本图书馆 CIP 数据核字(2014)第 192087 号

出版发行　南京大学出版社
社　　址　南京市汉口路 22 号　　邮　编　210093
出 版 人　金鑫荣

书　　名　大学生口语交际实用教程
主　　编　傅红英
责任编辑　刘　飞　　　　　　　编辑热线　025-83592146

照　　排　南京南琳图文制作有限公司
印　　刷　江苏凤凰通达印刷有限公司
开　　本　787×960　1/16　印张 16　字数 295 千
版　　次　2014 年 8 月第 1 版　2021 年 7 月第 6 次印刷
ISBN 978-7-305-13884-3
定　　价　39.00 元

网址：http://www.njupco.com
官方微博：http://weibo.com/njupco
官方微信号：njupress
销售咨询热线：(025) 83594756

* 版权所有，侵权必究
* 凡购买南大版图书，如有印装质量问题，请与所购
　图书销售部门联系调换

前言

一个人口语交际能力的高低,会对其一生产生至关重要的影响。作为中国人,汉语言的口语交际能力则将直接影响他的工作和生活。长期以来,国内各级学校对学生汉语口语交际能力培养普遍不够重视,各高校汉语口语教育则更是薄弱。迄今为止,众多高校中,除了师范类专业和管理类专业已经开设了"教师口语""演讲与口才"等相关的口语课程外,更多大学生的汉语言口语交际能力都得不到培养,为他们的学习、工作带来了很多的负面影响;大学生的汉语口语交际现状着实让人忧虑。

如今,部分高校已经开始重视大学生的汉语言口语交际能力的培养,开设了大学生口语交际课程。由于普适性大学生口语交际课程的开设才刚起步,针对性的适用教材还非常匮乏。现行各高校的汉语口语教材,主要集中在"教师口语"和"演讲与口才"上。其中"教师口语"类的教材往往普通话篇幅所占比重较大,教师职业性特征明显,对非师范类专业学生不适用;"演讲与口才类"的教材则主要偏重于演讲与口才训练,口语形式单一,忽视了日常口语和职场口语的实际交际需要,对于一般大学生而言要求过高,实践训练难度大。此外,有些口语交际教材理论性过强,实践操作性差,只适宜教师教学参考之用,对普通大学生来说内容偏深奥、学习难度过大,不适宜作为普适教材。有的教材虽能体现口语交际功能,注重日常口语交际技巧,但忽视口语交际基础,教材完整性、系统性不足。

为弥补以上不足,我们专门组织口语交际课程教学的专家与骨干教师,编写了《大学生口语交际实用教程》。本教材以大学生汉语口语交际"能力本位"为中心,构建了常用汉语口语交际实践教学体系。

教材分绪论、口语交际基础、日常口语交际、职场口语交际、口语交际艺术5章内容共18小节,外加附录"口语交际经典与赏析"。本教材借鉴国际口语教学模式,突破了一般汉语口语教材重理论轻实践、不容易进行实践训练、不注重口

语交际功能、口语训练形式少等局限,注意从不同角度培养学生汉语口语的交际能力,并提升学生对汉语口语交际的鉴赏水平。教材有着完整的汉语口语应用型教学体系,采用案例法教学,并附有拓展练习和实践训练内容。教材理论阐述与实践能力训练并重,实用性强,易操作。

  本教材由绍兴文理学院傅红英任主编、屠国平任副主编。具体编写任务分工如下:傅红英执笔编写绪论、访谈艺术、朗诵艺术;屠国平执笔编写语气语调与体态语、口语交际经典与赏析;邱娟飞执笔编写语音与发声、通讯语言;胡彩敏执笔编写招呼介绍、交谈倾听;姚轶蓝执笔编写谈判语言、主持语言;白文杰执笔编写演讲艺术、辩论艺术;叶芳芳执笔编写表扬批评、求职语言;曹颖群执笔编写角色定位与语境适应;罗玉石执笔编写提问应答;程隽执笔编写心理素质与思维品质;陆飞飞执笔编写说服拒绝;孟念珩执笔编写交际礼仪。傅红英、屠国平等进行了统稿,并得到了绍兴文理学院教务处的大力支持,朱志勇、侯友兰等专家为本教材的编写提出了宝贵的意见。谨致谢忱!

  由于经验、水平的限制,本教材编写定还存有诸多疏漏和不当之处,恳请同行专家与读者朋友批评指正!

编 者

目 录

第一章　绪论 ⋯⋯⋯⋯⋯⋯⋯⋯⋯⋯⋯⋯⋯⋯⋯⋯⋯⋯⋯⋯⋯⋯ 1

第二章　口语交际基础 ⋯⋯⋯⋯⋯⋯⋯⋯⋯⋯⋯⋯⋯⋯⋯⋯⋯⋯ 11
 第一节　语音与发声 ⋯⋯⋯⋯⋯⋯⋯⋯⋯⋯⋯⋯⋯⋯⋯⋯⋯ 11
 第二节　语气语调和体态语言 ⋯⋯⋯⋯⋯⋯⋯⋯⋯⋯⋯⋯⋯ 22
 第三节　心理素质和思维品质 ⋯⋯⋯⋯⋯⋯⋯⋯⋯⋯⋯⋯⋯ 44
 第四节　角色定位与语境适应 ⋯⋯⋯⋯⋯⋯⋯⋯⋯⋯⋯⋯⋯ 64

第三章　日常口语交际 ⋯⋯⋯⋯⋯⋯⋯⋯⋯⋯⋯⋯⋯⋯⋯⋯⋯⋯ 78
 第一节　招呼介绍 ⋯⋯⋯⋯⋯⋯⋯⋯⋯⋯⋯⋯⋯⋯⋯⋯⋯⋯ 78
 第二节　提问应答 ⋯⋯⋯⋯⋯⋯⋯⋯⋯⋯⋯⋯⋯⋯⋯⋯⋯⋯ 85
 第三节　表扬批评 ⋯⋯⋯⋯⋯⋯⋯⋯⋯⋯⋯⋯⋯⋯⋯⋯⋯⋯ 93
 第四节　交谈倾听 ⋯⋯⋯⋯⋯⋯⋯⋯⋯⋯⋯⋯⋯⋯⋯⋯⋯⋯ 102
 第五节　说服拒绝 ⋯⋯⋯⋯⋯⋯⋯⋯⋯⋯⋯⋯⋯⋯⋯⋯⋯⋯ 110

第四章　职场口语交际 ⋯⋯⋯⋯⋯⋯⋯⋯⋯⋯⋯⋯⋯⋯⋯⋯⋯⋯ 122
 第一节　求职语言 ⋯⋯⋯⋯⋯⋯⋯⋯⋯⋯⋯⋯⋯⋯⋯⋯⋯⋯ 122
 第二节　谈判语言 ⋯⋯⋯⋯⋯⋯⋯⋯⋯⋯⋯⋯⋯⋯⋯⋯⋯⋯ 136
 第三节　主持语言 ⋯⋯⋯⋯⋯⋯⋯⋯⋯⋯⋯⋯⋯⋯⋯⋯⋯⋯ 151
 第四节　访谈语言 ⋯⋯⋯⋯⋯⋯⋯⋯⋯⋯⋯⋯⋯⋯⋯⋯⋯⋯ 164
 第五节　通讯语言 ⋯⋯⋯⋯⋯⋯⋯⋯⋯⋯⋯⋯⋯⋯⋯⋯⋯⋯ 171

第五章　口语交际艺术 ⋯⋯⋯⋯⋯⋯⋯⋯⋯⋯⋯⋯⋯⋯⋯⋯⋯⋯ 177
 第一节　交际礼仪 ⋯⋯⋯⋯⋯⋯⋯⋯⋯⋯⋯⋯⋯⋯⋯⋯⋯⋯ 177
 第二节　朗诵艺术 ⋯⋯⋯⋯⋯⋯⋯⋯⋯⋯⋯⋯⋯⋯⋯⋯⋯⋯ 185
 第三节　演讲艺术 ⋯⋯⋯⋯⋯⋯⋯⋯⋯⋯⋯⋯⋯⋯⋯⋯⋯⋯ 201

第四节　辩论艺术…………………………………………213
附录:口语交际经典与赏析……………………………………223
参考书目…………………………………………………………248

第一章 绪 论

人在社会中不是孤立存在的,他不可避免地会与周围的人发生一定的联系,人际交往能力高低会直接影响一个人的生活质量。口语交际在人际交往中最直接,具有极其重要的作用。自古以来,人们对此都有深刻的认识。汉语中,"一言九鼎""语惊四座""一语道破天机""三寸之舌,强于百万之师""舌战群儒"等成语典故对此作了很好的诠释。戴尔·卡耐基在《人性的弱点》中说过:一个人的成功,约有15%取决于技术知识,85%取决于人类工程——发表自己意见的能力、担任领袖的能力和激发他人热忱的能力。这三种能力都与口语能力有关。现代社会处于网络时代,数字技术发达,信息传递快捷,人们之间的联系越来越频繁,越来越紧密,口语交际突破了时空限制,变得更加活跃与频繁,是人们最常用、最基本的交际方式。口语交际有助于建立良好的人际关系,是个人融入社会、图谋发展的重要交际手段。重视口语交际艺术,有利于家庭幸福,能推动事业发展,促进社会和谐。

一、口语交际的基本特征

口语交际是双方为了实现交际目的,在特定语境下,以口语为主要表达方式,传递思想、交流信息、表达情感,实现人际交往活动的双向互动的言语活动。

(一) 口语性

口语交际使用口头语言,双方通过说和听进行交际。交际时,说出来的语音就是最终的形式,不能修改调整。因为是边想边说,所以,语言结构不像文字语言严密,遣词造句也往往简单粗疏。为了方便听者理解和接受,口语交际时,要尽量多使用贴近生活、通俗易懂的口头语言,避免使用晦涩难懂的词句,使大众更容易理解和接受。

(二) 互动性

口语交际是听说双向交流的过程,具有互动性特征。交际双方既是说者也是听者,要不断在两者之间转换角色,并根据对方的反应调整自己的说话内容和说话方式。口语交际的过程实际是交际双方在不断互动中完善交际技巧、改进沟通方式的过程。

（三）情境性

口语交际是双方即时进行的。交流沟通时，双方还要根据谈话场合、时间的变化随机应变，情境性是口语表达的另一个特征。

（四）综合性

口语交际是一项综合性很强的活动。一方面，一个人的口语表达能综合反映出这个人的语言能力和交际能力，一个人对说话时机和说话方式的把握、对交谈内容和氛围的调控，可以反映出一个人的综合素养；另一方面，口语交际时，除了用言语表达，还要注意表情与态势语言的配合和协调。口语交际是一个综合了听觉、视觉、感情、记忆、思维、评价、认识、创造等活动的动态的综合性实践过程。

二、影响口语交际的基本因素

口语交际是一项复杂的活动，影响口语交际的因素有内部因素和外部因素。

（一）内部因素

内部因素主要包括思维品质、知识结构、心理因素、人格素养等。

1. 思维品质

古人云："慧于心，秀于口。"思维的品质制约言语的活动，思维的内容决定了言语表述的意义，思维的质量影响着言语表达的效果。如，思维敏捷的人反应迅速，口语交际时能根据交际对象、场合和特殊情境，从交际目标出发，运用恰当的交际策略，并善于灵活机动地处理交际过程中出现的各种问题，使口语交际巧妙地、富有成效地进行。思维能力的高低对言语表达的优劣、成败往往起着重要的作用。口语交际的思维能力主要包括思维的灵活性、敏捷性、缜密性、深刻性等。

示例 1

1988年亚洲大专辩论赛初赛，复旦大学和马来亚大学就"庞大的人口是不是发展中国家的沉重负担"一题进行了辩论。正方一辩发言后，马来亚大学一辩为证明本方立场，举了日本的例子，说："日本人口众多，但经济增长速度很快，已跻身世界发达国家行列，因而只要懂得策划，管理有方，庞大的人口就不会成为负担。"此时——

复旦队："请问对方辩友，日本是第三世界国家吗？不是！因此不在今天辩题讨论之内。"（鼓掌）

马来亚队："不错！今天的日本不是第三世界国家，但日本曾经是第三世界国家，而且应该成为第三世界国家的榜样！"（热烈鼓掌）

点评：这番交锋中，复旦队抓住"日本作为发达国家不在今天辩题讨论范围内"敏捷地予以反驳，而马来亚队也机敏地以"日本曾经是发展中国家，应该成为第三世界国家的榜样"为自己辩护，双方思维缜密，反应敏捷，辩论精彩有看点。

示例2

有一位外国记者不怀好意地问周恩来总理："在你们中国，明明是人走的路，为什么却要叫'马路'呢？"周总理不假思索地答道："我们走的是马克思主义道路，简称'马路'。"

点评：面对外国记者的恶意挑衅，周总理机智冷静，灵活应对，巧妙地借"马克思主义道路"简称"马路"反击对方，既幽默风趣又不失风度，让外国记者无以应对。

2. 知识结构

一个人的知识结构不同，言语内容与方式就会不同，这些最终都会影响口语交际的效果。知识结构与每个人的成长环境、阅历见识、受教育程度及其文化内涵等都有密切关系。如，同样是老人，刘姥姥和贾母说的话就差异很大，他们的话题内容、词句组织，甚至说话的语气语调、体态神情，都有鲜明的个性特征。需要注意的是，知识结构会影响口语交际，但两者不是简单的对应关系。要提高口语交际能力，就要不断增长自己见识，丰富自身阅历，改善知识结构。

示例3

有一次，著名主持人袁鸣随中央电视台《东西南北中》节目组一行到达海口，主持海南省狮子楼京剧团建团庆典。庆典开始，袁鸣用充满激情的言语介绍来宾："光临庆典的，有海南师范学院党委书记南新燕小姐！"随着袁鸣的介绍，座席中慢腾腾地站起来一位花白头发的老汉！此时全场哗然。袁鸣也不自然地笑了，她真诚地致歉："对不起，我是望文生义了。不过……"稍一转折，她便施展了自己的口才："您的名字实在是太有诗意了。我一见这三个字，立即想起了两句古诗：'旧时王谢堂前燕，飞入寻常百姓家。'这是一幅多么美的图画。今天，这里出现了类似的情景。京剧一度是流行在北方的戏剧，而现在，京剧从北到南，跨过琼州海峡，飞到了海南，而且在这里安家落户，这又是一幅多么美丽的图画呀！"

点评：袁鸣主持介绍发生错误后，在真诚致歉的基础上，借题发挥，发生联想，不仅引用诗句，还将诗句自然迁移到实际情境中，并紧扣主题，巧妙地化解了之前的尴尬。这样的转换，一方面是主持人良好的心理素质的体现，另一方面也

与袁鸣关于诗词、戏剧方面的知识储备分不开。

3. 心理素质

口语交际时,一个人的心理状态不同,他的表达效果也会不同。通常每个人心中都有自我形象的设计,如果对自己的要求过高,容易导致不自信,过度紧张就会影响临场发挥,口语交际时,反而会表现得紧张不安,甚至张口结舌,零言碎语,口头禅增多,表达断断续续,语不成句。反之,如果自我要求过低,表达就容易松散随意甚至出现失误,导致口语交际不成功。心理素质不好的人,一方面要通过积极调整自己状态,摆脱心理上的沉重负担,正确地认识自己与他人,控制自己的情绪,自信大方从容地表达;另一方面要有意识地积极参与各种各样的口语交际实践活动,训练自己的胆量。即使是卡耐基这样的著名演说家也曾经很害怕在众人面前讲话,正是无数次的锻炼与实践帮助他一步步走向成功。勤奋努力,自信微笑,是口语交际成功的保证。

4. 人格素养

生活中,人们往往通过一个人的言行来认识他的品性,言语是每个人品格的重要表现方式之一,人格素养也是影响口语交际的重要因素。通常一个正直善良之人不会说出奸猾凶狠的话语,一个自私虚伪的人即使有一定的掩饰伪装能力,能暂时说出好听的话语,其神态表情和语气语调终究会透露出其内心的真实想法。真诚热情、乐观善良、积极主动的人,更容易被他人接受与认可,口语交际也就容易获得成功。

(二)外部因素

影响口语交际的外部因素主要是交际环境与交际对象。

1. 交际环境

广义地说,交际环境包括了社会环境、文化环境、时空环境、人际环境、语言环境和话题环境。狭义的口语交际环境是指言语时的临时性语境。环境是口语交际赖以展开的客观条件,环境氛围会在一定程度上影响和制约人们的言行。如,简·奥斯汀的《傲慢与偏见》中,男女主人公伊丽莎白和达西在开始交往时,一个傲慢无礼,一个则讥讽挖苦,双方形成了紧张的人际环境,结果正常的交际气氛被破坏,双方的交往往往不欢而散。这样的人际关系,给两人的正常沟通和交往带来了极大的影响,以至于伊丽莎白傲慢地拒绝了达西的求婚,甚至说"即使天下的男人都死光了,我也不会嫁给你"。

环境对口语交际的影响主要表现为对双方的交际情绪和心理的影响、交际内容和语言形式等的影响。俗话说,"到什么山唱什么歌",口语交际要根据场合选择交际内容和方式,交谈时注意营造良好的氛围。如果自然环境嘈杂,口语交际很难进行,交际双方情绪就受到干扰;社会环境陌生,不同社会背景的交际双方就有诸多顾忌,口语交际就受到一定限制;口语交际氛围压抑,就容易造成心理压力,产生交际障碍。

2. 交际对象

有的人在熟悉的人面前,表现自如,滔滔不绝,在陌生人面前却沉默无语,紧张怯场。有的人在下属面前侃侃而谈,在领导或专家面前,却自信不足,手足无措。这是因为交际对象不同会影响谈话者的心理状态和语境氛围,并最终影响他的口语交际效果。如,鲁迅小说《离婚》中能说会道、大胆泼辣、敢说能闹的爱姑,口口声声骂着"老畜生""小畜生",一心要找"知书识礼,顶明白"的七大人主持公道。她真见着了"地位高""见识多"的七大人时,心竟然"突突地乱跳,仿佛失足掉在水里一般",变得软弱、无能。结果,慢言少语的七大人只用两句话就让爱姑的态度一百八十度转弯,唯唯诺诺地说:"我本来是专听七大人的吩咐……"

交际对象对口语交际的影响,要求我们在交谈时要根据对象来调整自己的谈话内容和谈话方式,要尊重对方,学会换位思考,尽量站在对方角度来理解对方感受,不说超越对方接受能力以外的话题,并力求能以令人愉悦的方式进行口语交际。

三、口语交际基本要求

(一)语音规范,吐字清晰

口语交际以交际能力训练为主要目的,但不能忽视语音要求。现代社会,每个人都不可避免地会与来自不同方言区的人接触,年轻人的生存活动空间更是日益扩大。《中华人民共和国宪法》规定:"国家推广全国通用的普通话"。口语交际要用普通话交流,并做到语音规范,否则在交际中就会有语言障碍,不利于自己的生存和发展。同时,口语交际时,要养成良好的吐字习惯,清晰发音,流畅表达,要使对方能清楚明白自己所表达的意思,避免因为语音含糊,表达不清造成交流困难。

(二)语调适中,态势得体

根据美国心理学家艾伯特·梅拉比安研究,口语交际中,影响信息传播效果比例为:措词内容与方式占7%,语气语调占38%,态势表情占55%。一个人说话的语气语调和态势表情都会对口语交际效果产生重要影响。每个人的声带条件各不相同,要学会根据自己的嗓音条件,积极调整发声方式,做到能自如调控自己的声音,然后再选用恰当的语气语调说话,并注意态势表情的协调与配合,做到语调适中,表情自然,态势得体。

(三) 紧扣题旨，表意准确

人们交谈都有自己的交际目的，交谈的主题也往往比较明确。交流时，双方谈话都要紧紧围绕主题展开，尽量少说甚至不说与主题无关的话语。偏离主题甚至离题万里的现象，在口语交际中是不合适的。"指鹿为马""顾左右而言他"等表现只能是特殊语境下的特别处理，一般情况不适宜采用。交谈过程中，谈话者要根据交际需要，注意遣词造句，言语力求能准确表达自己思想，切忌辞不达意、隔靴搔痒，影响正常交流。

(四) 条理清楚，详略得当

语言与思维有着密切的联系，一个人的思维状态决定了他的语言方式，语言是思维的外在表现。为提高口语交际技能，谈话者要有意识培养自己思维的严密性，要在认真梳理自己思想的基础上，有条理地用语言表达出来。同时，根据交际目的需要，有所选择，重点突出，详略得当，避免出现因思维混乱而结构松散、语无伦次现象的发生。

(五) 见解深刻，措辞贴切

口语交际成功的关键是要进行有价值的信息交流，这就要求谈话者要有自己的观点，不能人云亦云，简单重复别人的观点。观点陈旧甚至迂腐庸俗，是肯定不受欢迎的。口语交际训练中要注意发散思维与创新思维能力的培养，要表达自己的观点，并力求见解深刻。在此基础上，为增添口语交际魅力，还可以善于挖掘新的谈话角度，注意从形式上突破和创新，避免老调重弹。当然，这并不等于提倡徒有形式没有内容，只为标新立异，只能哗众取宠的言语方式。

此外，交际时，要遵循适度原则，注意措辞的内容和方式，要根据交际对象、交际语境和交际目的的不同，掌握分寸，贴切表达。

(六) 态度诚恳，情真意切

口语交际的最终目的是为自己创造一个良好的外部环境，建立良好的人际关系，更加有利于自己生存和发展。建立良好的人际关系一方面表现为日常人际关系的维护和发展，另一方面表现为交际危机的巧妙化解。日常口语交际过程中，要尊重他人，真诚待人，不说伤害他人自尊话语，当出现口语交际危机时，要积极化解矛盾。"有理不在声高"，"感人心者，莫先乎情"。口语交际时，如果能够注意顾及对方感受，既注意态度诚恳，又能"晓之以理，动之以情"，口语交际就会事半功倍，纵然偶有口语危机，也能迎刃而解。

示例4

1991年11月，李雪健因主演《焦裕禄》同时获得"金鸡奖"和"百花奖"两个大奖，他在答谢时没有用别人常说的毫无新意的套话，只是诚挚地说:"苦和累都让一个大好人焦裕禄受了,名和利都让一个傻小子李雪健得了。"他的话刚停,全场掌声雷动。

点评:李雪健的这番话情真意切地道出了焦裕禄的奉献精神,也坦诚了自己的激动心情。语辞恳切,让人动容,极具感染力。

四、口语交际的基本原则

(一)合作原则

为使口语交际成功,交谈双方必须共同遵守合作原则,这是口语交际的基本要求。合作原则要求交谈双方一方面说话时要符合交谈的目标和方向,要用恰当的谈话方式传递准确的信息给对方;另一方面要求能认真听对方讲话,准确理解对方话语含义并及时反馈信息。合作是双方交谈继续的前提,双方只有彼此合作,交谈才能顺利进行,交谈目的也才可能达到。否则,说话者说得含糊,听话者听不清楚,引起歧义,交谈就会有阻隔。如果说话者说话方式不妥当,甚至会引起听话者误会和反感,那样非但达不到交谈目的,还可能使彼此关系恶化,这就违背口语交际的初衷,效果适得其反了。合作原则具体表现为:

1. **信息适量**

交谈时,说话者要根据交谈目的提供适量信息。信息不足或信息过量在实际交流中都会影响交际。如果信息不足,就会答非所问,不能使对方从交谈中获得满意结果;反之,如果信息过量,就会给对方繁复啰唆的印象。

2. **内容真实**

交谈时,说话者要注意内容的真实性,至少要说自己认为是真实的、有根据的话,不能信口开河,甚至故意撒谎。如果谈话者态度不够真诚,交际就会失败。

3. **话题贴切**

口语交际时,话题选择要贴切,不说不合时宜的话题,要根据谈话对象与谈话语境,说相关的事情。如果所谈话题不适宜,非但不能达到口语交际的目的,还适得其反,引起对方反感。

4. **方式恰当**

口语交际中,恰当的表达方式能使口语交际更加顺利有效。语言一方面要力求明快清晰,不晦涩难懂,尽量选用口语化语言,少用甚至不用书面色彩过重的语言;另一方面要简明扼要,条理清楚,避免歧义。

示例5

有个人请人吃饭,他请了四个客人,已经到了三个,还有一个客人没到。主人等得心里着急,就说:"嗨,该来的没来!"在场的一个客人

想:"哦,看来我是不该来的。"他一气之下就走了。主人一看,急了,连忙说:"唉,不该走的又走了!"另一个客人一听:"原来说的是我啊!"气愤地站起来也走了。主人更着急了,剩下的那个客人对主人说:"你怎么可以这么说话呢?"主人说:"嗨,我说的又不是他们!"剩下的那个客人明白了:"噢,原来说的是我呀!"于是就赶紧站起来也走了。就这样,这个主人不但请客没成,还让几个客人都生气地走了。

点评:这请客之人,由于说话的方式不当,每句话都引起歧义,表达不清楚,以致得罪了客人,非但请客不成,还遭怨。

(二) 角色原则

角色原则在交际中很重要,不可以被忽视。人们对于不同身份之人的说话,自然地就有一种角色期待心理,说话人在口语交际时应当遵守角色原则,即所说的话应当符合自己的社会身份和交际角色。

首先,不同人在相同语境下,会表现出不同的言语特征。每个人生活环境、成长经历、文化程度和工作性质等不同,都会造成他们言语内容与方式的差异。教师、医生、农民、商人等不同职业背景、不同文化阅历的人在相同语境中说的话往往是不同的。每个人在社会上所处的地位身份的差异,使得人们对他的言行就会有相应的期待和要求。

其次,每个人不管他的社会身份如何,当他面对不同的人,处在不同的场合时,他的角色是不一样的。例如,一个人在单位是个领导,可回家了,他在父母面前就是他们的孩子,在妻子面前是个丈夫,在孩子面前是个爸爸。人们不能将自己的社会身份与交际时的角色发生错位,以免说出不恰当的话语。

每个人在口语交际时,要谨记自己身份,并根据语境变化,及时转换角色,选用相应的言语进行恰当的表达,这样口语交际才能达到效果。

示例 6

一个主持人主持一台晚会。当她仪态万方、充满自信地走上舞台时,不小心被麦克风的拉线绊倒了,全场哑然,陷入一片尴尬之中……她迅速地站了起来,镇定地说:"亲爱的观众朋友,你们的热情让我倾倒。"并深深鞠一躬……全场报以热烈的掌声。

点评:这个主持人在主持发生意外情况下,依然不忘自己作为主持人的身份,巧妙应变,不仅及时化解尴尬,还成功转换,角色扮演非常成功。

(三) 适度原则

口语交际过程中,为了最大限度实现口语交际目的,交谈时候要注意把握说话分寸。

孔子在《论语·卫灵公第十五》中说:"可与言而不与之言,失人;不可与言而与之言,失言。"意思是,说话要看对象并选择说合适的话语,注意分寸的把握。该说的不说,会让对方觉得你不信任他而与你关系疏远;不该说的说了,则会坏事。《季氏第十六》中,孔子又说:"侍于君子有三愆:言未及之而言谓之躁,言及之而不言谓之隐,未见颜色而言谓之瞽。"在这里,孔子告诫人们,说话时不能急躁,要等对方将话说完再说,也不要该说话却不说,不要隐瞒对方,而且说话时要注意察言观色,不要贸然说话。可见,说话时,语言表达要适度得体。和什么人说,说什么,说到什么程度,什么时候说,怎么说,这些都是说话者要考虑的因素。

说话适度与否既是影响口语交际效果的重要因素,也是影响人们评判说话者为人处世方式的重要依据。因此,适度原则要求:① 谦逊礼貌,宽容大度,得理能饶人;② 减少意见分歧,力求一致,多肯定少否定;③ 不同意见表达,含蓄委婉有克制;④ 适当赞誉对方,又不给人阿谀奉承之嫌;⑤ 尽可能根据语境,运用生动活泼、诙谐幽默的语言缓解矛盾,活跃气氛。

示例7

我到上海,和朋友在黄浦江边散步,朋友说:"美丽的外滩一年能捞起500多具尸体。"回去后,我查了一下,仅2007年,全国就有25万人自杀,平均每2分钟就有一个人自杀,自杀的原因林林总总,但大多是遇到了困难和挫折。有一次,我看报纸,一个漂亮女孩自杀,因为她总是遭到别人的妒忌,压力很大。如果因为长得太漂亮了就要自杀,我已经死了100次;如果因为长得太丑了自杀,我至少已经死了10000次。我上小学的时候就开始学英文,当时英语老师多是半路出家的,发音都不怎么准,'今天'教大家念'土堆','昨天'就念'也是土堆','明天'就是'土马路'。虽然错了,但是错得相当有道理。如果今天是土堆,昨天也是土堆,明天就是土马路了啊。怎样在逆境中寻找出路,那就要看你的心态了。

(林清玄在河北大学的演讲《欢喜心过生活》)

点评:林清玄的这段话,借助自杀死亡的具体数字与自身的比较,以及关于英语发音的诙谐语言告诉同学们,在逆境中寻找出路的关键在于人的心态。他的语言幽默生动,让人在轻松愉快的谈话中能有所感悟,显示了深厚的语言功底。

拓展练习

分析《红楼梦》里刘姥姥的语言艺术。

1. 刘姥姥第一次进大观园,是在年冬岁末,带着板儿到贾府攀亲,寻求救济。她不但顺利地使贾府认下了这门亲戚,使一个小小的庄户人家和赫赫有名的金陵大户逐渐建立了关系,还拿到二十两银子外加一吊钱的援助,帮助家人顺利渡过了难关。第二次刘姥姥为感谢贾家的救助,带了土特产去谢恩,与贾母等一起玩乐并带回一车东西坐轿子回去。请根据《红楼梦》中刘姥姥以下话语分析刘姥姥是如何交际成功的。

(1)"原是特来瞧瞧嫂子,二者也请姑太太的安。若可以领我,见一见更好,若不能,就借重嫂子转致意罢了。"

(对周大娘语)

(2)"今日我带了你侄儿来,也不为别的,只因他老子娘在家里,连吃的都没有。如今天又冷了,越想没个派头,只得带了你侄儿奔了你老来。"

(3)"嗳,我也是知道艰难的!但俗话说的,'瘦死的骆驼比马大',凭他怎么,你老拔根寒毛,比我们的腰还粗呢。"

(4)"家里都问好。早要来请姑奶奶的安看姑娘来的,因为庄稼忙。好容易今年多打了两石粮食,瓜果菜蔬也丰盛。这是头一起摘下来的,并没敢卖呢,留着尖儿,孝敬姑奶奶姑娘们尝尝。姑娘们天天山珍海味的也吃腻了,这个吃个野意儿,也算是我们的穷心。"

(对王熙凤语)

课后任务

1. 你认为影响口语交际有哪些因素?
2. 口语交际基本原则是什么?

第二章 口语交际基础

第一节 语音与发声

我国是多民族国家,各地语言有比较严重的差异。即使汉语方言也达七种之多,包括北方方言、吴方言、赣方言、湘方言、客家方言、闽方言和粤方言。这些不同方言在语音、词汇、语法方面存在差异,而这种差别主要在语音上,给人民的社会交往带来不便。因此良好的口语表达首要的是使用规范的标准语——普通话。

一、普通话

普通话是以北京语音为标准音,以北方方言为基础方言,以典范的现代白话文著作为规范的现代汉民族共同语言。这个定义规定了这种语言的语音、词汇和语法标准。1982年,《宪法》规定"国家推广全国通用的普通话",明确了普通话的法律地位。普通话不单单成为汉民族人们的交际语言,也是各民族之间的交际语言。

二、普通话语音基础知识

(一) 声母

1. 声母分类

普通话有21个辅音声母。按发音部位分七大类:即双唇音(b、p、m)、唇齿音(f)、舌尖前音(z、c、s)、舌尖中音(d、t、n、l)、舌尖后音(zh、ch、sh)、舌面音(j、q、x)和舌根音(g、k、h)。

按发音方法(所谓发音方法是指发辅音时,形成阻碍和克服阻碍的方式)分为五类:即塞音(b、p、d、t、g、k)、擦音(f、h、x、sh、s、r)、塞擦音(z、c、zh、ch、j、q)、鼻音(m、n)和边音(l)。

普通话声母除发音部位和发音方法影响外,还包括"送气音"与"不送气音","清音"和"浊音"。"送气音"呼出的气流比较强,如p、t、k、q、ch、c。"不送气音"呼出的气流比较弱,如b、d、g、j、zh、z。"清音"和"浊音"是指发音时声带是否振动,振动的叫"浊音",不振动的叫"清音"。普通话声母绝大部分是"清音",只有l、m、n是例外。

2. 声母难点

(1) zh、ch、sh

这是一组舌尖后音,吴方言等很多方言区没有舌尖后音,一般都发成 z、c、s。舌尖前音和舌尖后音的主要区别就在于发音部位不同,所以要发准舌尖后音首先要找到发音部位,发音时舌头后缩,舌尖抬起抵住或靠近硬腭前端。

训练示例1

① 组装　罪状　知足　磁场　沼泽　春蚕　出色
② 鱼刺——鱼翅　近似——近视　一程——一层　治理——自理
③ 山里有个寺

山里有个寺,山外有个市,弟子三十三,师父四十四。三十三的弟子在寺里练写字,四十四的师父到市里去办事。三十三的弟子用了四十四小时,四十四的师父走了三十三里地。走了三十三里地就办了四十四件事,用了四十四小时才写了三十三个字。

④ 燕子去了,有再来的时候;杨柳枯了,有再青的时候;桃花谢了,有再开的时候。但是,聪明的,你告诉我,我们的日子为什么一去不复返呢?——是有人偷了他们罢:那是谁?又藏在何处呢?是他们自己逃走了罢:现在又到了哪里呢?

(2) r 和 l

很多方言区的人 r 和 l 不分。产生这个问题的主要原因在于发音方法和发音部位不准确。r 是舌尖后浊擦音,l 是舌尖中清边音,发音时要注意区别。

训练示例2

① 热烈　日落　容量　礼让　人类　列入　缭绕
② 碧蓝——必然　娱乐——余热　卤汁——乳脂　收录——收入
③ 老饶下班去染布,染出布来做棉褥。楼口儿有人拦住路,只许出来不许入。如若急着做棉褥,明日上午来送布。离开染店去买肉,回家热锅炖豆腐。

(3) j、q、x

j、q、x是舌面音,发音时舌面前端和硬腭形成阻碍。一些人因为受方言影响,舌尖参与发音,容易将j、q、x发成近似z、c、s的音,我们将这样的音称为"尖音"。解决的办法是:两嘴角往后拉,舌面拱起抵住或靠近硬腭,发音时让舌面起作用而不是舌尖。

训练示例3

① 假期　情绪　纠结　前期　选修　细节　倾斜

② 资源　　机缘　瓷器——漆器　思量——细粮　姿色——基色

③ 墙头高,墙头低,墙旮旯有对蛐蛐,在那儿吹大气。大蛐蛐说:"昨儿个我吃了两只花不棱登的大老虎。"小蛐蛐说:"今儿个我吃了两只灰不溜秋的大毛驴。"大蛐蛐说:"我在南山爪子一抬,踢倒了十棵大柳树。"小蛐蛐说:"我在北海大嘴一张,吞了十条大鲸鱼。"这两个蛐蛐正在吹大气,扑棱棱打东边飞来一只芦花大公鸡。你看这只公鸡有多愣,它"哆"的一声吃了那只小蛐蛐。大蛐蛐一看生了气,它龇牙捋须一伸腿,唉!它也喂了鸡!哈哈,看它还吹大气不吹大气!

④ 他曲折地穿过了悬崖峭壁,冲倒了层沙积土,挟卷着滚滚的沙石,快乐勇敢地流走,一路上他享受着他所遭遇的一切;有时候他遇到巉岩前阻,他愤激地奔腾了起来,怒吼着,回旋着,前波后浪地起伏催逼,直到他过了,冲倒了这危崖他才心平气和地一泻千里。

——冰心《谈生命》

(二) 韵母

1. 韵母分类

普通话有39个韵母。按韵母的组成,可分为单元音韵母、复元音韵母、鼻音韵母三类。

单元音韵母只由一个元音组成,发音时舌位高低、舌位前后和唇形不变。单元音韵母有10个:舌面元音(a、o、e、ê、i、u、ü)、舌尖元音(前-i、后-i)和卷舌元音(er)。

复元音韵母由两个或三个元音组成,发音时舌位高低、舌位前后和唇形发生变化,有动程。复元音韵母有13个:前响复合韵母,ai、ei、ao、ou,发音时前一个元音开口度大,声音响亮,时间长;后响复合韵母,ia、ie、ua、uo、üe,发音时后一个元音开口度大,声音响亮,时间长;中响复合韵母,iao、iou、uai、uei,发音时中间一个元音开口度大,声音响亮,时间长。

鼻音韵母由元音和鼻辅音(n、ng)组成,末尾音素是n的称为前鼻韵母,末

尾音素是 ng 的称为后鼻韵母,发音时从元音开始,鼻音结束。鼻音韵母共 16 个:前鼻音韵母 8 个,an、ian、uan、üan、en、in、uen、ün;后鼻音韵母 8 个,ang、iang、uang、eng、ing、ueng、ong、iong。

2. 韵母难点

(1) 卷舌音 er

er 是很多方言区人学习的难点。这是一个单元音,发音时口自然打开,舌位不前不后不高不低,舌前部向上抬,发 e 的同时把舌尖向后卷,使舌背和硬腭前端相对,声带颤动,软腭上升,关闭鼻腔通道。

训练示例 4

① 耳贴　饵料　儿化　二两　偶尔　儿戏　而已
② 儿子——蛾子　讹诈——二傻　恶心——二心　儿戏——恶习
③ 要说"尔"专说"尔",马尔代夫,喀布尔,阿尔巴尼亚,扎伊尔,卡塔尔,尼伯尔,贝尔格莱德,安道尔,萨尔瓦多,伯尔尼,利伯维尔,班珠尔,厄瓜多尔,塞舌尔,哈密尔顿,尼日尔,圣彼埃尔,巴斯特尔,塞内加尔的达喀尔,阿尔及利亚的阿尔及尔。

(2) 前后鼻韵母

普通话韵母的学习中的另一个重难点就是前鼻音韵母和后鼻音韵母,很多南方人发这些音时往往前鼻音不够靠前,后鼻音不够靠后。

如何发好前、后鼻音呢?

首先,找准元音。受鼻辅音韵尾 n 和 ng 的影响,前鼻韵和后鼻韵的元音舌位也有前后,如 an 和 ang,an 的 a 是前 a,而 ang 的 a 是后 a,发音时要注意区分。

其次,做好收尾。前鼻音是 n 结尾,后鼻音是 ng 结尾。n 是舌尖中音,ng 是舌根音,发音时,舌头运动方向不一样。

训练示例 5

① 团队　单挑　懒得　犯难　半岛　安宁　前年
　　崩溃　蓊郁　水瓮　形成　精神　雄伟　汹涌
② 湘潭——香堂　心烦——新房　渔竿——鱼缸　施展——师长
　　信服——幸福　人民——人名　金星——精心　濒临——冰凌
③ 天上看,满天星,地上看,有个坑,坑里看,有盘冰。坑外长着一老松,松上落着一只鹰,松下坐着一老僧,僧前放着一部经,经前点着一盏灯,墙上钉着一根钉,钉上挂着一张弓。说刮风就刮风,刮得男女老

少难把眼睛睁。

④ 然而我不敢说来生,也不敢信来生!生命又像一棵小树,他从地底聚集起许多策略,在冰雪下欠伸,在早春润湿的泥土中,勇敢快乐地破壳出来。他也许长在平原上,岩石上,城墙上,只要他抬头看见了天,呵!看见了天!他便伸出嫩叶来吸收空气,承受日光,在雨中吟唱,在风中跳舞,他也许受着大树的荫遮,也许受着大树的覆压,而他青春生长的力量,终使他穿枝拂叶的挣脱了出来,在烈日下挺立抬头!他遇着骄奢的春天,他也许开出满树的繁花,蜂蝶围绕着他飘翔喧闹,小鸟在他枝头欣赏唱歌,他会听黄莺轻吟,杜鹃啼血,也许还听见枭鸟的怪鸣。

——冰心《谈生命》

(三) 声调

普通话声调又称字调,是发音时的高低升降,这种高低升降能区别意义。例如"包围"和"保卫"它们的声母和韵母一样,由于声调不一样就成了两个不同含义的词。

普通话有四个声调,即阴平、阳平、上声和去声,俗称第一声、第二声、第三声和第四声。

训练示例6

  山明水秀 阴阳上去 永远友好 千锤百炼 坚持改进
  彼此理解 寿比南山 墨守成规 背井离乡 中流砥柱

(四) 音变

1. 什么是音变

发准声母、韵母、声调,只能说读准了单个字。在实际中我们说话或朗读的时候是一串串的词形成的语流,因此前后音节与音节之间会产生影响,使语音发生变化,这种变化叫作语流音变。普通话中的语流音变包括轻声、儿化、变调和语气词"啊"的音变。

2. 轻声

普通话原有四个声调,在一连串音节组成的词或句子中,有些音节失去本来的调,读得又轻又短,这种音变叫轻声。

轻声能区别词性或词义。例如,"东西"轻声与不轻声的意义是不一样的,轻声的表示物品,不轻声的表示方向。"地道"轻声的是形容词,不轻声的是名词。

在朗读和说话中读出轻声词,能使声音抑扬顿挫,培养良好的语感。

轻声的难点是掌握哪些是轻声词,特别是没有规律的轻声词,要培养良好的语感,才能熟练地运用。

训练示例 7

① 部分　裁缝　称呼　膏药　蛤蟆　凑合　奔拉
　 厚道　戒指　骆驼　眯缝　困难　利落　白净

② 买卖——买卖　铺盖——铺盖　造化——造化　东西——东西
　 对头——对头　反正——反正　造作——造作　地道——地道

③ 他这么做不行啊！
　 请大家一起跑起来！
　 请你看看书。
　 头上一片蓝天。
　 同学们，请戴好帽子。
　 天上的星星，闪呀闪。
　 一个个地站起来。

④ 北国的槐树，也是一种能使人联想起秋来的点缀。像花而又不是花的那一种落蕊，早晨起来，会铺得满地。脚踏上去，声音也没有，气味也没有，只能感出一点点极微细极柔软的触觉。扫街的在树影下一阵扫后，灰土上留下来的一条条扫帚的丝纹，看起来既觉得细腻，又觉得清闲，潜意识下并且还觉得有点儿落寞，古人所说的梧桐一叶而天下知秋的遥想，大约也就在这些深沉的地方。

——郁达夫《故都的秋》

3. 变调

在词语、句子中音节与音节相连单个音节的声调发生变化，这种变化叫变调。包括上声变调、"一""不"和形容词叠音变调。

（1）上声变调

① 上声＋上声，第一个上声变近乎阳平调。

训练示例 8

　 领导　友好　好歹　口角　演讲　勉强　理解

② 上声＋非上声，上声读作半上，相当于上声的前半段。

训练示例 9

　 海防　斩断　宝泉　感情　版面　警察　走廊
　 井边　百般　保温　挑战　广大　爽约　省力

③ 上声＋上声＋上声，读成：半上＋阳平＋上声。

训练示例 10

柳导演　老酒鬼　好组长　水处理　小拇指　李厂长

④ 上声＋上声＋上声，读成：阳平＋阳平＋上声。

训练示例 11

胆小鬼　水手长　管理组　表演奖　手写体　演讲稿

(2) "一""不"变调

"一"的原调是阴平，"不"的原调是阳平，由于受后一个音节的影响，"一"和"不"的声调发生变化。变调情况如下：

① "一"或"不"＋去声——"一"或"不"变成阳平＋去声。

训练示例 12

一路　一切　一致　一套　一面　一半

不要　不去　不跳　不闹　不愧

② "一"＋阴平、阳平、上声——"一"变成去声＋阴平、阳平、上声。

训练示例 13

一种　一层　一生　一家　一起　一级　一股

一口　一回　一把　一瓶　一份　一丝　一早

③ "一""不"夹中间时读轻声。

训练示例 14

看一看　想一想　试一试　走不走　要不要　好不好

(3) 叠音形容词

叠音形容词有三种形式：AA 式、ABB 式和 AABB 式。

AA 式，如慢慢的，读这个词的时候，一种是读原调，mànmànde，另一种是读作"儿化韵"，同时第二个音节变成阴平，即 mànmārde。

ABB 式，如红彤彤，B 既可以读原调也可以读阴平，hóngtóntóng 也可以是 hóngtōntōng。

AABB 式，如整整齐齐，既可以读原调也可以变调，变调时第二个 A 读作轻声，BB 读作阴平，zhěngzhěngqíqí 也可 zhěngzhengqīqī。

ABB 式、ABAB 式中书面色彩比较浓的词不变调。如金灿灿、赤裸裸、亮闪闪、恶狠狠、阴沉沉、黑茫茫、直挺挺、喜洋洋、气昂昂、红艳艳、松垮垮、明闪闪、轰

轰烈烈、闪闪烁烁、沸沸扬扬。

(4) 儿化

儿化是北方话中特有的现象,er 跟在别的音节后面,由于连读,与前面的一个音节合成一个音节,发前一个音节的韵母时加上卷舌的动作,产生卷舌色彩。如"孩儿"这个词看到的是两个字,读起来听到的只有一个音,不能 hái 读完了再卷舌,而是读 ái 的时候就要卷舌。

训练示例 15

① 加塞儿　栅栏儿　药方儿　豆芽儿
　 绝招儿　瓜子儿　门铃儿　梨核儿

② 小小子儿,不贪玩儿。画小猫儿,钻圆圈儿;画小狗儿,蹲小庙儿,画小鸡儿,吃小米儿;画个小虫儿,顶火星儿。

(5) 语气词"啊"的音变

语气词"啊"出现在句末或句中时,由于受到前面音节末尾音素的影响,其读音会发生变化,不读作"a"。它的音变规律是:

当前面音节的末尾音素是:a、o、e、i、ü、ê 时,读作"ya",也可写作"呀"。

当前面音节的末尾音素是:u(包括 ao、iao)时,读作"wa",也可写作"哇"。

当前面音节的末尾音素是:-n(前鼻音收尾)时,读作"na",也可写作"哪"。

当前面音节的末尾音素是:-ng(后鼻音收尾)时,读作"nga"。

当前面音节的末尾音素是:-i(舌尖后前音)时,读作"za"。

当前面音节的末尾音素是:-i(舌尖后元音)时,读作"ra"。

训练示例 16

① 原来是他啊!
② 小李,快点儿写啊!
③ 你大声地哭啊!
④ 这事真的有点难啊!
⑤ 这事做得真行啊!
⑥ 这鱼真好吃啊!
⑦ 他是王小二啊?
⑧ 这是第几次啊?

三、发声技能训练

我们掌握准确的普通话语音,才是好口语表达的第一步,除此以外在口语表达中还须有感染力和表现力,而这种感染力和表现力很大程度上来自口语表达时的声音。声音的清晰、明亮、圆润、持久,跟发声时的气息、共鸣和吐字方法是息息相关的,加强这三方面的训练十分必要。

(一) 气息控制训练

有的人说话声如洪钟,极富磁性,底气十足,有的人说话软绵无力,断断续续,分析原因,除了跟个性、健康、心理有关,还与说话时的气息运用有关。

人说话的声音是怎么产生的?主要是气息冲击声带从而使声带产生振动成声。气息是人体发声的原动力,原动力的大小、速度与声音的大小、力量、持久有着直接的关系。口语表达中,句子、时间有长有短,情感有起有伏,对气息的要求是不尽相同的,持续时间较长的讲话,气息的要求自然也就高,要能自如地进行快慢、轻重、长短等多种气息状态的调节,必须较好地控制气息,采用有控制的胸腹联合呼吸法。

有控制的胸腹式联合呼吸是胸式呼吸和腹式呼吸结合,这种联合呼吸的特点是吸气量大,但是吸得快,呼得也快,不利于口语表达的快慢、长短的控制,因此通过有控制的胸腹式呼吸训练,达到呼气时想快则快,想慢则慢。

方法如下:

吸气:嘴微闭,微笑状,鼻深吸气至丹田处,腰腹部用力,小腹逐渐收缩,腰部渐感紧张,两肋向外扩张。做到快、静、深。吸入的量要适中。

呼气:尽量保持两肋张开支撑感,腰部用力,使胸、腹部在努力控制下,将气慢慢放出,均匀地外吐。做到匀、缓、稳。呼气要用嘴。

吸气和呼气训练时要自然、放松,吸得快,呼得慢。

在胸腹联合式呼吸的实际运用中,吸气与呼气的配合有四种方式:慢吸慢呼、慢吸快呼、快吸快呼、快吸慢呼。慢吸慢呼即慢慢地吸一口气,稍作停顿后,再慢慢地呼出;慢吸快呼即慢慢地吸一口气,稍作停顿,然后快速地呼出;快吸快呼即快速地吸一口气,稍作停顿,然后快速呼出;快吸慢呼即快速地吸一口气,稍停顿后,然后气息慢慢呼出。

慢吸慢呼。可以采用数数字的方法,先慢慢吸气,然后1、2、3数数字,要求中间不换气,气息要求均匀,开始数数字的时候不要求数字多,重点是呼气的时候有多长,慢慢地增加数数的量。通过这种方法,能延长呼气的时间,增强对呼气的控制能力。慢吸训练适合初学者。

快吸慢呼。在慢吸快呼的基础上,可以进行快吸的训练。而快吸慢呼的配

合方式,更符合说话用声呼吸控制的实际状况,因为在口语表达中,说是在呼气的状态下完成的,因此呼气时的控制能力尤为关键,控制气流以轻重、快慢、大小等各种方式呼出。

训练示例 17

① 闻花香。闭上眼睛,想象你的面前是盛开的桂花,体会你闻花香时的呼吸状态,用鼻子深呼吸,吸到丹田,然后缓缓呼气,时间持续30秒以上。

② 吹蜡烛。一米外排着一列点燃的蜡烛,快速深吸一口气,然后慢慢呼气,看到烛光摇动,但不熄灭,看能吹多久。达到25—30秒为合格。

③ 数数法。天上星,亮晶晶,我一口气数二十四颗星,一颗星、两颗星、三颗星、四颗星、五颗星、六颗星、七颗星、八颗星、九颗星、十颗星、十一颗星、十二颗星、十三颗星、十四颗星、十五颗星、十六颗星、十七颗星、十八颗星、十九颗星、二十颗星、二十一颗星、二十二颗星、二十三颗星、二十四颗星。

数之前先吸一口气,要求中间不换气,气息要均匀分配,声带自然、通畅。一开始数得少一点,大概每秒两个音节,练习次数多了,慢慢字数也多了。

(二) 共鸣训练

气息冲击声带产生的声音很小,近乎于耳语;但我们在现实中听到的声音响亮,圆润,自然舒展,不费力。这是怎么产生的呢?主要是通过声音的共鸣才得来的。人体好比音响,头腔、胸腔、口腔就是音箱,产生口腔共鸣、头腔共鸣和胸腔共鸣。其次,这三个不同的共鸣器对发声的作用也不尽相同,口腔共鸣使声音明亮,胸腔共鸣使声音浑厚,头腔共鸣使声音高亢,说话时"口腔为主,三腔共鸣"。

如何才能较好地共鸣,美化音色,扩大音量呢?打开共鸣腔并正确地运用共鸣器。训练要领:第一,气沉丹田,下巴放松,使咽喉部位处于自然放松;第二,打开后牙槽,使口腔共鸣有更大空间,使声音更丰富,注意的是口腔打开不是指两唇张得很大,而是嘴里的空当稍大;第三,挺软腭,扩大口腔后部的空间,这比打开口腔前半部分更重要,减少气流过多进入鼻腔,消除鼻音;第四,提颧肌、颊肌、笑肌,稍有紧张的感觉,使吐字清晰明亮有力;第五,气流出来的时候沿着上腭中线前行,"拌"于硬腭前部,使声音明亮、集中。

训练示例 18

① 打哈欠法　体会开始打哈欠时的状态,也就是打半哈欠,感觉喉咙、舌根、下巴放松,吸气时上腭有股凉气从口到喉进入胸腹腔,说明这里的空间打开了。然后在这种状态下去发声,体会声音的明亮。

② 元音训练法　以自然状态读 a、o、e、i、u、ü,体会气息通畅。

③ 短促地读以塞音 b、p、d、t、g、k 为声母的音节,要求唇形稍用力,出来的气息要集中。体会发这些音节时,气流从口腔中弹射出来,音从上腭打到硬腭前端的感觉。

④ 夸张四声练习。运用共鸣技巧做夸张四声的训练。如：山——明——水——秀　中——国——伟——大　天——然——宝——藏　酸——甜——苦——辣。

⑤ 大声喊人练习。假设某人在离自己 100 米处,大声招呼对方,要求尽量把每个音节的韵腹拉开拉长。

(三) 吐字归音训练

字正腔圆的口语表达对提升个人的魅力也能起较大作用,要做到字正腔圆,发声时的吐字归音尤为重要。"吐字归音是气息、发声、共鸣作用的归宿,是体现作品内容和思想的载体。朗读能否再现作品内容和感情,其关键在于吐字归音"。

吐字归音的基本要领是：出字[指声母和韵头(介音)的发音过程]要咬紧字头,但不要咬死,出字有力度,声音清晰短促;立字(指韵腹的发音过程)要拉开,韵腹发音时间长,且发得响亮,这样这个字音才会立起来,明亮充实,圆润饱满;归音(指音节发音的收韵尾过程)趋向要鲜明,如蜻蜓点水,点到即可。总之,一个音节的发音过程两头尖,中间大,构成一个"枣核型"。实际发声中,一个汉字的音程很短,头腹尾是个整体,一气呵成。

训练示例 19

① 汗流浃背　风调雨顺　山清水秀　走马观花　左顾右盼
　　初出茅庐　分道扬镳　半途而废　安然无恙　自相矛盾
　　狼狈为奸　高山流水

要求：气沉丹田,打开共鸣腔,出字—立字—归音清楚,一字一顿。

② 人真是奇怪,蜗居斗室时,满脑都是纵横千里的遐想,而当我在写各地名山大川游历记的时候,倒反而常常有一些静定的小点在眼前隐约,也许是一位偶然路遇的老人,也许是一只老是停在我身边赶也赶不走的小鸟,也许是一个让我打了一次瞌睡的草垛。有时也

未必是旅途中遇到的,而是走到哪儿都会浮现出来的记忆亮点,一闪一闪的,使飘飘忽忽的人生线络落下了几个针脚。

——余秋雨《腊梅》

第二节 语气语调和体态语言

一、语气语调

在口语表达的过程中,为了准确地表情达意,需要恰当地处理话语的停连、轻重、抑扬、快慢等的变化,这些用来表达意义和情感的抑扬顿挫的调子一般被称为语调。

请你说一说下面几句话,听听不同的表达方式能表达哪些不同的意思。

我看见他笑了。

一个小时就解决了五个问题!

好!是我的错,你没错!

在我们说话时,要表达的既有内在的思想感情的色彩和分量,又有外在的高低、强弱、快慢、虚实的声音形式这两方面的结合,我们称之为"语气"。在口语表达中,表达者的声音、气息、感情与表达有着密切的关系。有什么样的感情,就会产生什么样的气息;有什么样的气息就有什么样的声音状态。如喜则"气满声高",悲则"气沉声缓",爱则"气缓声柔",憎则"气足声硬",急则"气短声促",冷则"气少声淡",惧则"气提声抖",怒则"气粗声重",疑则"气细声黏",静则"气舒声平"等。

语气是内在的思想感情与外在的高低、强弱、快慢、虚实的声音的融合。语气与声音的强弱、快慢、虚实等多种因素有关,而与声音的高低升降关系尤为密切。语句声音的高低升降我们常常称之为语调。所以语气语调是紧密相连的,很多情况下,我们都将它们合在一起理解。

语气语调是体现口语表达者立场、态度、个性、情感、心境等起伏变化的语音形式,它是思想感情、词句篇章、语音形式的统一体。有了恰当的语气语调,才能讲出一连串声音符号,生动、正确地反映出表达者的本意。语气语调具有综合性,既包括声调、重音、停顿、语速、句调,还包括语势。表达时要根据表情达意的需要来选择语气语调。

(一) 语气的把握

1. 句型

从语言的基本单位——语句的句型来说,有陈述句、疑问句、感叹句、祈使句四大类。因而在口语表达时,相应有陈述语气,疑问语气,感叹语气,祈使语气的区分。

我准备明天到北京出差。(这句话显然是个陈述句,要用平铺直叙的陈述语气)

你怎么还没有去上班呀?(这句话是个疑问句,要用疑惑不解、由衷发问的语气)

香港终于回到了祖国的怀抱!(这句话是感叹句,要用带有真实情感、有感而发的感叹语气)

放下武器,把手举起来!(这句话是祈使句,要用声色俱厉,用命令这种祈使语气)

2. 语气

从语句表情达意的内容来说,有表情语气、表意语气、表态语气的区分。

(1) 表意语气

通过这种语气,向听者表达你的意见、意思。用这种语气讲话,句子中通常有相应的语气词,它或者独立成小句,或用于小句末尾,或用于整个句子的末尾。如:

对此,你的意见如何呢?(反问)
你真的事先一点也不知道吗?(质问)
你不要一意孤行,执迷不悟啊。(提醒)
排长,敌人上来了,打吧。(催促)
您把那本书借给我看几天吧。(请求)
站住!否则我就开枪啦。(命令)
你上哪?(询问)
你昨天怎么旷课啊?(责备)

(2) 表情语气

通过这种语气,向听众表达自己的某种情感。句子中通常也有相应的语气词。

哎呀,这下子可好了。(喜悦)
日本鬼子真是坏透了。(愤恨)

他这位才华横溢的作家死得太早了。(叹息)
这一仗打得真漂亮啊!(赞叹)
哦!我终于弄明白了。(醒悟)
呸!你这个无耻的叛徒!(鄙视)

(3) 表态语气

通过这种语气,向听众表达自己的某种态度。句子中有时也用语气词。

他确实尽了最大的努力。(肯定)
这件事恐怕难以办到。(不肯定)
我不希望看到那样的结果。(委婉)
你认为这样做行吗?(商量)
这种意见是错误的。(否定)

此外,从表达方式来说,又有叙述、描写、抒情、议论、说明等不同的方式,它们各自的语气也不一样。还有,从所表达的内容和其中蕴含的思想感情来说,更是千差万别,因而所用语气的平转急缓,张弛高低也各不相同,变化万千。

口语表达中的语气语调,将句式、语调、词采、立场、态度、个性、情感等融为一体,由表达者直接诉之于听者的听觉,听者瞬间就可直观地感受到,因而,它对口语表达的效果产生直接的影响,立竿见影。

语气语调的内涵是多方面的,它具有多姿多彩的复杂形态。语气语调的多样性是语言本身丰富性的反映,也是语言能力强的一个表现。语气语调不同,表情达意也就有不同。其中尤其以声音和气息状态至为重要。表达者必须通过声音和气息将思想感情表达出来,而不同的声音和气息表达不同的思想感情。

气息	听者感觉	思想感情	气息	听者感觉	思想感情
徐	声柔温和	爱	短	声促紧迫	急
促	声硬挤压	憎	粗	声重震动	怒
沉	声缓迟滞	悲	细	声粘踌躇	疑
满	声高跳跃	喜	少	声平沉着	稳
提	声凝紧缩	惧	多	声撇烦躁	焦

可以这样说,有了恰当的语气语调,才能使表达的语言具有形象色彩、感情色彩、理性色彩、语体色彩、风格色彩;有了恰当的语气语调,才能增强语言的魅力,才能恰当地表达思想感情,才能调动听者的情绪,才能引起听者的回应。

(二) 语调的把握

语调,是语音、语气、速度、节奏的和谐统一,它好比乐曲的旋律一样,体现出语言的完美性。

语调的变化,主要反映在语速、节奏、重音、升降这四个要素上。

1. 语速与节奏

语速与节奏主要表现在句子的快慢和停顿上,语速和停顿形成句子的节奏。

(1) 语速

说话的速度,是指说话时音节的发音时间长短,或者说单位时间里吐字的数量。每种语言的语速都可以分为正常语速和超常语速。正常语速往往比较平稳,不受特殊心理和情感的影响变化。语速分为快语速、中语速、慢语速。中语速是正常语速,快语速和慢语速是超常语速。不同的民族语言具有不同的正常语速。普通话的正常语速是每分钟230个音节左右。

正常语速与生活节奏有关,从前的新闻播音语速,一般为每分钟180个音节左右。现在的新闻播音语速大大加快,一般为每分钟230—250个音节。正常语速与年龄、性别有关,青年女性的语速往往较快。正常语速与个人说话习惯有关,教师讲课有的每分钟150个音节左右,有的每分钟240个音节左右。

超常语速受说话人特殊心理和情感的影响,兴奋、热烈、愉快、紧急、活泼时语速较快,忧郁、悲伤、庄重、严肃、迟疑时语速较慢。

口语表达的速度,主要取决于以下因素:

一是取决于内容和情节。从结构上来说,话语中一般既有快速,又有中速、慢速,有张有弛,起伏跌宕;从内容和情节来看,陈述速度慢于抒情速度,抒情速度慢于议论速度;情调低沉的叙述、人物对话应该慢些;急切的呼唤、愤怒的谴责、热烈的争辩、激昂的陈述、紧张的场景描述应该快些。内容和情节本身的客观要求,是决定表达速度的最主要依据。

二是取决于表达者的年龄。显然,同样的内容,少年儿童语速快于青年人,青年人快于中年人,中年人快于老年人。

三是取决于听者的年龄和接受能力。一般来说,对于老年人和少年儿童或接受能力相对较低的听者,或听者普遍对某些内容感兴趣,应该把表达的速度放慢些。

快与慢都是相对的。无论是快还是慢,都须以表述得清晰明了,听者听得真切明白为基本出发点,要做到快而不乱,慢而不拖,快中有慢,慢中有快,快慢相间。

(2) 节奏

节奏有一定时值,汉语的节奏多以4—7个音节为一个气息单位,它是节奏

的基本单位,每个节奏单位同时又是一个语义群,正确的口语节奏应该是波浪形的,并非整齐划一的。在口语的句子中,过多的重(chóng)读形成反复型的节奏,过多的停顿形成断续型的节奏,高低音不明显形成平坦型的节奏,节奏调节不当,忽快忽慢或忽高忽低形成峰谷型的节奏,这些都会影响表达效果。

节奏与速度有密切的联系,但又不是等同的。节奏是一种有秩序的、有规律的、协调的变化进程。

在口语表达中,节奏包括哪些要素呢?大体有以下这些:结构的疏与密,内容的详与略,情节的起与伏,情感的激与缓,声调的抑与扬,音量的大与小,态势的动与静,速度的快与慢,语流的行与止,过程的长与短等等。这些要素综合运用形成节奏,从而激荡交流对象的情感,启迪其思维,引发其共鸣。

2. 停顿

停顿,就是指句子当中、句子之间、段落之间的间歇。

停顿,既可以用来换气,又可以用来表示意义的区分、转折、呼应,还可以传达引起听者注意的信息;相反,当表述某种连贯的情节、境况,或表达者感情奔放,如行云流水,不可遏制之时,则需一气呵成,语句连续不断。

常见、常用的停顿有以下几种:

(1) 换气停顿

由于换气需要,在表达过程中必然要有停顿,这种停顿即换气停顿。有些长句子,一口气无法说完,必须酌情进行换气停顿。比如:

知恩一定要图报,我们怎么会忘记那位自己已经逃出去了‖但又跑回来救我们的小个子叔叔呢!

我祝愿你到了新的单位后‖能够有机会把你的烧菜技术‖与你的同事分享哦。

标有"‖"符号的地方是指需要换气停顿的地方。事实上,这里的停顿,还不仅是为了换气,而且是为了加强语言的清晰度和表现力。倘若将上述的两个长句不停顿地勉强一口气说完,既难做到清晰,又不可能有多大表现力。

换气停顿要恰当,必须服从内容和思想感情表达的需要。换气停顿的具体方法每个人不尽相同,却不能随心所欲,想在哪里停顿就在哪里停顿。有些句子如果在不同的地方停顿,意义不同,甚至会完全相反。如:"他看着我笑了起来",若在"我"后面停顿,是指他笑了起来;若在"看着"后面停顿,是指我笑了起来。

(2) 逻辑停顿

逻辑停顿,是指在表达过程中,有时为了表达某种感情,强调某一观点或概念,突出某一事物或现象,在语句中本不应该停顿的地方作了停顿,或在不需要停顿较长时间的地方作了较长时间的停顿。如：

　　我相信，‖我们的祖国‖一定会有自己的女宇航员，‖在中国人面前，‖美的横竿正在飞速地‖上升！

这种逻辑停顿，虽然随着强调内容不同，停顿的地方可以有所不同，但是，它仍然要受语法结构的制约，一般是在较大的主语和谓语之间，动词和较长的宾语之间，较长的附加成分中心词之间，较长的联合成分之间作逻辑停顿。

（3）心理停顿

心理停顿又称感情停顿，它没有固定的模式，既可以在句子开头停顿，也可以在句子中间或结尾停顿。前两种停顿，停顿的时间都较短，通常最长都只能是几秒钟。而心理停顿，可短亦可长，短则几秒，长则几十秒，甚至几分钟，由表达者根据所表达的内容或情感的需要，自行设计和掌握，运用得好，可以产生很强的现场效果。

心理停顿较多用于演讲、报告中，主要用于以下情况：

第一，论理之后拟举例说明，需作停顿，举例结束亦作停顿。前者是为了引起听众注意你的"转折"之举，后者是为了让听众引发联想，举一反三，触类旁通。

第二，设问之后回答之前需作停顿。如前所说，有些设问是不作答的，而有些设问是自问自答的。在设问后、自答前，应作停顿，既可使听众产生悬念，还可为后面出人意料的巧妙回答作出铺垫。

第三，感叹或感叹之余需作停顿。感叹之余，紧接着运用心理停顿，以加深听众的印象，引起听众的共鸣。

第四，话题转移或告一段落之际需作停顿。这是为了让听众将已讲完的话题暂时搁下，作好迎接新主题、新内容的心理准备。

3. 重音

这里所说的重音，是指根据表情达意的需要，有意加重音量与力度的某个或某些词。人们说话时，往往把主要的意思加语气来表达，以引起听众的注意力，重读的部分就是一句话的中心和主体。

汉语中的重音有词语重音和句重音两大类。

词语重音是比较固定的、有规律的。就读音轻重程度可分为重、中、轻三个等级。两个字的词语有"重轻"格式，如中国、安徽、玻璃、白菜、高度等，还有"中重"格式，如改革、红旗、人民等；三个字的词语基本格式是"中、轻、重"，如北京站、辅导员、文化宫、国务院等；四个字的词语，其基本格式是"中轻中重"，如自力更生、天经地义、刻苦钻研等。

语句重音不同于词重音，词重音只出现在一个多音节词的内部，与语句的结

构无关。语句重音是指由句子语法结构、逻辑语义或心理、情感表达的需要而产生的句子重读音。普通话的语句重音包括语法重音、逻辑重音、心理重音。

语句重音,常用的是语法重音。它是指句子中不同的语法成分读音轻重不一。比如,谓语一般要比主语说得重些:"同志们辛苦了!""中华人民共和国成立了!""让我们一起干一杯!"

此外还有逻辑重音,即根据说话的目的和重点,有意将某些词或词组说得重些。如"香港一定会回归祖国""我自豪,我是一个军人的妻子"。同一句话,重音不同,意思也就有所不同。比如"我请你喝茅台酒",如果重音是"你",那是强调请客的对象;如果重音是"茅台酒",那是强调的是喝的东西;如果重音是"我",那是强调请客的主人。

逻辑重音随着语境的变化而变化,如"他为什么不来"发端句不同,逻辑重音不同:

连老王都来了,他为什么不来?(强调"他")
昨天约好的,他为什么不来?(强调"为什么")
他说一定来的,他为什么不来?(强调"不来")

又如"他会骑自行车"随着后续句的不同,逻辑重音也会发生变化:

他会骑自行车,小王不会骑。(强调"他")
他会骑自行车,不是不会。(强调"会")
他会骑自行车,不会修自行车。(强调"骑")
他会骑自行车,三轮车不会骑。(强调"自行车")

心理重音即语用学上所讲的"焦点"(focus),它是句子中新信息的核心,即说话人所要强调的内容,因此,心理重音又称为"强调重音"。如:

你怎么来上海的?(强调"来"的方式)
你怎么来上海的?(强调地点,为什么不去别的地方?)
我就吃了一个苹果。(强调数量)
我就吃了一个苹果。(强调没吃别的东西)

心理重音有两个特征:

第一,心理重音出现的位置很自由,它可以出现在一个词语或几个词语或整个句子上。如:

我亲眼看见的,你还不承认。
好好睡一觉,病很快就会好的。
我没拿,就是没拿。

第二,心理重音在音长、音高、音强上的变化幅度都比语法重音、逻辑重音要大得多,说话人表达强烈的情绪时,语声变化的幅度都很大。心理重音的以上两个特征,正是它区别于语法重音和逻辑重音的地方。

重音的处理关键在于选择好重音词,一般是选在说话者着意强调,以示区别之处。

应当注意的是,重音切忌过多,一是过多显示不了孰轻孰重,二是会造成说的人与听的人的双方疲劳。

4. 升降

语调的升降,是指语调的高低抑扬变化。同一语句,往往因为语调升降处理不一样,而能表达出多种多样的意义。如:

> 这是一百万元。(一手交钱,一手交货,司空见惯)
> 这是一百万元!(强调金额很大)
> 这是一百万元?(怀疑,不相信有这么多)
> 这是一百万元?(惊讶,怎么这么多)
> 这是一百万元?(喜悦,为一下子有这么多钱而高兴)
> 这是一百万元!(后悔,不该错过赚大钱的机会)

从上例可以知道,语调的升降变化,在句末较为明显。语调可分为四种:高升调,降抑调,平直调,曲折调。

(1) 高升调

高升调常用于表示情绪激动的句子,常用来表示惊异、疑问、命令的句子。

> 我真不懂你们干了些什么?——惊异
> 昨晚你喝醉了没有?——疑问
> 你老实告诉我!——命令
> 这么做你的学习成绩能升上去吗?——反诘
> 全世界无产阶级联合起来!——号召

高升调的调头或调核低于调尾,换句话说,高升语调的调尾略往上扬,句子的语势由低到高。

(2) 降抑调

降抑调通常用于表示陈述语气、感叹语气和感情平稳的祈使语气,降抑调的调头或调核高于调尾。如:

> 山西省的太原,是一座古老的美丽的城市。——陈述语气
> 这真是一个激发人们思古幽情的所在!——感叹语气

您到这边来。——感情平稳的祈使语气
　　我们的理想一定能实现。——自信语气
　　请你帮我解决这个问题吧。——恳求

降抑调中的调尾有时明显地低于调头或调核,有时只有微弱的下降,听感上像平调。这和语气的轻重有关,如语气稍重,降抑调较明显。语气稍轻,降抑调则不明显,类似平调。

(3) 平直调

平直调的调头、调核、调尾基本保持在同一语音高度上,无明显的高低变化,表示平稳的情绪,多用于叙述、说明或日常生活中平静的对话。如:

　　靠得很近的烛光把黑白分明的光辉和阴影印制在女列车员的脸上。——叙述
　　北京有座美丽的中心公园。——说明
　　甲:你最近脸色不错。
　　乙:我每天慢跑半小时,身体感到很舒服。——平静的对话

陈述句一般采用微降调,但重音在句末时,变成平直调。如"明天有雪"。如果疑问句不带疑问词而表示迟疑,常采用平直调。如:"你这么大年纪了,还能爬山?"

(4) 曲折调

曲折调由升调和降调混合组成,一般有升降调和降升调两种,常用于表示某种复杂的情感,如表示讽刺、惊奇、夸张、委婉的句子常用曲折调。如:

　　来开会的人可"多"啦——讽刺,升降调
　　是我的错,你没"错"!——反语,降升调
　　她太可爱了,连哭鼻子的样子也招人喜欢。——夸张

在有搭头话的句子中,曲折调往往表现在搭头词上。如:

　　你呀你,怎么不早说。——曲折调表现在"你呀你"上。
　　哟,你来了。——曲折调表现在"哟"上。

二、体态语言

美国传播学家雷蒙德·罗斯认为:你所传播的信息中,只有35％是语言的。当你面对面地同某个人讲话时,他可以从你的言语之外的其他形式中接受到65％的信息——如你的音调、手势,甚至你的站立姿势和衣着打扮。在很多情况下,语调和体态语在口语表达、信息传递中的重要性远远超过话语内容本身,口

语因为有了语调的变化和体态语的运用,才增加了活力,有了跳跃的生命力。

体态语是指以人的表情、动作、姿态、服饰等来传递信息的一种无声语言,也称为态势语。体态语既可以支持、修饰或否定言语行为,又可以部分地代替言语行为,发挥独立的表达功能,同时又能表达言语行为难以表达的情感和态度。

(一)眼神

人的面部是情感变化的"寒暑表"。丰富的面部表情能使有声语言获得更佳的表达效果。在整个面部表情中,最鲜明、最突出、最能反映深层心理的是眼神。人的眼睛有近万条神经联结大脑,它们受大脑中枢神经的控制,是大脑从外部获取信息的渠道,同时,也是情感的图画、思想的荧光屏。人的喜怒哀乐、爱憎好恶都能从眼神中表现出来,甚至能表达出用言语难以表达的极其微妙的思想感情。眼睛是心灵的窗户。我们在口语交际时要学会用眼睛说话,把自己真实的感情流露在眼睛里,运用眼神与交际对象交流。

1. 注视

注视的方法主要有以下5种,含义各不相同。

(1)前视法

即视线平直向前流动的方法。它一般在主持、演讲、报告等面向众人说话时使用。要求讲话人的视线平直向前流动,统摄全场。一般来说,视线的落点应放在全场中间部位,听众的脸上。同时,又适当变换视线,照顾到全场听众,并用弧形的视线在全场流转,不可忘掉任何一个角落的听众。这样,既有利于讲话人保持端正良好的姿态,随时注意及调节现场气氛和听众情绪,又可使每个听众感到讲话人在关注自己,从而提高注意力及兴趣。

(2)环视法

即用眼睛环视听众的方法。要求讲话人的视线,从现场的左右前后迅速来回扫动,不断地观察全场,与全体听众保持眼光接触,增强双方的情感交流。将前视法与环视法结合起来,既可观察到听众的心理变化,还可检验表演效果,控制全场的情绪。

(3)专注法

即把视线集中到某一点或某一方面的方法。要求讲话人的视线,有重点地观察个别听众或现场的某个角落,并与之进行目光接触,交流感情。这种方法既可启发、引导听众,也可批评、制止不守纪律的听众。两个人在交流时,用专注法也是一种很好的沟通方式。

(4)斜视法

即眼珠向左或向右移动的方法。既可表现对左右听众的关注,同时配合面

部表情,又可表现欣喜或鄙夷的情感。但斜视法不适合面对面的谈话。

(5) 虚视法

即似看非看的方法。这种视而不见的方法,可减轻讲话人的心理压力,还可表示思考,把听众带入想象的境界。

2. 交流

需要注意的是,眼睛除了用来注视之外,还应用来交流。如果说注视是为了体现讲话人应有的身份,那么,交流则是亲和力的表现。眼神交流技巧一般有以下三种。

(1) 在演讲或作报告、讲课时,一出场就应抬头张望,环视四周,扫视全场,或点视、凝视某物某人。这样,通过或明亮有神或热情友善或充满智慧或正直博大或坦荡敏锐的眼神,告诉听众你是一个坦诚、灵活、自信的人,一个修养良好的人。

(2) 在话语交流过程中,注意用眼神的变化来表达自己内在的丰富感情。说话人的思想感情总是随着内容而起伏变化的。比如说到高兴处,应睁开眼,让它散发出兴奋的光芒;说到哀伤处,可让眼皮下垂,或让眼睛呆滞一会儿,使感情显露出来;说到愤怒时,可瞪大眼,固定眼珠,让眼睛射出逼人的光芒;说到愉快处,可松开眉眼,让眼神充满令人喜悦的光彩;如果希望得到交流对象的认同、重视,你可无声地、冷静地用期待的目光注视着你的交流对象。

(3) 在话语交流过程中,目光一般是平视。但根据内容需要,视线可近可远,或闪烁不定,或轮转环视,或用询问的眼光与交流对象交流,或用亲切友好的目光寻求交流对象的话题支持。

总之,你可依据实际情况,选择具有特定含义的眼神。也可几种方法配合使用,同时,注意与交流对象之间的眼神交流,以求在语言表达之外获得更多的信息和更多的支持。

(二) 手势

手势是说话人运用手掌、手指、拳和手臂的动作变化来表达思想感情的一种态势语言。它是一种特殊的语言,它的方向、位置、速度和力度都与情感有关。在口语交际中,恰当地运用手势,对于加强语言的力量,提升自身的体态形象,增强说话时的吸引力、说服力、感染力和表现力,都有着重要的作用。

手势活动的范围可分上、中、下三个区域。

上区指肩部以上,手势在这一区域活动,一般表示理想、希望、喜悦、祝贺等。手势向内、向上(手心向上),一般表示积极肯定的意思。中区指从肩部到腰部,手势在这一区域活动,多表示叙述事物和说明整理,一般不带有浓厚的感情色彩。下区指腰部以下,手势在这一区域活动,一般表示憎恶、反对、批判、失望等。

手势向外、向下(手心向下),一般表示消极否定的意思。

1. 手臂的姿势

手臂的姿势有着很丰富的含义,它们会告诉你某人的情绪变化。通过理解不同的手臂姿势的含义,可以帮助我们了解手臂所传达的信息。

(1) 交叉的双臂

这是一种防御性的姿势,说明某人感到很不自在,希望能够保护自己。这也可能意味着此人正在疏离一个人。当某人感到不安全的时候,他往往会占据较少的肢体空间。

双臂抱在胸前的人如果说他们是用这种方法坚持己见、鼓舞自己的话,其实还意味着他们会拒绝你提供的任何立场。伴随这种姿势的还有紧张和不安。把双臂抱在胸前还非常明显地说明了此人想要掩饰什么。所以当你看到某人把双臂交叉放在胸前的话,这意味着此人想撤退。感到不舒服的人常常也会采取这种姿势。

(2) 双手叉腰

如果双手放在臀部,肘部从身体两侧突出来的话,这意思是说"离我远点儿"或者"别跟我待在一起"。这是一种"拒绝拥抱的姿势",也是一种非常自信、非常自立的表现。

如果某人想在社交场合把他人排斥在小圈子之外的话,他会通过把一只手放在臀部的姿势来传达这个信息。

(3) 打开的双臂

双手紧扣放在背后意味着坦诚,有这种姿势的人其实是在暗示:他们无须保护自己。这种姿势是自信的表现。军人们在稍息的时候常常双手握拢,放在背后。他们是放松的,坦诚的,没有什么可以隐瞒的。

(4) 挥动的手臂

在很多地中海和西方文化中,挥动的手臂作为正常交流的一部分,是用来帮助表达谈话中某种观点的。但是在西方文化中,挥动的手臂有着完全不同的含义,它意味着某人无法自控,非常情绪化,或者很生气。

2. 双手的姿势

双手如何摆放非常能够说明某人的情感状态。下面是一些手势的含义。

(1) 藏起来的双手

如果某人在说话的时候把双手藏起来的话(比如,放在口袋里)他可能在隐瞒一些很重要的信息,一些不想示人的、对个人很重要的事情。

(2) 愤怒的双手

紧握的拳头往往意味着此人不想把自己的情感表达出来。无论你何时看到某人在说话的时候握着拳头,那么此人一定是在生气或者感到很难过。如果大拇指藏在拳头里的话,那么此人通常感到很危险、很害怕或者很担忧。在握拳的时候拇指相扣,就像双手环抱一样,也是一种自我保护的方法。说话的时候用食指朝外指着,或者不停地快速动来动去,这也暗示了某人内心埋藏着怒火。

(3) 撒谎的双手

一个不坦率的人手部的动作通常缺少表现力。双手不是握着拳头,就是合拢,或者放在口袋里。注意某人在说话的时候手握得有多紧:越紧就意味着越紧张。

当某人抓住某样东西的时候,看起来似乎要紧紧地抓住现实不放。这类人往往缺乏安全感,其实他们真正想控制的是其他一些东西。因此,为做到这一点,他们就可能会撒谎,或者努力避免体验一些很强烈的情感。

(4) 诚实的双手

当某人很诚实的时候,他的手掌通常是摊开的,手指是伸直的。这表现出了此人的坦率和对他人的兴趣。这是一种接受他人的手势,它意味着此人愿意结识你,并且欢迎你和你的意见。摊开的手掌还意味着此人比较容易受到他人的影响。反之,一个手背向外的人通常不太善于接纳别人,也不够坦诚,而且很孤僻,很保守。

(5) 固执的双手

如果你看到某人的大拇指是僵直的,而其他手指伸得直直的,或者握成拳头,这说明此人紧紧抱着自己的观点不放。要想一个有着这种手势的人接受你的观点,那是非常困难的。

(6) 不耐烦的双手

在桌子上轻叩手指或者把手在桌子上敲得咚咚响,一般说明此人很不耐烦或者很紧张。手里不停地拨弄东西,则说明此人很缺乏安全感,很紧张,很不安。这样的人没有自信,需要摸着一些实实在在的东西才觉得自在。

(7) 有压迫感的双手

指甲断裂,爱啃或者撕去手上的死皮,双手绞在一起,不安地摆弄着什么东西,这些都是烦躁不安的表现。尽管人们内心的躁动不安可能在谈话中并不明显,可是以上这些无意识的动作都是人们感到有压迫感的时候爱做的。这些动作还可能意味着愤怒和沮丧。

(8) 感到很舒适的双手

如果某人感到很舒服的话,这种感觉可以通过他的双手反映出来。如果一个人的手部动作有力而又沉着,流畅而不机械,双手紧握放在脑后,或者双手叉腰都是在表现自己的安全感,这意味着他们感到很舒服,很自在。

(9) 自信的双手

一个很自信的人经常会有反映自信心的很多手部动作。十指交叉拱成塔状就是一种表现自信的手势。教师、政治家、律师,以及那些传播信息的人常常会有这种手势。人们在谈判的时候也有这种手势。

(三) 手指姿势

手指的运用更要注意。

伸右手拇指:表示大、强。

伸右手小指:表示小、弱。

伸右手食指:表示一、十、百、千、万……

右手手指扳左手一个一个指头:表示数数。

伸其余手指:表示其他不同数字。

伸右手食指齐肩平画:表示直线。

伸右手食指在空中画弧线:表示弧形。

伸右手食指在空中画半圆:表示半圆形。

伸右手食指在空中画圆:表示圆形。

伸左右食指向中间靠拢:表示成双成对。

由于手势具有丰富的涵义,因此,人际交往中,手势绝不可乱用。一般而言,手势的运用要遵循这样几个原则。

(1) 要根据内容和情感的需要,做到凡出一手必有所指。

(2) 要富有鲜明的个性,这种个性由说话人不同的性别、年龄、身材、气质、性格所决定。

(3) 要准确、鲜明,能恰当地传情达意。

(4) 要简练、适度。

(5) 要自然、雅观。

五、体姿语言

体姿语言是利用人的身体姿势变化来传情达意。俗话说"站有站相,坐有坐相",要"坐如钟、站如松、走如风","抬头挺胸"、"站得正"、"立得直"、"坐得稳"等,即指人们平日交际时应有正确的体态。

(一) 体姿语言的类型

人的体姿语言主要有站姿、坐姿和步姿三种。

1. 站姿

要想站直立稳有精神,就必须站稳脚跟。通常用"平分式",即两脚自然平分,两脚间保持一只脚的宽度,脚跟不离地,这样身体重量就平均分散在两只脚上了。身体站稳了,还可通过肩、腰、腿、脚等动作变化来传情达意。

2. 坐姿

坐姿可分为严肃坐姿、随意坐姿和半随意坐姿三种。身体挺直、双腿并拢或略为分开(女性常为双膝并拢或脚踝交叉),即正襟危坐,为严肃坐姿;背靠沙发或坐椅,两手置于扶手上,或双手交叉靠在头后,两腿自然落地或一只脚架在另一只腿上(俗称"二郎腿"),为随意坐姿(这是一种相当随意的坐姿,往往在一些非常随意的谈话中出现。但也应注意尽量少用)。介于二者之间,身体斜靠沙发或头部微微后仰,一只腿架在另一只腿上,为半随意坐姿。

在与人交流时,选用什么样的坐姿,主要应考虑语言环境。如上下级之间,一般宜采用严肃坐姿,以示庄重和尊重;在朋友、亲人之间,一般宜采用随意坐姿,这有益于营造融洽和谐的气氛,缩短相互之间的心理距离。

3. 步姿

步姿亦称移动,是通过行走的步态来传情达意。讲话人在移动脚步时,应注意,一般而言,向前表示勇敢、热爱、前进;向后表示恐怖、惊讶、避让;左右移动表示讲话时不同情绪的变化。在移动时还要注意:脚步的移动必须符合内容的需要;脚步移动的方位、幅度、节奏、快慢等要保持一定规律。这样,既能活跃气氛,又能照顾听者的情绪,并能根据交流的需要确定稳定的适当范围。

(二) 体姿语言表达的意义

人际交往时,姿势反映的是你对自己或对他人的看法。很自信的站姿往往是后背挺直,双肩向后打开,脑袋挺直,臀部收紧。姿势看上去很自信的人往往和朋友们在闲逛的时候和出席社交场合一样觉得很自在。他们会很生动地用双手和手臂来帮助表达自己的观点。从另一方面来说,不同的姿势代表不同的情绪。

1. **弯腰驼背的不振姿态**

如果某人很伤心的话,他们往往会弯腰驼背,萎靡不振。收拢的双肩是顺从的表现,也是缺乏自信或者很沮丧的标志。据说这种人肩上的担子都很重。如果某人一直都保持这种姿势的话,那么就代表着逃避某种情况或者整个生活。也可能意味着此人对你或者你说的话不感兴趣。此人的身体不朝前倾,而是往后退——这是对争吵的一种逃避行为。

2. **身体前倾的姿态**

如果某人身体朝前倾,脖子往前伸的话,可以肯定的是这个人在生气。下颌也可能朝前撅着,双拳紧握着。甚至肌肉都会很紧张。这是一种要进攻的姿势。

如果某人走起路来匆匆忙忙,身体朝前俯冲,那么你就可以很快做出判断——此人在生气。

3. 僵硬的姿势

有着木头一样呆板姿势的人经常在决策观点上很保守,很顽固。他们往往认为一件事情非黑即白,非此即彼,这种人天生就很霸道。

他们常常很势利,态度也是那种"我比你强"式的。他们的脖子挺着,是典型的瞧不起人的姿势。他们欣赏整洁和秩序,很难在自己熟悉的环境以外表现得很自如。

4. 装腔作势的姿势

这样的人很做作,就像在摆造型,而且始终很在意别人是否在注意自己。尽管他们看上去是一副很势利、很傲慢的样子,其实他们很缺少安全感,很害羞,很自私。他们很自恋,认为生活就是以他们为中心而进行的。

5. 内敛的姿势

别人不喜欢你或者跟你持不同意见的时候会有很多表现,身体也会这样。首先他们的姿态就会比较内敛,比如:脑袋和上身挺得直直的,同时,双手抱着膀子。如果他们是坐姿的话,双腿可能交叉在膝盖处。

6. 中立的姿势

人们如果对你还没有什么看法,或者对某事还没有做出最后的决定的话,他们就会在站立的时候把双手交叠放在自己前面。如果是坐着的话,他们会把双手交叉着放在膝盖上,双腿会交叉在膝盖以上,以采取一种观望的态度。他们身体的一部分采取很坦诚的姿势,如:脑袋和躯干挺得笔直,双臂打开;而身体的另一部分却很收敛,如:双手放在膝盖上,十指不交叉,双腿紧紧地交叉在膝盖上方。

7. 无聊的姿势

当人们感到很无聊或者对什么事情都无动于衷的时候,他们会先把脑袋转开,然后最终把整个身体转开。

十指会交叉在一起,而双手会安放在膝盖上。如果他们越来越觉得乏味的话,脑袋会偏着,而且常常要用双手来支撑。

很无聊的身体姿势通常会朝后仰,而双腿会伸得很直。如果此人是站着的话,双手会放在前面,十指交叉,脑袋偏向一边。

8. 部分肢体语言代表的意义

眯着眼——不同意,厌恶,发怒或不欣赏。

走动——发脾气或受挫。

扭绞双手——紧张,不安或害怕。

正视对方——友善,诚恳,外向,有安全感,自信,笃定等。
搔头——迷惑或不相信。
笑——同意或满意。
咬嘴唇——紧张,害怕或焦虑。
抖脚——紧张。
向前倾——注意或感兴趣。
懒散地坐在椅中——无聊或轻松一下。
抬头挺胸——自信,果断。
坐在椅子边上——不安,厌烦,或提高警觉。
坐不安稳——不安,厌烦,紧张或者是提高警觉。
正视对方——友善,诚恳,外向,有安全感,自信,笃定等。
避免目光接触——冷漠,逃避,不关心,没有安全感,消极,恐惧或紧张等。
点头——同意或者表示明白了,听懂了。
摇头——不同意,震惊或不相信。
晃动拳头——愤怒或富攻击性。
鼓掌——赞成或高兴。
打呵欠——厌烦。
手指交叉——好运。
轻拍肩背——鼓励,恭喜或安慰。
双手放在背后——愤怒,不欣赏,不同意防御或攻击。
环抱双臂——愤怒,不欣赏,不同意防御或攻击。
眉毛上扬——不相信或惊讶。

总而言之,口语交际时各种体姿语言的选择和运用,既要有所节制,也要有所变化,以准确而适度地反映出自己的思想感情。同时,各种体姿语言还要相互配合,整体协调、连贯,从而表现出优美自然的风度美和气质美。

六、服饰语言

从社会学的角度看,人际交往是一种人际关系的构建,是利益的交互,其服饰不单是本身审美的需要,也为他人所关注。一方面我们需要真实地展示自我,展示个性;另一方面又要体现时代特点,并受社会道德的制约。这样,在人际交往过程中不能过于随意主观、随心所欲。社交服饰选择应遵循一些基本原则。

1. 根据自然条件合理选择

每个人的年龄、性格、体形、肤色各有不同,审美心理的差异也较大,选择服饰时应注意这些特点。

2. 适合语境的特点和风格

不同语境对服饰的要求不尽相同。一般而言,大型活动、公务活动、正式场合要求服饰庄重、朴实、大方;而娱乐性活动,对服饰的选择相对而言就比较广泛、自由、随意一些。应根据特定场合和气氛合理选择,较多地展示自我的个性与魅力。

3. 佩戴小饰物的注意事项

佩戴小饰物是一种关注细节的表现。交流对象对这些注重细节的人在话题交谈时所说的话往往更容易相信。常用的饰物有项链、眼镜、发卡、胸针、徽章、耳环、耳钉、耳坠等。使用饰物时应简单、明确。

杨澜在第一次主持《正大综艺》节目之后有过这么一段描述:

> 播出的时候,我正坐在家里的沙发上,听见片头的音乐,手里捏出了冷汗。那是我生平最紧张的一次。周围的一切都模糊不清,爸爸妈妈说了些什么也听不见,只有电视、电视、电视……我从未发现自己有那么多的小毛病。比如,眨眼太多。连姜昆都发现了。
>
> 节目播出后的一天,他在电梯里对我说:"杨澜,电视会把你的一切毛病放大,所以你得学会控制自己的形体,特别是眨眼的习惯要改改。从现在到演播室这一段路上,你强迫自己一次都不眨眼试试。"
>
> 我很听话。一路上果真圆睁双目,不敢让上下眼皮有任何接触。5分钟的路程在我看来足有半小时。我浑身冒汗,眼睛发酸,眼泪在眼眶里打转。"当电视主持人真是活受罪。"我在心里诅咒着。更要命的是旁边姜昆还时刻"监视"着我。"坚持住!别眨!"——还让不让人活了?!

口语交际中细节的重要性可见一斑。

七、跨文化口语交际中的体态语言

"跨文化交际"的英文名称是 Cross-cultural communication 或 Intercultural communication,指的是不同文化背景的人之间所发生的相互作用。由于不同的民族所处的生态、物质、社会及宗教等环境不同,各自的语言环境便产生了不同的语言习惯、社会文化、风土人情等诸语境因素,因而在不同的文化中,肢体语言的意义也不完全相同。各民族有不同的肢体语言交际方式。例如:英国男子和美国男子跷腿的样子,是否绅士风度,就不一样。美国人讲完一句话时可能会低一下头或垂一下手,还可能垂一下眼帘。他们问完一个问题会抬一下手或昂起下巴或睁大眼睛。所以,在跨文化交际中,需要了解说话人的手势、动作、举止等所表示的意思。如果肢体语言信息处理不好,有时会产生误解,甚至引发危机。

(一)身体距离

观察一下阿拉伯人同英国人的谈话。阿拉伯人按照自己的民族习惯认为站得近些表示友好。英国人按照英国的习惯会往后退,因为他认为保持适当的距离才合适。阿拉伯人往前挪,英国人往后退。谈话结束时,两个人离原来站的地方可能相当远了!

在这个例子里,双方的距离是关键。不同的民族或种族的人在谈话时,对双方保持多大距离才合适有不同的看法。据说,在美国进行社交或公务谈话时,有四种距离表示四种不同情况:关系亲密,私人交往,一般社交,公共场合。交谈双方关系亲密,那么身体的距离从直接接触到相距约 45 厘米之间,这种距离适于双方关系最为亲密的场合,比如说夫妻关系。朋友、熟人或亲戚之间个人交谈一般以相距 45—80 厘米为宜。在进行一般社交活动时,交谈双方相距 1.30 米至 3 米;在工作或办事时,在大型社交聚会上,交谈者一般保持 1.30 米至 2 米的距离。在公共场合,交谈者之间相距更远,如在公共场所演说,教师在课堂上讲课,他们同听众距离很远。多数讲英语的人不喜欢人们离得太近。当然,离得太远也有些别扭,离得太近会使人感到不舒服,除非另有原因,如表示喜爱或鼓励对方与自己亲近等。在英语国家里,一般的朋友和熟人之间交谈时,应避免身体任何部位与对方接触,即使仅仅触摸一下也可能引起不良的反应。如果一方无意中触摸了对方一下,他(她)一般会说:"Sorry""Oh, I'm sorry""Excuse me"等表示"对不起"的道歉话。

中国人喜欢抚摸别人的孩子以示喜爱,而西方妇女却对这种抚爱"毫不领情"。不论是摸摸、拍拍,或是亲亲孩子,都使那些西方的母亲感到别扭。她们知道这种动作毫无恶意,只是表示亲近和爱抚而已,所以也不好公开表示不满。但在她们自己的文化中,这种动作会被认为是无礼的,也会引起对方强烈的反感和厌恶。所以,遇到这种情况,西方的母亲往往怀着复杂的感情站在一旁不说话,感到窘迫,即使抚弄孩子的是自己的中国朋友或熟人。

除轻轻触摸外,再谈一谈当众拥抱的问题。在许多国家里,两个妇女见面拥抱亲吻是很普遍的现象。在多数工业发达的国家里,夫妻或亲人久别重逢也常常互相拥抱。两个男人应否互相拥抱,各国习惯不同。阿拉伯人、俄国人、法国人以及东欧和地中海沿岸的一些国家里,两个男人也热烈拥抱、亲吻双颊表示欢迎,有些拉丁美洲国家的人也是这样。不过,在东亚和英语国家,两个男人很少拥抱,一般只是握握手。若干年前,发生了这样一件事:当时日本首相福田赳夫到美国进行国事访问,他在白宫前下车,美国总统上前紧紧拥抱,表示欢迎。福田首相吃了一惊,日本代表团成员也愣住了。许多美国人也感到奇怪,这种情况少见,完全出乎人们的意料。如果美国总统按日本人的习惯深鞠一躬,大家也不会那么惊讶。因为在美国和日本,男人之间很少用拥抱这种方式表示欢迎。在英语国家,同性男女身体接触也是个难以处理的问题。一过了童年时期,就不应两个人手拉手或一个人搭着另一个人的肩膀走路,因为这意味着同性恋。

(二)目光接触

肢体语言的另一个重要方面是目光接触。在这一方面可以有许多"规定":看不看对方,什么时候看,看多久,什么人可以看,什么人不可以看。对素不相识的人的态度是:我们既应避免盯着看,也要避免显出不把他们放在眼里的样子,要看他们一下表示看见了,随后立刻把目光移开。注视对方的不同情况,决定于相遇的场所。如果在街上相遇,可以看着迎面走来的人。直到八英尺远时再移开视线走过去。但在到达此距离之前,双方都用眼睛暗示一下自己要往哪边走,打算往哪边走就往哪边看一眼。然后,双方侧身略变方向,即可错开,顺利通过。根据美国习惯,同相识的人谈话时,说话的人和听话的人都应注视对方。任何一方不看对方,都可以表示某种意味,如:害怕对方,轻视对方,心神不定,感到内疚,漠不关心等。甚至在对公众讲话时也要时时直视听众,和许多人的目光接触。如果演说的人埋头看讲稿,照本宣科(许多中国人往往是这样的),而不抬头看看听众,人们就会认为他对听众冷漠,不尊敬别人。在谈话的时候,听的人一般要注视着说话的人的眼睛或脸,表示自己在听。如果对方说的话比较长,听的人要不时发出"嗯""啊"的声音,或者点头表示自己在注意听着。如果同意所说的观点,可以点头或微笑。如果不同意或者有所保留,可以侧一下头、抬一下眉毛或露出疑问的神情。在英语国家,盯着对方看或看得过久都是不合适的。即使用欣赏的目光看人——如对方长得漂亮——也会使人发怒。

"眉目传情"(或"目语")是青年或成年男女之间传递感情最常用的古老的方法之一。男人用眼睛的方式和妇女不一样。不同年龄、不同阶级、不同社会阶层、不同地域的人在这一方面都有差别,不同种族的人也有差别。在一些国家里,人们认为能直视对方的眼睛是很重要的。在一部关于列宁的著名电影里有这样一幕:有一个肃反委员会的工作人员叛变了,肃反委员会主席捷尔任斯基得知情况询问他时,此人不敢正视对方的眼睛。根据这一点捷尔任斯基认为证实了他有罪。

许多美国人也同样重视目光接触的作用。有过这样一件事:有个十来岁的波多黎各姑娘在纽约一所中学里读书。有一天,校长怀疑她和另外几个姑娘吸烟,就把她们叫去,尽管这个姑娘一向表现不错,也没有做错什么事的证据,但校长还是认为她做贼心虚,勒令退学。他在报告中写道:"她躲躲闪闪,很可疑。她不敢正视我的眼睛。"校长查问时,她的确一直注视着地板,没看着校长的眼睛。而英美人有"不要相信不敢直视你的人"这样一句格言。碰巧有一位出生于拉丁美洲家庭的教师,对波多黎各文化有所了解,他同这个姑娘的家长谈话后对校长解释说:"就波多黎各的习惯而言,好姑娘'不看成人男性的眼睛'这种行为是尊敬和听话的表现。"幸而校长接受了这个解释,承认了错误,妥善处理了这件事。这种目光视向不同的含义给他留下了很深的印象,也使他记住了各民族的文化是多种多样的。"目语"的"规定"很多,也很复杂。

(三) 手势动作

打手势时,动作稍有不同,就会与原来的意图有所区别;对某种手势理解错,也会引起意外的反应。在第二次世界大战中,领导英国进行战争的首相温斯顿·丘吉尔曾做了一个手势,当时引起了轰动。他出席一个场面盛大而又重要的集会,他一露面,群众对他鼓掌欢呼。丘吉尔做了一个表示"victory"(胜利)的"V"形手势——用食指和中指构成"V"形。做这个手势时,手心要对着观众。不知丘吉尔是不知道还是一时失误,把手背对着观众了。群众当中,有人鼓掌喝倒彩,有人发愣,有人忍不住哈哈大笑。这位首相所做的手势表示的是别的意思,那不是表示"胜利"的"V"形,而是一个不礼貌的动作,表示侮辱、轻视之意。另一个例子同尼基塔·赫鲁晓夫有关,他是20世纪50年代后期到60年代初期苏联的领导人。在美国访问期间,他的言论和举止引起一些争议。引起争议的手势之一是:他紧握双手,举过头顶,在空中摇晃。他的意思显然是表示问候,表示友谊。但是,在场的人和电视观众对此并不欣赏。美国人很熟悉这个动作——这是拳击手击败对手后表示胜利的姿势。在此之前,赫鲁晓夫曾说过要埋葬美国资本主义的话。许多美国人认为,这种手势表示他好像已经取得胜利,洋洋得意,难怪许多人感到不快。可见,有些肢体语言在不同民族表示的意义的差异有多大。

对肢体语言的研究有助于对语言的研究,对前者的理解可以加深对后者的理解,有些权威人士认为两者相互依存。这在多数情况下这是对的,但在某些情况下,人体动作与说的话可能不一致,口头说的话与肢体语言表达的意思不一样。这时要借助其他信息或从整个情景中猜测说话人的意思,从某种意义上说,一切肢体语言都要放在一定的情景下去理解,忽视了整个情景就会发生误解。

附:英语国家常用体态语言

1. 付账(cash):右手拇指、食指和中指在空中捏在一起或在另一只手上做出写字的样子,这是表示在饭馆要付账的手势。

2. "动脑筋"(use your brain)、"机敏一点"(being clever):用手指点点自己

的太阳穴。

3. "傻瓜"(fool)：用拇指按住鼻尖摇动其四指,或十指分开。也常常食指对着太阳穴转动,同时吐出舌头,则表示所谈到的人是个"痴呆""傻瓜"。

4. "讲的不是真话"(lying)：讲话时,无意识地将一食指放在鼻子下面或鼻子边时,表示令人一定会理解为讲话人"讲的不是真话"难以置信。

5. 自以为是(complace ntassertion)：用食指往上鼻子,还可表示"不可一世"(over bearing)。

6. "别作声"(stopping-talking)：嘴唇合拢,将食指贴着嘴唇,同时发出"hush"嘘嘘声。

7. 侮辱和蔑视(insulting and scorning)：用拇指顶住鼻尖儿,冲着被侮辱者摇动其他四指的动作或手势。

8. 赞同(agreement)：向上翘起拇指。

9. 祝贺(congratulation)：双手在身前嘴部高度相搓的动作。

10. 威胁(menace)：由于生气,挥动一只拳头的动作似乎无处不有。因受挫折而双手握着拳使劲摇动的动作。

11. "绝对不行"(absolutely not)：掌心向外,两只手臂在胸前交叉,然后再张开至相距一米左右。

12. "完了"(that's all)：两臂在腰部交叉,然后再向下,向身体两侧伸出。

13. "害羞"(shame)：双臂伸直,向下交叉,两掌反握,同时脸转向一侧。

14. 打招呼(greeting)：英语国家人在路上打招呼,常常要拿帽子表示致意。现一般已化为抬一下帽子,甚至只是摸一下帽沿。

15. 高兴激动(happiness and excitement)：双手握拳向上举起,前后频频用力摇动。

16. 愤怒、急躁(anger and anxiousness)：两手臂在身体两侧张开,双手握拳,怒目而视;也常常头一扬,嘴里咂咂有声,同时还可能眨眨眼睛或者眼珠向上和向一侧转动,也表示愤怒、厌烦、急躁。

17. 怜悯、同情(pity)：头摇来摇去,同里嘴里发出咂咂之声,嘴里还说"that's too bad"或"sorry to hear it"。

18. "太古怪了"(too queer)：在太阳穴处用食指画一圆圈。

第三节　心理素质和思维品质

一、心理素质

刘伯奎先生说："在口才训练系统中，有两个举足轻重的环节：一为思维环节，一个人思维水平的高低直接决定了此人口才水平的高低；一为心理素质环节，心理素质是否良好，决定了人们的口才能否在需要的时候得到应有的显现。"[1]

心理素质是以个体的生理条件和已有知识经验为基础，将外在获得的刺激内化成稳定的，并与人的适应行为和创造行为密切联系的心理品质。它是一个人综合素质的基础，对其他素质的发展具有促进或制约的作用，并且直接影响和决定人的行为和效率。良好的心理素质是人们取得学业、事业成功的主体条件，"心理素质"被誉为"现代社会最核心的竞争力"。

在口语交际中，我们常常会看到这种现象，有些口语表达者，尤其是那些初次在公众面前说话的人，往往会出现迟疑、胆怯、自卑、恐惧等状况。哪怕是事先已背熟了讲稿，也仍难免出现支支吾吾、颠三倒四的情况。这一事实说明，口语表达者心理素质的优劣，将直接影响口语交际的效果。因此，要提高受训者的口语能力，必须提升其心理素质。

（一）口语交际中的心理障碍

在心理动力论中，本我、自我、超我构成了人的完整的人格。人的一切心理活动都可以从他们之间的联系中得到合理的解释，但很多时候，超我与本我之间会有矛盾和冲突。口语交际过程也是如此，这主要表现在：

1. 自傲——本我的强大

本我即原我，是指原始的自己，它是一切心理能量之源。本我按快乐原则行事，它不理会社会道德、外在的行为规范，它唯一的要求是获得快乐，避免痛苦，是在潜意识形态下的思想。

自傲是一种以自我为中心的心理倾向。在口语交际中，表现为说话者只将注意力集中在自己身上，过高地估计了自己的能力。他们在交际会话中滔滔不绝，自以为技压群芳；或者在独自演讲中高谈阔论，不顾听众情绪，自傲心理使人孤傲离群，使交际双方关系难以协调。这对口语交际极为有害。如果一个人对自己期望值过高，希望通过过度的表现来抬高自己的口语交际能力，

---

[1] 刘伯奎：《青年口才训练系统》，河南人民出版社，1997年，第200页。

那么,当这种抬高超过自己的能力时,就会出现事与愿违的结果,出现失控的现象。例如,有的演讲者把演讲台演变成他个人表现的场所,演讲前自我陶醉、自我欣赏,演讲中趾高气扬,忘乎所以,炫耀自己的知识和才能,极度渴望得到掌声和喝彩声。有的人在与人双向沟通时,口若悬河,滔滔不绝,完全成为个人的表演,不给双方说话的机会,却希望得到别人的认可与赞赏。但一旦沟通失败或评价不高时,他们则情绪低落、郁郁寡欢,或者气急败坏、恼羞成怒,情绪难以控制。

2. 紧张——超我的强大

本我要求按快乐原则行事,它的目标是求得个体的舒适。但超我作为人格结构中的管制者,特点是追求完善,它要求自我按社会可接受的方式去满足本我。在口语交际中,要求迎合知觉的社会对象,从而引发或加重受训者的不舒适感,这主要有以下几种情况:

(1) 紧张

一个人紧张时,通常会出现心律、血压的变化,影响呼吸的快慢和深浅以及胃肠道的反应等。在单向沟通,如演讲中,在上场前会心跳加快、手心出汗、两腿发软,在上场时会口干舌燥、声音发颤、表情呆滞、动作僵硬等,平时能倒背如流的东西出现卡壳,甚至脑袋一片空白,说不出话来。在双向沟通中,如访谈、辩论等,也会出现词不达意、颠三倒四、不知所云的情况。这都是心理过度紧张所出现的现象。

(2) 羞怯

羞怯是任何一个人经历紧张状况时都会发生的问题。这表现在公众场合讲话时面红耳赤,半天也表达不清自己的意思,甚至面对黑压压的听众,站在演讲席上心慌意乱,不知如何是好。或者是在双向沟通时,手脚无措,总低着头,且声音非常小。这种由紧张所产生的语言、神态紊乱以及表情尴尬的心理问题就是羞怯。根据调查,约有一半的人认为羞怯是自己进行口语交际最大的心理障碍。

3. 自卑——自我调节的失败

自我,是自己可意识到的执行思考、感觉、判断或记忆的部分,自我的机能是寻求"本我"冲动得以满足,而同时保护整个机体不受伤害,它遵循的是"现实原则",为本我服务。但现实中,有些人虽然有强烈口语交际的愿望,但是却担心自己表述不成功而会坍台,表述内容会被非议,表述方式会被嘲笑等,使人离群、孤立、苦闷,失去自信心,从而在口语交际中出现脸红心跳、手足无措等现象,较少进行双向沟通,在性格上表现为内向和沉默寡言。

(二) 口语交际中心理素质的提高

人本主义心理学家认为,人是一种"正在成长过程中的存在"。在人生的全

程发展中,人的内在动机不断引导人的行为,引导着人的自我结构趋向完善。个人的动机有一个不断发展的内在组织,它由人的当前意识所决定,不断改变着诸如志向、价值观、计划和希望之类的自我结构的要素,并指导着人的未来的前进方向。人的内心深处都有一种想保存、提高和再造自己的倾向,都希望摆脱外界控制而独立发展,都想成为自我支配的、甚至超越自己的人。所以,克服口语交际中的心理障碍,根本在于正确地认识自己、估计自己。同时,还要通过积极地自我暗示有意识地进行口语交际实践。

1. 基础训练——准备充分

(1) 练人,即通过储备更多知识提高个人素养

口语交际虽然是对交际技能的培训,但基础却是知识的储备量。知识准备越充分,越容易消除紧张、羞怯与自卑等不良情绪,建立足够的自信。因此,建议平时多阅读、多观察、多思考,获取更多一手、二手的材料,无论是演讲中的旁征博引,还是交谈中的信手拈来,都是有益处的。

(2) 练口,即让练习者适应开口讲话

口语交际是说话的艺术,不是写作的艺术,口头表达是直接形式。因此,建议练习者可以平时面对听众,随便进行说话练习,说最熟悉的话,不用考虑逻辑,不用考虑恰当与否,能随兴开口即是胜利,让开口成为习惯,而不是负担。

(3) 练心,即让练习者进行心理体验

假设台下人头攒动的场景,或站在高于听众之处,目视听众而不开口,此时练习者进入讲话的心理感受之中,体会喧闹现场的内心平静,减少紧张情绪。进行自我心理暗示,自卑者可以暗示自己是最棒的,并通过自己的长处比对方短处,而自傲者可以通过自己的短处比别人的长处,从而克服自卑与自傲两种心理障碍。

逸闻三则:原来谁都如此

1. 萧伯纳原是伦敦最胆怯的人之一,他常常在别人的门前踱步多分钟才壮起胆子敲这家的门。后来他回忆如何取得口才成功时说:"我是以自己学人溜冰的方法来做的——我固执地一个劲使自己出丑,直到我习以为常。"

2. 美国前总统福特初入政坛时,讲话结结巴巴,有人戏称他为"哑巴运动员"。

3. 小布什说话带有德州口音,被美国人嘲笑为乡下口音。

---

2. 进阶训练——应用得当

(1) 我来出丑

训练目标:打击自傲者,提升自卑、羞怯者的信心。

训练模式：
① 由命题教师随意指定受训者。
② 由其他学生指定出丑模式（如学动物叫、做某种动作等），由受训者进行实施。
③ 实施效果需得到出题人的认可。
训练说明： 适可而止，若学生已经出现轻微抵触情绪，命题老师需要宣告终止。

(2) 我来咨询
训练目标： 通过交流，吸取经验教训。
训练模式：
① 由命题老师指定心理素质好的学生，来谈下经验。
② 通过自愿原则，由心理素质差的同学来谈下感想。（此步骤可省略）
③ 集体沟通、交流，由老师或心理素质好的同学回答各种问题，从中吸取经验。
训练说明： 注意氛围的轻松。

(3) 我的骄傲
训练目标： 肯定自己，形成自尊与自信。
训练模式：
① 由命题老师指定命题，如我的优点、我最得意的一件事情等。
② 指定学生上来进行命题说话。
③ 由其余学生对说话者进行评价，说话者当场回答质疑，彼此可以形成讨论。
训练说明： 注意节奏控制，以正能量为主。

(4) 猜你心思
训练目标： 针对双向沟通，站在对方角度考虑问题。
训练模式：
① 命题老师指定场景（例如下课铃响了，老师仍在继续讲课，这时突然一位同学飞快地跑出教室，他去做什么）。
② 学生通过自愿或强制产生，两人一组。
③ 其中一名学生 A 根据场景以书面形式猜测原因，注意保密。
④ 另一名学生 B 猜测 A 所认为的原因。
⑤ B 若能三次内猜中 A 的原因，则请 B 谈下猜测过程。
⑥ 若 B 不能猜中，则公布答案。然后由 A、B 双方说明原因，并进行辩驳，以期对方接受你的观点。
训练说明： 双方辩驳时需要坚持自己的立场，不得向对方转移、靠拢。

(5) 场景模拟

训练目标：激发训练欲望，培养兴趣。

训练模式：

① 命题老师提前布置，模拟一次新闻发布会，并宣布主题。

② 指定学生以记者身份提前准备相关素材。

③ 在发布会现场由其他学生不断提问，由记者身份的学生进行回答。

④ 根据回答表现，选出最优新闻发言人。

训练说明：以鼓励为主，不能因为可能的效果不佳而产生新的负担。

3. 备战训练——知己知彼

(1) 了解自己

受训者是口语交际的主角，每个人的个性、气质、能力、性格各有不同，声音各具特色，基础参差不齐，对不同的口语交际各有偏好与特长。这就要求受训者对自己有个明确的认识，能够客观公正地对自己进行科学地评估，为自己树立一个目标，要有坚强的信念，知道自己的优势与劣势之所在，相信自己的能力，能够扬长避短，将自己的闪光点展露无遗。

(2) 了解受众

在具体的口语交际中，知道自己受众的情况。例如演讲由哪些人来听，辩论赛的对手是谁，访谈对象的好恶是什么，如何赞美对方才会让人接受等等。通过对受众的分析，能够提高对方的接受度，起到事半功倍的效果。

(3) 了解环境

在具体的某项口语交际中，若面对的是陌生的环境与陌生的人，建议可提前进入场地，熟悉相关环境；如果条件允许，也可以提前安排熟悉的人员进入场馆，创造一种熟悉的气氛减少自己的紧张情绪。

> **小贴士**：备战训练并非针对日常心理素质的训练，而是针对某一次具体的口语交际内容，例如一次演讲比较，一次正式的访谈，一场激烈的辩论赛等而提前做的准备。

二、思维品质

思维改变世界。纵观人类社会发展的历史，人类不断创新的历史，科学的发明和创造，都是靠人的思维来实现的。但思维并不能直接作用于现实生活，它往往需要一定的载体才可以展现。科学研究表明，人的思维活动与语言是紧密相连的。也就是说，语言既是人们进行交际的工具，也是人们进行思考的工具。在某种程度上，思维活动与语言运动呈现相辅相成的正相关关系，即思维水平低的,其口才水平必然低;口才水平高的,思维水平也普遍较高。

但思考和表达并不总是一前一后的过程,有些时候,我们的思维会因我们所使用的语言而受到各种各样的影响。有些人虽然思维水平很高,但口才水平依然较低,这主要在于思维活动外化过程中出现了问题。这就需要我们进行口才思维优化的训练,即要求表述通过对某一命题的思考与见解,将无声的内心思维语言转换为有声的口头表述语言。通过规范的思维模式,限定表述者的有声表述,培养表述者思维语言外化为口头语言的能力,达到内在思维活动与外在内容的协调统一,以便更为顺畅有效地沟通与交流。

常见思维训练有:

(一) 命题训练

思维描述: 命题思维是通过语句来反映事物情况的思维形式。

训练目标: 树立对某个问题、概念、事物等的基本认识,明确所表达的语义。

训练对象: 初接触口才思维优化训练者。

训练模式:

(1) 选择日常生活中的常见的人、事、物等。

(2) 用简短的话对其进行说明,使听众形成明确的认识。

训练说明: "是什么"是人类认识事物的前提,只有厘清概念,才能使彼此沟通顺利,减少南辕北辙的可能。而对于初接触者,以前并未接触过相关训练,较难一蹴而就。建议从简单做起,注意兴趣的培养。

延伸应用: 适用于所有内容。

训练内容:

训练一: 用一句话描述所见所闻所感。

训练操作:

(1) 家庭是……

　　大学是……

　　手机是……

(2) 今天我的心情……

　　我遇到的最难忘的事情是……

　　我的家乡是……

训练二: 你说我猜。

训练要求:

(1) 提前准备有字词的卡片。

(2) 随机抽学生,根据字词进行描述,由其他学生猜卡片上的内容。

(3) 描述时注意:① 不能出现卡片上的字词;② 不能运用手势动作;③ 不

能用手指出实物;④ 不能说外语。

(二) 归纳思维训练

思维描述: 归纳思维是从个别知识的前提推出一般知识结论的思维形式。

训练目标: 训练学生对凌乱复杂现象的归纳能力。

训练对象: 初接触口才思维优化训练者。

训练模式:

(1) 任意选择对象,尽可能天马行空。

(2) 总结出其中的共同规律。

训练说明: 人们在生活中面对的资料往往是零散的、无序的,交流表达时的规范有序更利于彼此的沟通。通过归纳达到去粗取精、去伪存真的效果,使表达更为清晰可靠。对于初接触者,尽可能避免太专业而带来的受挫感,多以"润物细无声"的小训练为主,在娱乐中适应。

延伸应用: 提问与应答,交谈倾听,辩论、演讲等材料的应用,说服与拒绝,表扬与批评等。

训练内容: 归纳描述。

训练要求:

(1) 随意抽取 N 个学生($N \geq 2$)。

(2) 每个学生任意说出一个名词。

(3) 再由某学生说出其中的共同之处,说明理由。

(三) 类比思维训练

思维描述: 类比思维是两个(或两类)对象的关联性进行研究的思维形式。

训练目标: 培养学生求同求异能力。

训练对象: 初接触口才思维优化训练者。

训练模式:

(1) 由老师指定对象,并明确求同求异。

(2) 学生根据要求进行阐述。

训练说明:《现代汉语常用字表》中常用字 2500 个,次常用字 1000 个,毛泽东所有的著作仅含 3136 个汉字。但有限的汉字表达的意思却千差万别,学生可以通过求异思维提升自己思维的创意性,也可以通过求同思维来与人话语相投。

延伸应用: 交谈倾听、辩论、谈判、主持、访谈、应聘、说服与拒绝等。

训练一: 同中求异。

训练要求:

(1) 选择同类对象,例如相同专业的学生。

(2) 请学生说其不同之处。

注意:此处注重学生的引导,例如你觉得你的不同在哪?你的专业优势在哪?(问题要逐层展开,如果上层没有差异则继续发问,直到有不同为止)

训练二:异中求同。

训练要求:

(1)选择不同对象,例如两位不同地域的学生。

(2)进行3分钟左右的沟通,找出相同话题。

注意:此处的"同"不是复制,而是异中之同。例如:美食,两地美食各有不同,但对吃的共同爱好将会成为双方沟通的基础。

训练三:概念联想。

训练要求:

(1)任意选择两个不相关的词,如"鸡"与"月球"。

(2)经过4—5步建立关系链,例如:将"鸡"与"月球"两个概念联系起来可以通过"鸡"——"鸟"——"飞机"——"宇宙飞船"——"月球"建立关系链。

注意:此处只要概念清晰、建立合理即可,不强调有固定答案。

> **小贴士**:以上训练适用于初接触者,学生量力而行,内容可多可少,不给压力。一方面便于了解学生的实际能力;另一方面,避免打击学生积极性。

(三)逆向思维训练

思维描述:逆向思维是对司空见惯的似乎已成定论的事物或观点反过来思考的一种思维方式,即对"事实本就如此"的一种批判。

训练目标:打破传统思维,敢于"反其道而思之",让思维向对立面的方向发展,从问题的相反面深入地进行探索,寻找新的突破点,开辟新的道路,树立新思想,培养创造性解决问题的能力。

训练对象:有一定基础的训练者。

训练模式:

(1)本训练可以采用当众发表观点的训练方式。

(2)学生可以以习惯内容为主要对象,如一本成语词典、生活常识等,针对原有观点提出假设,证实或证伪原有内容。

(3)逆向论证由传统释意、明确关系、逆向辨析、确立新意四个阶段。

训练说明:

生活中的重大突破都来自于全新的答案,它们来自于挑战现状,而不是接受现状。高水平的口才应用要求表述者能够从一般人认为的正确观点、现象中发现谬误、不足之处,或能从传统认为错误的观点、现象中发现真理的成分。

延伸应用:辩论、表扬与批评、谈判、提问与应答等。

训练轨迹:

原有思维: (传统)理由 → (传统)结论

逆向思维1: (传统)理由 → 质疑(传统)结论 → 推导(新创)立意

逆向思维2: (传统)结论 → 动摇(传统)理由 → 推导(新创)立意

逆向思维3: 质疑(传统)理由 → 动摇(传统)结论 → 推导(新创)立意

逆向思维4: 质疑(传统)结论 → 动摇(传统)理由 → 推导(新创)立意

> 小贴士:逆向思维方式分为结构逆向思维、功能逆向思维、状态逆向思维和逆向思维四类,在口语交际训练中常用的为因果逆向思维。因此,在思维训练中,以因果逆向思维为主。思维1否定"旧果",思维2否定"旧因",思维3由"新因"至"否定旧果",思维4由"新果"至"否定旧因"。前两种思维轨迹适合所有具有一定基础者,在因果中有一个固定因素,表述者易于把握;后两种思维轨迹适合水平较高者,同时对因果的否认若能力不足,易出现思维混乱,或对原命题的分析面目全非,出现对原命题的曲解。

训练实例:黔驴技穷

传统思维:

传统理由:入黔之驴   传统结论:技穷

逆向思维:

训练1:

传统理由:入黔之驴。

否定(传统)结论:非驴之技穷。

中国古时毛驴的用途主要就是充当运输工具,汉代以后耕田用的牲畜主要是牛、驴。可见,驴之技不在于斗虎。并不是驴之技穷,而是没有给驴发挥其技的舞台。

新立意:用人者不能不顾实情,贸然引进,致使人才被荒废、扼杀。

训练2:

传统结论:技穷。

否定(传统)理由:非入黔之驴。

驴子并不具备斗虎的能力,无论是入黔之驴,还是非入黔之驴皆是如此。虽可能一时唬住对方,但不可能长久。

新立意:我们不能做无才无德、外强中干的人,徒有吓人气势,要有真才实学。

训练3:

否定(传统)理由:非驴→否定(传统)结论:技之用。

老虎在面对庞然大物时,能不惧危险,审时度势,先了解驴子的真实情况,掌握详细材料后,再攻其要害,终而获胜。

新立意:貌似强大的东西并不可怕,只要敢于斗争,善于斗争,深入调查研究,了解对方底细,就一定能战而胜之。

训练4:

否定(传统)结论:非技之穷→否定(传统)理由:入黔之驴。

驴子的用处在于运输与耕田,非无用之物。

(1)黔地无驴,正是驴发挥才华、大展宏图之时,但驴入黔地后,甘愿放置深山,无所事事,不愿意去寻找施展自己才华的舞台。

(2)在陌生的环境中,老虎并非第一次出现,面对危险,本可以利用自己之技逃跑,却不去积极应对,任由危险升级。

新立意:(1)机会偏爱积极争取之人,否则纵使才华横溢,遇到不如意只会自怨自艾,不努力寻找舞台展现,也会一事无成。

(2)生存在优胜劣汰的环境中,要有自知之明与居安思危的意识,面对强敌要沉着应付,以智慧求生机。

延续训练:压力争辩训练。

训练目标: 训练发言者对压力的承受能力、快捷反应能力以及与他人的交锋能力;训练听话者对表达者内容的理解能力、临场反应能力以及交锋能力。

训练模式:

(1)该训练作为"批判思维"训练的延续或增补,其形式为,发言者在讲台上表达后,台下听众立即做出驳斥。

(2)驳斥采取"围攻"的形式,即台下的听众以自由发言的形式开展围攻。

(3)该训练是为强化"批判思维"训练的效果而增设的,在教学训练中是否进行该项,由指导教师根据训练时间以及学生的具体情况而自行决定。

训练说明:

(1)台下听众必须提供相反观点,不可对演讲表示赞同。

(2)听众在此训练中,要首先学会倾听,能够明确发言者表达的观点,并对其表述内容进行快捷分析,力求发现其论证中的不足与疏漏,并在其发言刚结束时立即发难。

(3)听众可尝试应用各种诡辩技巧,使发言者难以自圆其说;发言者也需要应用各种手段,保证能够坚持到论辩结束。

(4)在一对多的争辩中,要达到双方形式上的均衡,切忌形成一边倒的情况。

训练:

发言者发言→听众反驳→发言者反驳

实用篇

以下是一则典型的销售方与顾客(买方)之间对话的片段。

销售方:你觉得我们的产品和服务质量怎么样?

买方(顾客):我觉得两者都不错。

销售方:那你现在的供应商怎么样呢?他们好在哪里?

买方:他们也很不错。

销售方:那我们将来会不会有机会从你这里得到更多的订单呢?

买方:那要视情况而定了。

销售方:那我可以问是依据哪些情况而定呢?

买方:就要看我们是否真的有这个需要来替换现有的供应商。毫无疑问,你能够提供很好的产品和服务,但是你能做到的,我现在的供应商也已经做了。所以,我们觉得目前还没有真正的必要来更换供应商。

像顾客这样的回答一直都会持续。除非或者说直到买方的供应商出现了一些很大的失误,否则对销售方而言促成这笔销售真的很困难。

如果我们来研究分析一下销售方想要做的是什么,我们能看出她其实想要买方能意识到他们能传递买方的期望。她(销售方)也期望买方能说他们现在的供应商不好什么的,但是,通常这都不可能如愿发生。想要让买方对他们目前的供应商说一些消极的缺点,你应该像这样提问:

销售方:请告诉我,你最喜欢你目前的销售培训供应商哪一方面?

买方:我喜欢他们在销售培训中使用的摄影录像。他们能很清楚简单地说明在销售培训背后的原则。

销售方:对于你喜欢的这一方面,还有什么地方你觉得他们应该需要改进?

买方:我觉得这个摄影录像的想法很好,但是不是针对我们的业务领域量身定制的。如果他们能够在不增收过多费用的基础上为我们量身定做,那就太棒了!

销售方:如果我们能够量身定做一些销售培训录像是符合你的业务领域和企业文化的,你觉得这是不是一种提升你们销售培训质量的方法?

买方:对,我们拭目以待!

销售方:除了录像带方面,在你的销售培训中还有其他什么地方是你想要量体裁衣的?

买方:当然。让我告诉你更多的细节……

这个故事所要传达的信息是:虽然顾客总是想要找一个更加好的供应商转而从你这里购买,但是他们不会愿意承认他们现在的供应商不好。你能做的是,问问你顾客是否有些什么地方(除了价格)是他们想要让他们现有的供应商有所改进的。既然几乎每一个人都想要得到一桩更好的交易,那你的顾客也是一样的。你只需要从反方面提问以得到你想要的答案。

(四)纵深思维训练

思维描述:纵深思维是指在一种结构范围内,按照有顺序的、可预测的、程式化的方向进行的思维形式,这是一种符合事物发展方向和人类认识习惯的思维方式,遵循由低到高、由浅到深、由始到终等线索,因而清晰明了,合乎逻辑。它是对局势采取最理智的态度,从假设—前提—概念开始,进而依靠逻辑进行思考。我们平常的生活、学习中大都采用这种思维方式。①

训练目标:培养训练者对问题进行深入分析思考问题、透过现象看本质的能力。

训练对象:有一定基础的训练者。

训练模式一:历程变迁式。

(1)本训练采取教师规定命题模式,训练者自由命题并登台演讲的方式。

(2)选择生活中的变化,以"×××的变迁""×××的历程"(×××为具体内容,如成长、手机等,可由训练者自主选择,也可由教师指定)等为题,要求训练者能够发现生活中某一变化,进行分析。具体由历史进程、目前状态、展望发展三部分组成。

训练说明:对于问题的纵深分析有一定难度,在分析时对个人的思维能力要求过高,可能导致部分水平受限训练者的难以把握。以历程变迁式为过渡,让学生由简到难逐渐适应,能够减少畏难情绪。而若对于水平较高者,则可以直接跳过此阶段。

延伸应用:提问应答、交谈倾听、演讲、访谈、应聘面试、主持等。

训练轨迹:

历史进程 → 目前状态 → 展望发展　　特点对比

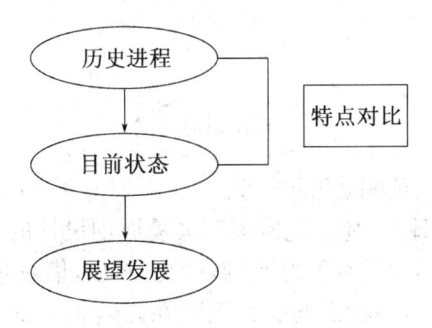

① http://baike.baidu.com/view/5244317.htm

训练实例:我的大学梦

历史进程:

以前,上大学是我的梦想。我通过各种资料收集到大学的资料,认为大学是……

目前状态:

后来,等我真正上了大学,我发现大学原来是……

这和我想象中的大学……

展望发展:

我希望今后的大学……

训练模式二:热点命题式。

(1) 本训练采取教师规定命题模式,训练者自由命题并登台演讲的方式。

(2) 选择生活中的热点问题,以"我看×××现象""关于×××现象的思考"("×××"为现象的具体内容,由学生自主选择)等为题,要求训练者能够捕捉生活中某一现象,并进行深入分析。具体由现象简述、表象分析、深入分析三个部分组成。

训练说明:纵深思维能从一般人认为不值得一谈的小事,或无需再作进一步探讨的定论中,发现更深一层的被现象掩盖着的本质。这是对口才训练水平较高者的要求,希望训练者能够从现象入手,从一般定论入手作纵深发展式的剖析。

延伸应用:提问应答、交谈倾听、演讲、访谈、应聘面试、主持等。

训练轨迹:

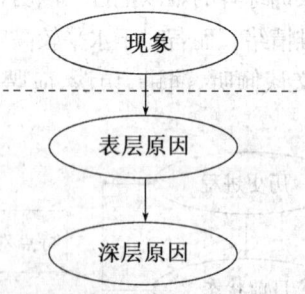

```
现象
 ↓
表层原因
 ↓
深层原因
```

训练实例:关于"大黄鸭热"的思考。

现象简述:5月2日起,荷兰艺术家霍夫曼原创设计的大型橡皮黄鸭在香港维港展出,风靡香港,不少游客特意赴港观鸭。随后,借着儿童节的东风,全国上下也掀起了"大黄鸭热",各种山寨版大黄鸭在国内多个城市迅速被"繁殖"。多地先后出现缩水版的大黄鸭,广州西郊泳场、长隆水上乐园最近还放出大批橡皮小黄鸭与游客同乐,有网友感叹"地球要被鸭星人占领了"。

表象分析：

（1）原创"大黄鸭"只在香港的维多利亚港展览，作为稀缺资源很难形成共享，很多人因为没有去香港的机会或条件，无法一睹"大黄鸭"的风采。而各地"大黄鸭"的相继出现，使得他们能够观赏到山寨版的"大黄鸭"，并以此为乐，弥补了他们的遗憾，也为小朋友们带来了乐趣。

（2）"大黄鸭"在中国的城市里越来越多，但毫无创意，不过是简单地抄袭、模仿，所有"大黄鸭"无一不是假冒伪劣商品，某些号称正版的山寨大黄鸭，既无相关授权证明书，也无任何身份证明文件，大黄鸭在中国活生生成了"黑户口"。这一现象在我国并不罕见，但凡别国有一些新的文化事物涌入，我们便迫不及待地复制下来，克隆的过程中还添加一些各种不同的元素，这种做法应该引起我们的思考。

深层分析：

（1）"大黄鸭热"的出现有值得肯定的地方，那就是对新事物的学习与接受。"大黄鸭"作为新兴事物，出现时间并不长，却能引发如此火爆的局面，这与我们乐于学习的精神是分不开的。

（2）但是一个国家的创意文化产业该以尊重版权为基础。无论是艺术品还是商品，设计理念是其核心和灵魂，这显示了创作者和追求者的思想境界和精神素养。山寨和抄袭，正显露了我们对创意的无视和精神的缺失，我们离霍夫曼讲究的"独创性、非商业"内涵越来越远。而这，便是山寨品不会绝迹的生存土壤。这种东施效颦的懒惰文化模式，是一种无知、茫然的从众心理，充斥着对知识产权的无知和轻视。

（3）一只可爱的大黄鸭四处被复制。对外，我们要背负着中国人不尊重版权、无视规则的愧疚感；对内，我们难以保持旺盛的社会创新能力，大家只能看到千孔一面的"大黄鸭"，甚至连"大黄鹅"都看不见。创新不可能是光靠喊口号提倡出来的，还是被"保护"出来的，如果没有对产权版权的尊重和保护，就难以有创新、有竞争力的产品。所以，当形形色色的大黄鸭、小黄鸭浮在水面之时，我们收获的不该仅仅是触动童心的快乐，更要有一些触动灵魂的反省精神。

（五）横向思维训练

思维描述： 逆向思维与横向思维都是发散思维的形式。横向思维是当纵向思维受挫时，从横向寻找问题答案。横向思维与纵向思维代表了一维与多维的互补。它如发散思维一样，从同一来源中产生各式各样的为数众多的输出。它作为一种开放型的思维，其过程是从某一点出发，通过联想、想象、灵感和直觉，沿着各种不同的途径，多方位、多角度、多层次去思考。

训练目标： 通过训练培养训练者对问题进行多角度思考问题的能力，使训练者思路活跃、思维敏捷，特别能提出一些别出心裁、一语惊人或完全出乎人们意

料的见解。

训练对象：有一定基础的训练者。

训练模式：

(1) 本训练采取教师规定命题模式，训练者自由命题并登台演讲的方式。

(2) 横向思维的特点是倾向于探求观察事物的所有的不同方法，而不是接受最有希望的方法。它往往从同一个信息源引出不同的结论。按照这一思维模式，每个学生任选一思维中心点，以"×××（即思维中心点 A）的随想"为题，进行准备后，每篇中的遐想点不得少于四个（即须由 A 引出 B_1、B_2、B_3、B_4）。其中的遐想点可以来自自己的思考，也可以来自查阅的相关资料，也可以来自其他人的意见。

(3) 横向思维训练是以中心点和围绕中心点展开表述的、不少于四个独立分话题的遐想点 B 两个部分组成的。

训练说明：横向思维是有创造力的，重在打开思路，其目的是移动，即从一种看事情的方法移动到另一种方法，且善于举一反三。它欢迎偶然闯入的东西，使思维轨迹向多向发展，能转换问题的思考方式，从多个角度对话题展开立体分析，打破传统的思维模式与思维的惯性依赖。同时在训练中关于 B 的要求根据训练者的差异可有所不同，如果能力水平较高的则要求四个分话题方向各自不同，若水平有限的可适当放宽。

延伸应用：提问应答、交谈倾听、演讲、访谈、应聘面试、主持、辩论等。

训练轨迹：

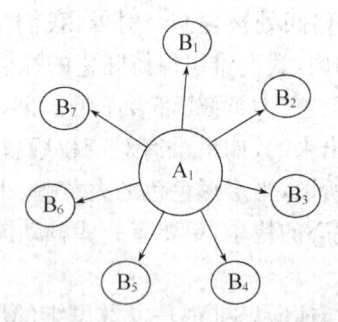

训练实例一：一切为了考试

记不清是哪天晚上，我做了一个奇怪的梦：

四面楚歌，十面埋伏，真是莫名惊诧。

一元二次方程的判别式是什么？

茅盾原名？——教科书上写着沈雁冰——老师说是沈德鸿，无所适从。

烈日当空。氢氧化铝分子式。蚊子叮在脖子上,啪!电视节目是《血的锁链》,父亲不让看电视。春眠不觉晓,多困啊!又是可恶的二元二次方程式,监考老师严峻的脸。一张53分的数学试卷,我吓得大哭……

氢原子只有一个电子,我只有一个脑子,怎么塞得下这么多的化学方程式。宪法为什么是国家根本大法?一切为了考试。

这是一个中学生的梦境,在殚精竭虑的拼争和无奈时的呐喊。作者将强烈的创新意识,思想信马由缰,纵横驰骋,内容腾挪闪错,时空交替变换,意境奇幻诡谲,传神地表现了一个中学生临考前不胜重负的心理,发人深省。

训练实例二:砖的联想

A——门,B——联想

B_1　砖是建筑用的人造小型块材,它可以用来建房子、垒鸡窝、修长城。

B_2　在遇到坏人、保卫城郭时,砖可以作为武器,小则保护人身安全,大则保家卫国。

B_3　砖是外观呈长方体小块状,为构成墙体主要材料。正是因为砖的方方正正,有棱有角,才会基础牢固,最终成为摩天大厦。

B_4　黏土砖以黏土(包括页岩、煤矸石等粉料)为主要原料,经泥料处理、成型、干燥和焙烧而成,整个过程极为复杂。人也如此,需要经过千锤百炼,方能成才。

B_5　一块砖的作用总是很小的,但是积少成多,总能发挥着重大的作用。

B_6　由于砖的制作过程需要消耗耕地和大量的能量,目前正在逐步被淘汰,代之以混凝土砌块。如果不思进取,固步自封,终究会被淘汰。

相关链接:培养横向思维的方法

(1) 材料发散。以某事物作为"材料",以它为发散点,设想它的用途。

(2) 功能发散。以某一事物的功能为发散点,设想实现该功能的途径。

(3) 结构发散。以某事物的结构为发散点,设想具有该结构的事物或该结构的用途。如四面体结构有何用途,书页式结构有何用途等。

(4) 形态发散。以事物的形态(如形状、颜色、音响、味道、气味、明暗等)为发散点,设想出利用该形态的可能性。

(5) 组合发散。以某事物为发散点,尽可能多地设想与另一事物联结成具有新价值的事物的可能性。

(6) 方法发散。以某种方法为发散点,设想该方法的多种用途。

(7) 因果发散。以某事物发展的结果为发散点,推测产生该结果的原因;或以某事物的起因为发散点推测其可能产生的结果。

（8）关系发散。以某事物为发散点，尽可能多地设想与其他事物的关系。

相关链接：横向思维创始人爱德华·德波诺的六项帽子

（1）白色思考帽像白纸，代表中性和客观。它思考的是客观的事实和数据。

（2）红色思考帽像火焰，代表情绪、直觉和感情。它提供的是感性的看法。

（3）黑色思考帽像法官的黑袍，代表冷静和严肃。它意味着小心和谨慎，它指出了任一观点的风险所在。

（4）黄色思考帽像阳光。它意味着乐观、充满希望的积极的思考。

（5）绿色是草地和蔬菜的颜色，代表丰富、肥沃和生机。绿色思考帽指向的是创造性和新观点。

（6）蓝色是冷色，也是高高在上的天空的颜色。蓝色思考帽是对思考过程和其他思考帽的控制和组织。

相关链接：东尼·博赞的《思维导图》

思维导图是有效的思维模式，应用于记忆、学习、思考等的思维"地图"，利于人脑的扩散思维的展开。

延续训练:头脑风暴训练。

训练目标:培养听众的听话能力、听众与说话者的快捷反应能力以及与不同人的交流讨论能力。

训练模式:

(1)该训练作为"纵向思维"和"横向思维"训练的延续或增补,其形式为:发言者在讲台上表达后,台下听众立即参与交流,各抒己见。

(2)讨论采取漫谈形式,由听众与说话者以自由发言的形式进行即兴讨论。

(3)最终由说话者根据各方发言再次做出总结性发言。

(4)该训练是为强化"纵向思维"和"横向思维"训练的效果而增设的,在教学训练中是否进行该项,由指导教师根据训练时间以及学生的具体情况而自行决定。

训练说明:

(1)台下听众与说话者各抒己见,允许提出各种意见,甚至天马行空,不着边际,皆不可予以限制,更不允许批判。

(2)在此项训练中,由原说话者作为主持进行讨论,老师在说话者无法掌控时需要及时修订,防止出现命题偏差、学生过激言论与行为、原地打转等情况出现。

(3)最后说话者的总结发言,可对原发言进行修订,也可以坚持原观点。

(4)教师不预设立场,保持客观中立。

训练轨迹:

说话者发言 → [听众发言 / 说话者主持] → 说话者总结

(六)联想思维训练

思维描述:联想思维法是指人脑记忆表象系统中,由于某种诱因导致不同表象之间发生联系的一种没有固定思维方向的自由思维活动。

训练目标:培养受训者对问题多向思考的能力,以及归纳思考问题的能力。

训练对象:有一定基础的训练者。

训练模式:

(1)本项训练由训练者相互出题或者训练小组内的每人各自出题,将所出题目混合后编号,然后由小组成员抓阄,获得自己的训练话题。

(2)联想训练主要利用联想物在时间、空间关系上的接近,在特点、性质、意义上的相似或对立关系,以及事物发展的经验性判断,从而在表面看上去没有联系的联想物之间建立有机关系。

训练说明：前苏联心理学家洛万斯和斯塔林茨用实验证明,任何两个概念或事物经过四五个阶段都可以联系起来。在联想思维训练中,需要发挥自己的思维能力,建立命题间的联系。

在对命题的联系上,有两种不同模式,一种为两个命题,通过中间转换来实现命题的关联性;另一种为 N 个命题($N \geqslant 3$),把命题中规定的零散材料连接成有机的统一整体,并由此显现出一定的思想意义。建议在训练中以第二种为主,第一种为辅。

延伸应用：提问应答、交谈倾听、主持、辩论等。

训练轨迹：

$$A \rightarrow B \rightarrow C \rightarrow D$$

训练实例一：概念联想

"鸡"与"月球"：鸡⟶鸟⟶飞机⟶宇宙飞船⟶月球。

"足球"和"讲台"：足球⟶世界杯⟶庆祝会⟶感言⟶讲台;或足球⟶失利⟶学习⟶教室⟶讲台。

注意：此处只要概念清晰、建立合理即可,不强调有固定答案。

训练实例二：纸·铁·录像机·小河——关于婚姻的感触

大部分人总会走进婚姻,去感受柴米油盐交响曲的共鸣。

刚开始走进婚姻的殿堂,由两个单独的个体变为一个统一的整体,每个人都有着不同的个性,也有着不同的生活习惯,相互间难免磕磕碰碰,总有这样的那样的不如意。所以俗话有云"一年婚姻薄如纸"。

一起时间久了,夫妻间的了解增多,彼此间的棱角也在不断接触中逐渐磨平,婚姻走向常态,变得如铁般坚固。

夫妻耳鬓厮磨,相濡以沫,用"心"这台录像机记录下了生活的种种甜蜜,"执子之手,与子偕老"的点点滴滴。

待到老时,大家坐在轮椅上看着夕阳,任由记忆的小河淌着关于婚姻的美好回忆。那时,将会是多么幸福的事情啊！

（七）完结篇：系统思维训练

思维描述：系统由两个或两个以上的元素相结合的有机整体,系统思维就是把认识对象作为系统,从系统和要素、要素和要素、系统和环境的相互联系、相互作用中综合地考察认识对象的一种思维方法。系统思维以系统论为思维基本模式的思维形态,是迄今为止人类所掌握的最高级思维模式。它具有整体性、结构性、立体性、动态性、综合性的特点。

训练目标：培养受训者全面看问题的能力,以及接收信息与说服对方的能力。

训练对象：具有进阶篇思维训练基础者。

训练模式：

（1）本训练由指导教师事先确定命题内容，由受训者命题进行准备并提前沟通。

（2）在课堂训练中，由指导教师进行引导，一般建议先从命题思维开始，让学生明确命题内容的内涵与外延之后再进行展开讨论。

（3）讨论时尽可能多地使用思维训练方法，让受训者从不同角度对该命题进行分析。

（4）受训者在讨论结束后，要求根据讨论内容吸收以形成自己对该命题的系统思考。

训练说明：

（1）讨论需要在指导教师的引导下进行，由其决定命题的走向。

（2）训练中要求受训者一方面学会接收信息、理解信息、吸纳合理信息；另一方面学会沟通以及说服其他受训者。

（3）训练不鼓励形成统一观点，但要求受训者必须能够形成自己对该命题的系统观点。

延伸应用：访谈、主持、辩论等。

训练轨迹：

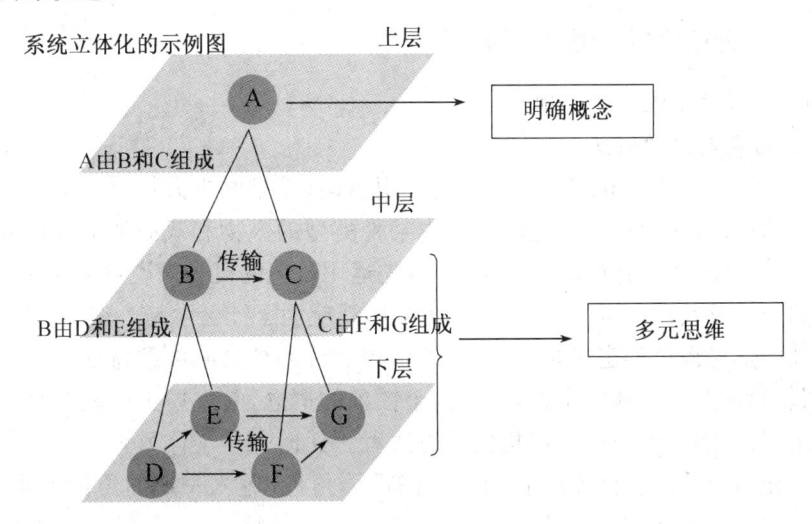

系统立体化的示例图

上层：A → 明确概念
A由B和C组成

中层：B —传输→ C
B由D和E组成　　C由F和G组成

下层：E → G，D → F，D → E，传输

中层与下层 → 多元思维

训练实例：如何看待大学生就业难的问题？

教师提示：什么是"就业难"——明确概念。

受训者：……——此处可尝试命题思维、归纳逻辑思维或类比逻辑思维。
教师提示：为什么会存在"就业难"？
受训者：……——此处可尝试纵深思维、横向思维或联系思维。
教师提示：是否不存在"就业难"？
受训者：……——此处可尝试逆向思维。

> **建议**：教师指示只在认为需要时进行，若认为学生已经可以独当一面，则无需提示；学生在思维选择中可以根据自己的认识自由选择，指导教师减少诱导性语言。

第四节 角色定位与语境适应

在我们日常的口语交际过程中，人们并不是想说什么就能说什么，想怎么说就能怎么说，而要受到各自的角色扮演及社会对其角色期待的双重制约。这种双重制约，是通过语境、场合对说话人的能动制约来实现的。鉴此，人们就会自发地去寻求角色定位与语境适应的奥秘，去明确自己在具体语境、场合中的角色定位，以确保"话语得体、进退自如"，进而保证口语交际的顺利进行和预期目标的有效达成。[1]

一、角色定位与语境适应的涵义

（一）角色定位

1. 角色定位的涵义

"角色"一词源于戏剧。作为戏剧专用名词，兼指剧中人物及由演员扮演的舞台人物形象，有时也用以比喻生活中某种类型的人物和戏曲演员专业分工的类别。自1934年米德（G. H. Mead）首先运用角色的概念来说明个体在社会舞台上的身份及其行为以后，角色的概念被广泛应用于社会学与心理学的研究中。

社会学对角色的定义是"与社会地位相一致的社会限度的特征和期望的集合体"。角色并非具体的个人，而是一个抽象的概念，它本质上反映的是一种社会关系，具体的个人只是一定角色的扮演者。任何一个个体只要进入言语交际的过程充当交际的主体便会担当一定的话语角色，进入一定的角色关系之中。而交际主体作为社会角色具有多重角色集于一身的特点，是个角色丛；我们每个

---

[1] 刘伯奎：《口才交际能力训练》，中国人民大学出版社 2011 年，第 247 页。

人既是一个独特的个体,又都处在各种社会关系的联结点,兼有多种角色身份。例如你、我或者他,在父母面前是子女,在子女面前是父母;写作时是作者,阅读时是读者;在商场购物成了顾客,乘车外出又成了乘客。因此,在具体的言语交际过程中,交际主体具有多种潜在的话语角色和角色关系可供选择。一般说来,在同一时空点上每个人只能选择一种话语角色,交际双方每次只能以一种角色关系进行对话,这是交际主体"话语角色扮演的必然要求,否则就可能导致话语角色不明或话语角色混乱,影响话语角色的成功扮演"。[①] 作为社会的人,只要进入具体的言语交际过程,面对特定的交际对象,就有一个自身话语角色的选择、确立问题,即话语角色的定位问题。角色定位就是交际主体根据具体的言语交际目的和场合选择适当的话语角色。

2. 角色的类型

(1) 角色的类型

社会角色是人们在社会关系体系中所处位置的外在表现,是人际关系互动时的行为期望和要求。社会角色有多种类型,如按角色获得的途径划分,有先赋性角色与自致性角色;按角色规范化的程度划分,有规定性角色与开放性角色;按角色追求的目标划分,有功利性角色与表现性角色;按角色扮演的时间久暂划分,有永久角色、长期角色与临时角色;按角色承担时的心理状态划分,有自觉角色与不自觉角色等等。

(2) 话语角色的类型

在社会生活中,每个人总是处在一定的社会关系之中,并以一定的社会成员的身份与他人进行交往,而这种交往一般以语言为媒介,即进行言语交际,因此作为社会产物的社会角色,在言语交际过程中便转化为一定的话语角色。话语角色是指言语交际主体在具体言语交际过程中所认知选定的社会身份。

根据话语角色的存在状况可以把话语角色分为现实话语角色和潜在话语角色两种。现实话语角色一般是由语境决定的,是指言语交际中主体已经选择或认定并正在扮演的话语角色;潜在话语角色是指言语交际中暂时未被交际主体选择的话语角色,它通常让人难以察觉,尤其是与陌生人交际时,交际主体由于对交际对象的潜在话语角色几乎一无所知,极易发生话语角色选择失误的现象。语境是决定现实话语角色的重要因素,潜在话语角色也会由于语境的变化而转变为现实话语角色。

3. 角色定位的意义和影响角色定位的因素

角色定位是交际成功的第一步。话语角色定位正确与否、恰当与否直接关

---

① 胡习之:《话语角色定位及其语言表现形式》,《毕节师范高等专科学校学报》2004 年第 4 期。

系到话语的组织与理解,直接影响言语交际的效果,影响交际目的能否达到。交际双方话语角色定位是受交际目的制约,以自身社会角色为基础,以对方为参照系,经认知、选择而确定的,因此交际主体在进行话语角色定位的同时,交际对象的话语角色、交际双方的话语角色关系也随之明确。当然,不同的话语角色扮演和同一话语角色扮演的不同阶段可能会发生和客观实际不相吻合的情况,这就需要交际主体凭借自己正确的角色认知来调整、修正,并采取与之相应的话语表达方式和话语风格。正确的话语角色定位,为言语交际行为提供了可靠的前提保证与出发点。在言语交际过程中,交际主体只有正确进行角色定位,才能做到彬彬有礼,合意得体,才能取得交际的圆满成功。角色定位不当,会大大降低交际效果,造成人际关系紧张,甚至带来不良的社会后果。瑞士心理学家荣格的"人格面具"理论很好地阐释了角色定位在社会交际中的重要意义。

  所谓人格面具是基于角色扮演和角色期待的角色定位,即人们能够按照某一社会环境的要求去压抑和改变自己在这一社会环境中不受欢迎的某些特点和习惯,在公共场所展现的于己有利的形象。人格面具能够使我们与他人和睦相处,也可以使人获益或者取得成就,其所带来的物质奖励可被用来过一种更惬意的、自由自在的生活。比如奥地利作家卡夫卡,白天是一家国立保险公司的职员,只有到了晚上才能写作。生前他不止一次谈到讨厌自己保险公司的职员工作,但他在工作期间认真负责,他的上司始终不知道他对工作如此厌恶。于卡夫卡而言,职员就是他的人格面具,他恪守职责,履行了人格面具应有的义务,然后获得了自己想要的生活——下班后痴迷地写作。

  人格面具理论要求每一个人在生活中都要戴好自己的人格面具,并掌握分寸,适时转换,这样可使生活有条不紊地开展。例如一位已婚女教师,在上课时应该严肃,课后如果也不苟言笑,久而久之就会被学生敬而远之。如果这位老师回到家里也是上课的样子,那就失去了为人母、为人妻、为人女的本分了,会被社会视为怪物。

  言语交际中交际主体对话语角色定位的过程是一个开放的、动态的过程,有许多因素会对其产生影响。具体来说主要有以下三个方面:

  (1) 社会因素

  社会角色是社会赋予一个人的身份,由年龄、性别、社会地位、职业、民族、国籍等特征共同构成。社会角色是"与人们的某种社会地位、身份相一致的一整套权利、义务的规范和行为模式,它是人们对具有特定身份的人的行为期望,它构成社会群体或组织关系的基础"[①]。在特定条件下,人们在交际中必须根据特定

[①] 赵妍:《话语角色定位对言语交际的影响及调整》,《中共郑州市委党校学报》2008 年第 6 期。

的社会角色期待进行相应的角色扮演,并能根据具体环境及时调整社会角色。如人们对教师这一职业除了"传道授业解惑"的专业要求之外有着更高的"师德"要求,这种要求在很多方面得以体现,比如教师的着装、言语方式、举止、生活习惯、思想等等。2008年5月,汶川大地震后都江堰光亚学校教师范美忠因出格言论走红网络,被人们讥为"范跑跑",即为人们对其身上与教师角色期待相悖离表现的否定。

(2) 心理因素

交际活动是一个社会心理活动,在交际中,交际双方都应该充分考虑到对方的心理因素。因为交际双方的心理因素对交际的质量和效果具有极其重要的制约作用。作为社会的一员,每个人必然会带着其所属群体具有的政治心理、审美心理、社会态度、道德观念、民族心理等社会心理,同时还会因为每个人的遗传因素、身体因素、环境和年龄因素等形成了各不相同的个性心理。心理因素包括稳定性心理和瞬时性心理。稳定性心理通常指性格、气质、意志,还有个性审美、道德观念、个性价值观念等,具有相对的稳定性;瞬时性心理则是指情感、情绪、心情、态度、动机、需要等,有很大的易变性。因此,在交际活动中,表达主体进行话语建构时应高度重视接受主体的心理层面的因素,选择与接受主体的心理需求相适当的话语角色。否则,无视这种奇妙的心理现象,就无法达到很好的交际效果,甚至酿成大祸。

(3) 文化因素

言语交际是一种社会文化行为,语言是文化的载体,是文化的一个重要组成部分。文化影响、制约着语言的运用,从而制约着言语交际中表达主体的话语角色定位。每个国家或民族的社会政治制度、思维方式、审美情趣、价值观念、生活习惯、生活方式等都会对表达主体的话语角色定位产生直接或间接的作用。任何一个社会的人群运用语言传递信息、交流情感时都不能不顾及所处的社会环境。因此,言语表达主体在话语建构前要考虑接受主体所处的不同的文化背景,以此为依据来建构话语。

(二) 语境适应

1. 语境适应的涵义

语言是人们最重要的交际工具,人们的一切语言交际活动总是在一定的交际环境中进行的,语言学界称这种语言交际环境为语境。语境既包括语言因素,如书面语言的上下文、口语中的前言后语等,也包括非语言因素,如交际的时间、地点、场合、时代、交际对象以及社会、文化背景、自然环境等。我们可以称前者为"语言性语境""小语境""近语境"或"狭义语境",称后者为"非语言性语境""大语境""远语境"或"广义语境"。

语境适应就是指交际主体在言语交际中为了达到交际目的,必须充分主动地适应、利用、控制和构建语境,从而顺利地完成交际任务。

2. 语境的分类

波兰人类学家 B. Malinowski 在 1923 年首次提出语境这一概念时,对语境做了区分,把它分为两类:一是"情景语境",一是"文化语境",也即上文所说的"语言性语境"和"非语言性语境"。语言性语境指的是交际过程中某一话语结构表达某种特定意义时所依赖的各种表现为言辞的上下文,它既包括书面语中的上下文,也包括口语中的前言后语;非语言性语境指的是交流过程中某一话语结构表达某种特定意义时所依赖的各种主客观因素,包括时间、地点、场合、话题、交际者身份、地位、心理背景、文化背景、交际目的、交际方式、交际内容所涉及的对象以及各种与话语结构同时出现的非语言符号(如姿势、手势)等。

除了上述的分法,语境从不同的角度可区分为不同的类型,如:从范围上,可分为广义语境和狭义语境(此处广义语境不包含上下文);从内容上,可分为题旨语境和情景语境。从表现形式上,可分为外显性语境和内隐性语境;从情绪的角度,可分为情绪语境和理智语境;从语种角度,可分为单语语境与双语语境;从运用上,可分为伴随语境,模拟语境等。

3. 语境适应的意义

语境对语言运用既有便利作用,又有制约作用。一切语言的应用和言语的交际总是限定在一定的语境范围之内,语境对语言的语义、词语、结构形式以及语言风格等方面都会产生影响和制约作用。语境适应的意义在于进入语境明辨语义,为交际的顺畅进行奠定基础。言语交际时,应该努力做到适应各种不同的环境,冲破束缚与限制,积极地、能动地借助语境、利用语境,化消极因素为积极因素,及时调整言语行为,选择恰当的表达形式,以便顺利传递信息,交流思想,表达感情。

(1) 明辨语义

在任何语言交际中,语境总是决定着交际的内容。常言说"上什么山唱什么歌""对什么人说什么话"。此情此景决定着双方谈话的内容,因此可以说,具体的语境对交际双方的每句话的语义都有制约作用,也就是说,每句话在不同的语境中所传达的信息不同。语境对语义的制约有以下几种情况:

① 同样一句话,不同身份的人所表达的语义不同。例如"明天上午八点我去上课",假如是由教师和学生分别说出这句话,那么教师和学生的职务身份不同而决定了同样一句话的语义不同:教师说这句话的意思是"去讲课",而学生说句话的意思是"去听课"。

② 同样的一句话,在不同的时间、地点、场合,就有不同的语义。例如"都八

点了!"如果这句话是在早晨,并且在家里正睡觉的孩子的床头说的,那么,这句话的语义是在催促孩子快起床上学。如果是上午八点在学校里或在教室里说的,那么这句话的语义是指上课的时间到了。如果是在假日的或晚上的公园里说这句话,那么这句话的意义则指朋友间约定的会面时间。

③ **语境的潜在语义**。要正确理解一个句子的全部意义,单单了解句子内部各词的组合意义是不够的。因为对句子结构本身的理解只是表层意义,是第一步;要想理解句子的全部意义还必须进一步理解句子本身外的潜在语义,也就是深层意义。因为一个句子给予人的全部意义,往往是由句子本身及其潜在信息共同提供的。而句子的潜在信息的两个主要来源则是句子的上下文和背景知识。因此有些句子离开上下文就很难理解。在言语交际中,人们总是根据交际双方所共知的前提或背景情况而省略一些成分,以达到语言简明、经济的目的。所以在交际活动语言中,有些句子往往是残缺的、省略的形式,但是说写者可以用它圆满地表达思想,听读者也靠它毫无困难地获得信息,其原因就是语境提供了潜在信息。例如在北京的公共汽车上,乘客买车票时常说"两个西单",很显然这"两个西单"是一种残缺的语言形式,但哪个汽车售票员都能理解说话人所表达的意思是"我要买两张到西单的汽车票"。

从本质上看,语言就是一个不自足的系统。从表达功能来看,语言并不会把所要表达的东西都体现在字面意义上,从理解的角度看,许多话语的真正含义单从语言结构本身是无法理解的。在特定的交际环境中,交际双方进行的常常是一种"只需意会、不必言传"或"只可意会、不可言传"的交际活动,因此要学会理解"言外之意,弦外之音"。

(2) 消除歧义

语境制约语义的另一功能,就是它能排除任何语言中的歧义现象。任何句子只要离开上下文或语境条件,都会产生歧义。而语境适应可以排除歧义。因为只要歧义句一进入具体的语境(上下文)进行口语或书面交际时,歧义就都排除了。例如"咬死猎人的狗"这个大家常说的歧义句,如果对这个句子进行脱离语境的静态分析,这个句子既可以看作述宾结构,即"(狼或虎)咬死了猎人的狗",说明谁家的狗被咬死了;也可把这句子看作偏正结构,即这条狗就是"咬死了猎人的那条狗"说明这条狗是什么狗。但当这个句子在特定的语境的制约下,就会只有一种结构、一种语义:或者是述宾结构——"咬死了谁家的狗",或者是偏正结构——"咬死了猎人的那条狗",二者必居其一。在不同的语境中这两种不同的歧义结构形式,只能表达一种意义。

(三) 角色定位与语境适应的辩证关系

在口语交际中,角色定位与语境适应是一对相辅相成的好朋友,本质上是统

一的。角色定位是说话人的主观选择,选择的依据在于所述话语的目标追求和说话人的主观喜好;而语境适应则是一种客观要求,它不仅取决于交际对象的要求,而且还取决于旁观者的评断。在口语交际中,如果二者达到了有机统一,就为口语交际的成功奠定了基础。准确的角色定位可以保证有效地适应语境场合,确保预期交际目的顺利达成。

二、角色定位与语境适应的基本原则

1. 动机原则

人们的言语交际起因于一定的交际动机与目的。交际动机与目的往往影响并决定着言语行为的发展方向,对交际主体的话语角色定位和语境适应起着决定性的作用。因此选择、确定自己的话语角色首先必须注意自己的交际动机与目的。

2. 变化原则

言语交际行为总是发生于特定的交际场合。交际场合也制约着交际主体的话语角色定位。交际场合不同,话语角色定位和所需要适应的语境也会随之发生相应的变化,而非一成不变。交际过程中,交际主体的话语角色定位如果忽视了交际场合的制约,则有可能出现言语交际的偏差,影响言语交际的顺利进行。

3. 适度原则

在现实交际中,无论是角色定位和语境适应都有一个度的问题。所谓过犹不及,过度的角色投入和语境适应往往会适得其反,因此应该把握好分寸,达到"得体、自然"即可。

三、角色定位与语境适应的基本方法

(一) 角色定位的基本方法

1. 称呼定位

称呼语是话语角色定位最常用、最典型的语言表现形式,称呼定位是角色定位最常见的方法。汉语的称呼语丰富多彩,有专称、泛称、尊称之分,也有社会称谓和亲属称谓之别。选用何种称呼语来称呼对方既表达了交际主体对交际对象的情感、评价态度,又赋予了自己和交际对象一定的社会地位。换言之,交际主体在称呼对方的同时,也给自己的话语角色进行了定位,并使交际双方的关系具体化、明确化。

2. 动词定位

动词反映人或物的运动、发展、变化,表现宇宙的物质运动。一部分动词从言语交际的角度来说还反映了交际者的角色关系,从而表现出交际者的角色身份。如,"我娶了一位好老婆","娶"表明了说话者的男性话语角色身份;而"我出嫁了","出嫁"昭示出说话人的女性话语角色身份。"我不赡养你们,天地不容啊!","赡养"反映出说话人与听话人之间的下对上或晚辈对长辈的角色关系。因此,在特定的语境之下动词形式也便成了话语角色定位的语言表现形式。

3. 口气定位

口气是有声语言最为显著的特征之一,"是人们说话时通过声音、气息的调节或语词、句式的运用而流露或显露出来的感情、态度、思想、角色身份的某种情调或倾向"。[1] 从信息论角度观照,它其实就是说者与听者的一种信息交流活动。这种信息交流活动主要是理性信息的交流与传递,但也有感情、态度信息的交流与传递。人们在说话过程中,采用不同的说话方式往往会流露出说者信息传递的某种倾向或者流露出说者对相关人、物、事等的感情、态度的色彩。这种意、情、态的色彩流露就表现为各种各样的口气。如"埋怨的口气""领导的口气""长辈的口气""小孩的口气""男子汉的口气"等等。口气不总是体现说者与听者的角色关系,但口气常可表现说者与听者的角色关系。因而在特定情景之下,口气也是一种角色定位的语言表现形式。口气和声音、气息紧密相连,复杂多姿,色彩斑斓,交际主体选择什么样的口气和对方说话,往往既体现了一个民族的语言文化习惯,也体现了自身的身份、素养和情感倾向,同时定位了自己与对方的话语角色关系。

4. 语体定位

语体是为了适应不同的交际需要,在一定的语境中形成的语文体式。它是由于交际的对象、目的、内容、环境关系的不同而产生的言语功能变体。语体的转换往往也体现出交际主体的话语角色转换,表现出不同的角色定位与角色关系。也就是说,语体也具备一定的话语角色功能,在一定条件下成为话语角色的语言表现形式。如:

> 教授灰白的眉毛微微一扬,拿起沉甸甸的论文说:"两年半时间,写出这样一本论文,真是出乎我的意料,你的论文不仅科学水平高,而且插图装帧的艺术水平也很高。"感叹之余,教授意识到自己今天的身份,挺正了腰身,恢复了考官的尊严。严肃的答辩开始了。
> "你为什么选择这样的题目做论文?"
> "你这样设计想得到什么结果?"(王林磊、秦增约《女博士》)

这是一次博士论文答辩会开始前后教授和答辩人的对话,答辩之前教授选

---

[1] 胡习之:《话语角色定位及其语言表现形式》,《毕节师范高等专科学校学报》2004年第4期。

择的是随意谈话语体,将自己话语角色定位于一般老师,与对方定位于一般师生的话语角色关系。答辩开始之后教授选择了正式谈话语体,将自己的话语角色定位于考官,与对方的话语角色关系定位于考官与答辩人。之所以如此,显然是特定语境之下,交际主体社会角色身份使然。

(二) 语境适应的基本方法

在国内外的口才交际著作中,"语境"常与另一个词"场合"并列出现,有时区分,有时混用,二者处于一种比较模糊的通用状态。我们认为二者是一种包含与被包含的关系,"语境"包含"场合"。"某一口才交际的场合的全部构成要素,都可以视为该口才交际的语境的构成要素——语境的外现部分的构成要素。"[①]场合是语境的外现部分。为了让大家更好地理解和掌握语境适应的方法,本教材从语境和场合两个方面分头表述。

1. 语境适应的基本方法

言语交际必须充分考虑语境因素对话语交际的影响,只有做到适应时空变化,语随境适,才能在交际中以三寸不烂之舌把话语说得日月生辉,辩得气吞山河,对得妙语连珠,谈得怦然心动。

(1) 上下文语境的适应

上下文指在一句(段)话或一篇文章中,出现在某词(或某句子)前后词语或句子。上下文语境要求交际者在表达时要注意前后语义的相互制约与联系,选词造句要准确、恰当,前后呼应,结构合法,语义明确、连贯,符合逻辑,情调节奏和谐;理解时要瞻前顾后,全面把握,不能以偏概全,断章取义。

(2) 语体语境的适应

由于交际任务、交际、交际方式、交际场景的不同,使得语言在使用上表现出许多不同的特点,形成不同的语体。语体对人们的言语表达也起着很大的制约作用。如果是口语语体,一般要求用词通俗易懂,句式简短灵活;如果是书面语体,则要求选用文雅庄重的书面词语,使用结构复杂的长句;若写通知、请示、报告等公文,要求用语简练平实、清楚准确;而写诗歌、小说、散文、戏剧等要求语言清新活泼,生动形象。因此,言语交际中应尽量适应不同语体的要求,该雅时雅,该俗时俗,该谐时谐,切不可乱套语体。例如:我们在饭店吃饭,想要喝点开水,如果对服务员说"兹因口渴,亟须沸若干,尚祈照发"之类公文程序就滑稽可笑;学校通知更改作息时间表,如果说什么"啊,节令的车轮重又驶向金黄的深秋"之类的文艺口吻,就变得不伦不类。

(3) 社会语境的适应

---

① 刘伯奎:《口才交际能力训练》,中国人民大学出版社 2011 年,第 224 页。

社会语境由社会的政治、经济、文化等因素组成。同一社会不同时期的政治、经济、文化特点或不同社会(国家或民族)的政治、经济、文化背景,都会自觉不自觉地影响人们的交际,对表达有着不同的要求,人们也必须在交际时与这些因素的特点、要求相适应。不同的社会文化决定着人们的生活方式、心理习惯、思维形式等方面的差异。如中国崇尚谦让,注重含蓄,讲究亲情,讲礼节;西方人则自信,坦率,崇尚自我。这在言语交际中也有充分体现。如,中国人见面打招呼:"上哪去啊?～吃了吗?"实际上跟"你好"差不多。如果遇到欧洲人,如果你说"Where are you going?"或"Have you eaten?"对方将非常生气,他们认为这种问法,纯粹是干涉别人的私事。对欧美人,你如果问他"吃饭了吗",他回答:"没有。"你就应该请他吃饭,否则就会导致失礼,他会想:"你既然不请我吃饭,又何必问我吃饭没有呢?这不是虚伪吗?"可见,不同的社会语境对人们语言运用会有很大的影响。

(4) 主体语境的适应

人是言语交际的主体,也是言语交际过程中最重要的因素,主体双方个人的特点(如:性别、年龄、身份、性格、地位、文化水平、兴趣爱好、心理情绪、生理等)及双方之间的关系都能形成相应的主体语境,对言语表达和接收产生一定的制约,这就要求交际者根据主体语境特点,选择合适的表达。路遥在《人生》中有段巧珍向加林表达爱情的描写,在巧珍帮加林"卖"完馍回家的路上:

> 巧珍推车赶上来,大胆地靠近他,和他并排走着,亲切地说:"……加林哥,你不要太熬煎,你这几天瘦了,……咱农村有山有水,空气又好,只要有个合心的家庭,日子会畅快的……"加林半开玩笑地说:"我上两天学,现在要文文不上,要武武不下……"巧珍猛地停住脚步,扬起头,看着加林说:"加林哥!你如果不嫌我,咱们两个一搭里过!"

再看黄亚萍怎样向加林表达情感的。

> 亚萍犹豫了一下,从口袋里掏出一片纸,递给了加林说:"我昨天写的两首小诗,你看看。"高加林接过来,看见纸上写着:
> 赠加林
> 我愿你是生着翅膀的大雁\自由地去享受每一片蓝天\哪一块地更适合你生存\你就应该把那里当作你的家园……

巧珍是土生土长的农村姑娘,没有文化,而黄亚萍是个生活在优越的家庭环境、受过良好教育的城市姑娘。自身语境的不同决定了两个人表达爱情的语言特点也有区别。相比之下,黄亚萍的话语更含蓄,更艺术,更浪漫;而巧珍的语言则相对直白一些,但很质朴,很富有生活气息。可见,交际者只有充分考虑主体语境的种种情况,主动适应它们,及时调整言语行为,才能做到"量体裁衣,看人说话",提高言语交际效果。

2. 场合把握的基本方法

交际的场合有很多,上班、家中、酒吧、会议室、机场、卧室、火车上等等,不一而举,这些场合如果一一加以区分,显得非常困难而且也没有必要,因此我们只从一个角度加以粗略区分:公开场合与非公开场合。根据人们的生活习惯及基本常识,公开场合和非公开场合的主要区别十分明显,比如有的话题可以在公开场合进行,而有的只能在非公开场合进行。公开场合一般不宜说太过隐秘的话题,玩笑也需要把握尺度,所说言论需要考虑后果等;而在非公开场合,人们的言论相对自由,少受拘束,可以较多地释放个性,甚至可以意气用事,不计后果等。

总而言之,任何人在口才交际中都应当学会积极适应语境特点,把握场合性质,设法与交际对象达成成功的思想交流。每个人应该明白自己在不同语境下应该转换身份,避免角色模糊和角色错位。任何语言活动都离不开语境的支持和制约。为了能与语境相适应,人们不仅需要具备一定的语境感受力、语境判断力和语境感悟能力,还需要一定的语境转化反应能力。同样,在角色定位时,人们需要相应的角色判断力、角色实践力和角色转化能力。不仅如此,为了取得理想的交际效果,人们还必须充分地了解和熟练运用一些交际常识,如社会职业对交际应用的不同要求。只有这样,才能最终取得理想的交际效果。

案例分析

案例1

1840年2月,英国维多利亚女王和撒克斯·科巴格·戈萨公爵的儿子阿尔巴特结婚。他俩同年出生,又是表亲。有一天,两人为一件小事吵嘴,阿尔巴特一气之下跑进卧室,紧闭房门。女王理事完毕,很是疲惫,急于进房休息,怎奈阿尔巴特余怒未消,故意漫不经心地问:"谁?"

"英国女王。"屋里寂静无声,房门紧闭如故。维多利亚女王耐着性子又敲了敲门。

"谁?"

"维多利亚!"女王威严地说。房门仍旧未开。维多利亚徘徊半晌,再又敲门。

"谁?"阿尔巴特又问。

"我是您的妻子,阿尔巴特。"女王温柔地答道。

门立刻开了,丈夫双手把她拉了进去。这次,女王不仅敲开了门,也敲开了丈夫的心扉。

点评:维多利亚贵为英国女王,但她的身份是多重的。案例中的维多利亚与丈夫的矛盾始于角色定位不清而终于角色的成功转换,可见在生活中角色定位的重要性。我们所处的社会是一张复杂的关系大网,如果我们不能根据具体语境和场合进行相应的角色定位和转换,我们的生活将困难丛生,反之则游刃有余。

案例 2

连续剧《忠诚》第一集中的情节:

省委秘书长高长河的儿子高强成绩很差,而且非常顽皮。甚至盗用老外公的私章在成绩单上盖印,此事惊动了校办……

王老师:"小高同志,我知道你工作很忙,但是再忙你也不能不管孩子的学习吧?"

高长河:"是,是,王老师。我一定配合学校教育。"

王老师:"这件事已经惊动校办了,所以校长点名叫你来。高强同学的作案方式每次都花样翻新啊……"

班主任:"哎呀,我的眼镜!高强,别喷了,我的眼睛什么也看不到了。"

高长河:"高强,你干什么你!对不起,我是高强的家长,我给您道歉。"

高长河:"你这孩子,快来给老师道歉,赔礼道歉啊!"

点评:高长河是省委秘书长,而且即将上任明阳市委书记,社会地位是极高的,但是,他因为儿子违反学校纪律被请到学校办公室。此时,高长河面对的是学校的领导,是自己调皮儿子的老师。那么,他就必须放下自己省领导的身份,选择适合于此次言语交际要求的角色——学生家长。从高长河"是,是,王老师。我一定配合学校教育"等话语来看,这位家长是合格并且负责任的,对于教务老师的话语也能够诚恳地接受。可话音未落,高强又惹出新的事端,他赶去训斥儿子,强令其向老师认错:"你这孩子,快来给老师道歉,赔礼道歉啊!"高长河在整个言语交际中一直将自己的角色定位在"学生家长"上,并没有因为其社会地位高而摆官架,而是话语平和、态度诚恳,因而双方的沟通容易很多。

案例 3

朱元璋登基后,他的两个孩提旧友来到金銮殿面圣叙旧。

一个说:"我主万岁！您还记得我吗？从前你我都替人家放牛,有一天我们在芦花荡里把偷来的豆子放在瓦罐里清煮。还没等煮熟,大家就抢着吃,甚至把罐子都打破了,撒了一地的豆子,汤也都泼在泥地上。你只顾满地抓豆子吃,不小心连红草叶子也送进嘴里,叶子哽在喉咙里,苦得你哭笑不得。还是我出的主意,叫你用青菜叶子吞下去,才把红草叶子带下肚里去……"话未完,朱元璋已然龙颜震怒,令人把旧友拉去午门斩首示众。

另一个旧友见此情境,战战兢兢地奏道:"吾皇万岁万万岁！当年微臣随驾扫荡沪州府,打破罐州城,汤元帅在逃,拿住了豆将军,红孩儿挡关,多亏了菜将军。"朱元璋一听转喜为怒,不仅认了儿时旧友,还特封其为御林军总管。

点评: 同为朱元璋的好友,遭遇大不同,皆因语境的适应能力有异。第一位好友分不清公开场合和私人场合,胡言妄语,大揭皇帝之短,让贵为天子的朱元璋十分难堪,以至性命难保却在情理之中。而另一位好友则能根据当时的特殊情境,巧妙地把叙旧转换成了"冠冕堂皇"的官方表述,甚得皇帝欢心,由此荣华富贵风光无限。俗话说伴君如伴虎,就在于君王喜怒无常而拥有对常人生杀予夺的极权,因此语境适应就显得无比重要了。

案例 4

2008年5月22日,四川都江堰光亚学校教师范美忠在天涯论坛发表了《那一刻地动山摇——"5·12"汶川地震亲历记》一文,文中细致地描述了自己在地震时所做的一切以及过后的心路历程。其"在这种生死抉择的瞬间,只有为了我的女儿我才可能考虑牺牲自我,其他的人,哪怕是我的母亲,在这种情况下我也不会管的"的言论引发了人们对范美忠本人及师德的热议,范美忠本人被赠"范跑跑"头衔。

点评: 身为深受学生爱戴和崇拜的中学教师范美忠之所以"一文掀起千层浪",原因不在其行为本身,而在于他的观念。在生死关头他想到的仅是自己或者女儿,这一点就人的本能而言无可非议,但是一定要作为一种价值观念推广并希冀得到人们的认同,范老师显然对自己的语境估计不足。在中国这个几千年来奉行以孝治天下的国度里,仅不救母亲这一条他就无法获得舆论的支持。在这一事件中,他的角色是错位的,语境适应是失败的。

拓展练习

1. 面对当今社会上形形色色的"拼爹"现象,谈谈大学生的角色定位。

2. 运用语境适应理论试评析电影《中国合伙人》(陈可辛导演)中王阳用自己的恋爱伤痛经历融入教学的精彩上课片段"Think in American English":如果谈了四年的女友,和你提分手,告诉你,我想回美国了,你会怎么回答?他的答案就是转身就走。因为Lucy跟他说,她如果带上他,行李就超重了。

3. 阅读《读写月报·新教育》2013年第5期《我有一个小学老师的母亲》,运用角色定位和语境适用理论对"母亲"进行评析。

课后任务

1. 观看林保怡、田蕊妮主演的电视剧《读心专家》,选择一到两个案例用角色定位和语境适应理论进行分析。

2. 运用角色定位和语境适应理论评析电影《致我们终将逝去的青春》(赵薇导演)中张开这一角色。

第三章　日常口语交际

第一节　招呼介绍

一、招呼

日常生活中见面打招呼人人都熟悉，这是一种有礼貌的外在表现。打招呼是人际交往中与他人进行沟通的一种重要方式。人际交往中打招呼并不一定时时刻刻都传达实实在在的意义，有时仅仅是纯粹的礼貌用语、社交用语。了解招呼用语，掌握打招呼的技巧，对每一个人来说都是十分必要的。打招呼作为人与人交往的必要过程，需要把握两条原则：一是"要想别人怎样对待你，那么你就怎样对待别人"；二是"别人想我怎样对待他，我们就怎样对待他"。这两条再简单不过的原则，仔细琢磨颇具寓意。第一条原则是要求我们站在自己的立场去考虑对方，第二条原则是要求站在他人的立场去考虑。交际是双方互动的过程，整个交际过程需要时刻考虑彼此的感受。我们若能设身处地、将心比心顾及对方感受便能更好地促进交际活动顺利进行。

招呼用语根据使用场景和具体内涵的差异可大致分为如下几类：

（一）称呼语

称呼语是指人们在日常交际应酬之中，所采用的彼此之间的称谓语。在国内最普遍的称呼是"同志"，不限职业、年龄、地位。知识界人士在其工作场合可以直接称呼其职称或在职称之前冠以姓氏，如"叶教授、张大夫"。有时对男士统一称为"先生"，对女士称为"小姐"或"夫人"。这些称呼语都是比较得体的。值得注意的是如今使用"老师"的称呼语有越来越频繁之趋势，把很多并不是真正从事教书育人职业的人士也称为"老师"，尤其是在文艺界。在具体交际中，有时仅仅是称呼对方一声，并无其他话语。比如"老甲""小梅""美女"等。这类招呼语往往在非常熟悉的亲朋好友之间使用，一般不适合在陌生人面前使用。熟人见面打个招呼,称呼一声,双方即可意会,无需更多言语来表达客套。具体在人际交往中称呼语又有尊称和泛称之别。尊称包括亲属尊称、职业尊称、职务尊称等,以示身份有别,敬意有加,常见的如"大妈、大爷、叔叔、阿姨、伯伯","王会计、张医生、李法官","张董事长、王经理、陈处长"。在使用职务称呼和职称称呼时,一般遵循就高不就低的原则,如"张副处长"一般直接称呼为"张处长"。泛称如"同志、师傅、小王、美女、帅哥"。值得一提的是我们在交际中要注意零称呼的用法,如"喂、扫地的、开车的",交际中使用不当会引起麻烦。所以在交际中若称呼错了,不但会使对方不悦,引起反感,甚至还会惹麻烦。在人际交往中,选择正确、合适的称呼,不仅体现说话者自身的教养,表明对对方尊敬的程度,甚至还体现着双方关系发展所达到的程度,因此对它不能随便乱用。另外因为我们国家幅员辽阔,在称谓上南北风俗习惯不尽相同,需要引起注意。

(二)问候语

这类招呼语专门用来表示问候的礼貌用语。一般情况下,这类既可以用在熟人之间,也可以用在关系一般的交际对象之间。这类问候语通用性强,表达基本格式化。比如早上与同事或朋友见面时,道一声"你早"或"早上好"或"你好"等。其中最普遍最常见的是"你好"。有时出于初次见面或交往不深的原因,为了表达谦虚和敬重可用"您好",显得更客气些。但在熟人和好友之间不合适,反倒给人拘谨生疏之感。除了这些一般的礼貌问候之外,也可以用"最近忙吗?""好久不见,一切都好吧?""工作环境能适应吧?"等更具体更贴近生活化的问候语表示对招呼者的关心。熟人之间甚至可以说说天气什么的,比如"今天可真热啊""看来又要下雨了"等。也可以根据交际环境灵活表达,比如看到店里人来人往,跟老板打招呼:"老陈啊,生意很红火啊!"

(三)问答语

此类招呼语从形式上看是有问有答。但从是否传递信息来看,就交谈双方中问话者的一方而言,并不是想从对方获取真正的信息,更多的只是传递一种表示友好、关注对方的态度。比如,我们平时见到熟悉的同学朋友经常会问:"你吃了吗?""吃过没有啊?""你上哪儿啊?"等等。这类招呼语的使用频率很高,一般交际场合均可以使用上述招呼语。作为答话的一方是否回答或者回答是否属实同样不重要。因为这一问一答之间纯属交际礼仪形式。这类问答语是具有汉民族特色的招呼语。相比较问候语的固定格式,这类招呼语无论在内容还是形式都灵活得多。主动打招呼者可以根据交际场景、双方的身份、职业情况等灵活多变。比如考完试了,你可以问"考得怎么样""考得不错吧"等等;比如见到同学汗流浃背回到寝室,你可以问"你去锻炼了啊""去打球了吗"等等。

中华民族是一个礼仪之邦,熟人相见,打个招呼是必不可少的礼貌行为。一

位受过教育的大学生遇到面熟的老师、同学、朋友更应该主动打声招呼问个好，而不是采取回避或冷淡的态度。至于打招呼时谁先谁后，一般是小辈主动打招呼向长辈问候，男士主动向女士打招呼示意。

二、介绍

在日常生活中，介绍和被介绍是很常见的事。与素不相识的人打交道或建立新的友谊，主要途径是通过介绍而彼此相识的。

根据介绍是否正式可以分为正式介绍和非正式介绍，根据介绍对象的不同可以分为自我介绍和介绍他人。先来说说正式介绍和非正式介绍。

（一）正式介绍

这往往适合诸如讲座、报告、庆典、仪式等比较正规、气氛庄重的场合。正式介绍中有两条通行的介绍规则，需要我们在社交过程中务必牢记在心：其一是把年轻人介绍给年长的人，其二是把男性介绍给女性。在介绍的过程中，凡是先提及的某人的名字意味着对此人的一种敬意。在交际礼仪中，地位尊贵者享有优先了解对方的权利。比如你想把一位年轻的女性朋友介绍给一位德高望重的长辈，应该首先提这位长辈，你可以这样介绍："王老师，很荣幸能介绍李瑛来见您。"然后分别给双方作介绍。如果是初次见面，最好是报上完整的姓和名，同时还可以附加一些信息，诸如学历学位、职称职务、爱好特长等，便于双方更好地了解和沟通。当然因特殊情形之需也可灵活变化。

（二）非正式介绍

如果在一般的非正式场合，自然不必过于拘泥礼节。如今，年轻人之间交往更以追求自然轻松的氛围为目的。比方说，我们常常是这样介绍："各位，我来给大家介绍一下。"然后就做一个简单的介绍。介绍过程中并没有太多的讲究，如需要先介绍谁，接着介绍谁等等。有时候我们甚至可以用最简洁的方法，即配合手势直接报出被介绍者双方的名字："王瑛——周涛。"亦可表达为"这位是王瑛，这位是周涛"之类的话，让被介绍人有亲切自然之感。为了加深对被介绍人的印象，我们可以在介绍时增加一些内容，如："王瑛，人文学院的才女，就是大家熟悉的笔名—剪寒梅。"如今，非正式介绍的场合很多，比如在路上偶遇同学的同学、朋友的朋友。我们一般采取随机的方式介绍朋友："王琦，你认识张铭吗？""张铭，你见过王琦吧？"然后把张铭引见给王琦。在非正式场合，轻松、愉快、友好的氛围最重要。为了制造气氛，介绍人也可以在措辞上丰富一些内容："张铭，这位就是我经常跟你提起的我们学院的才女王琦。"只要把握好度，交谈者能在和谐的氛围中认识交往，即使在介绍词上稍作夸张也是允许的。

除了正式介绍与非正式介绍之外，从介绍对象来看，有介绍自己和介绍他人之别。介绍他人也作引介他人,是作为第三方为彼此不相识的双方引见的介绍方式。这种介绍在组成新的交际圈时非常需要。自我介绍时把自己介绍给别人,这是一种展示自我的一个很好时机。这种介绍在进入新的社交圈中以及就业面试中尤为重要,我们将在下文专门阐述。

三、招呼和介绍的基本要求

招呼和介绍在日常生活的人际交往中必不可少,是有助于促进感情、增进了解的一种基本表达方式。我们了解招呼和介绍的一些规则和礼节,掌握打招呼和介绍的语言艺术就相当于掌握了进入社交之门的一把金钥匙。

(一) 首先,态度要真诚、热情

在任何社交场合,真诚热情是交谈的基础。只要开诚相见的招呼和介绍便能使人感到亲切自然,交谈气氛便能融洽。但在日常生活中,不难发现有些人在招呼和介绍时态度冷淡,语气语调轻描淡写,只是形式上的招呼和介绍而已;而有的则走另一个极端,对对方过于殷勤,且语调夸张,诸如"久闻大名"、"今日一见使我热泪盈眶"、"能认识你,真是三生有幸啊"等等。初听觉得措辞很到位,其实未然。相反这样的表达会让对方觉得你很客套,很矫情,缺乏诚意。若是你见到对方确实很高兴,不妨表达"你好!见到你真高兴"或者"早就盼望能见到你了"等更容易让人接受。所以在打招呼或者介绍时,要特别注意自己的语气语调。真诚虚假与否,热情敷衍与否,一切尽在语气语调之中。如果你的态度热诚,别人也会回报你以热烈地响应和欢迎。为了体现交往的真诚和热情,我们应该学会主动与人打招呼或介绍。主动与人打招呼或介绍,有助于你建立良好的人际关系。交际中举止要落落大方、端庄稳重,表情要自然诚恳、和蔼可亲,不能不拘小节。和人见面打招呼要自然亲切,不要不理不睬,更不要热情过度。

大家看过赵丽蓉和巩汉林合作演出的小品《如此包装》中,巩汉林和他手下的那些小姐们一见面就扬手耸肩,又是"嗨"又是"嗯哼",就有点过头了,这种矫揉造作的举动把老太太给吓住了。

(二) 问候要得体,介绍要适度

打招呼和介绍都需要选准合适的时机进行,在该打招呼时打招呼,在该介绍的时候介绍。否则对人际交往没多大裨益。我们常说在什么山上唱什么歌,这都说明表达得体的重要性。"得体"与否其实是一个"度"的把握。具体地说打招呼和介绍时需要符合特定交际对象、交际环境以及交际的氛围,要因时而异,因地而异。比如打招呼要随着早中晚时间的变化而巧妙自然地变化,早晨用"早上好""您早""上班了",晚上可用"晚上好""下班了"等。再如,打招呼还要注意交

际场合。在公共场所,如公园里、大街上、车站等遇到熟人,可以和熟人大声问候寒暄;但在会议室、看电影看演出时就不允许大声问候寒暄,只能借助于态势语点头示意。要注意的是在特殊场合,问候要讲究策略。如在洗手间问候人家"吃过饭了没"是典型的不得体的表现。遇上特殊场合我们应该学会随机应变,如不用称呼语形式,只是微笑示意,避免使用不得体的问候语所造成的尴尬。同理在介绍时也要随时注意掌握适度,不论是介绍他人还是介绍自己都要实事求是,要把握好介绍的分寸,不能胡乱吹捧,免得交际双方尴尬。

(三) 语言要简洁、明了

不管是打招呼还是自己给朋友介绍或者做自我介绍都应该力求简洁明了。这就要求我们注意培养提高语言表达艺术。招呼语一两句足矣,不要像查户口似的问候对方。做介绍时只要能让交际对方大致了解即可。为了达到简明扼要的效果我们在介绍时可适当讲究一些艺术。比方自我介绍说"我姓胡,古月胡的胡",类似的有"吴,口天吴;黄,大肚黄;王,三横王"。这样既有助于对方听得清楚明白,还有助于加深印象。记得有一次印象特别深刻,有位大一学生做自我介绍,他说:"我的名字是由三种化学元素组成,liú(硫)tiě(铁)shēn(砷)",一边说一边板书"刘铁燊"。想必在座的同学印象也十分深刻。在打招呼和介绍中,我们只要用最简洁的文字能清楚地传达意思即可,并不一定需要华丽的辞藻。

四、自我介绍

在招呼和介绍中,其中自我介绍尤为重要,无论是与人初次相识还是求职面试中,都离不开自我介绍。自我介绍重在把自己介绍给别人,是进行自我宣传、自我展示的一个过程。下面我们就来重点阐述与自我介绍相关的问题。

当你来到一个新环境,欲与周围的人相识,这在无人引见的情况下也不妨直截了当地进行自我介绍:"我是张铭,是绍兴文理学院法学院的,很高兴认识你们。"有时偶遇你熟悉的人,但你发现对方并不记得你时,我们可以采取适当提醒的方式,如"你好,我们上个月在王琦家里见过面",借助于场景使对方想起你们曾经见过一面。在交际中忌讳用抱怨语气,如"你真的不记得我了吗?"有时我们会听到有人用嘲讽的语气:"真是贵人多忘事啊!"这是很不可取的。若对方还是想不起时,你不妨做一个自我介绍,如"你好,我是张铭,是你弟弟的同学"之类。在介绍中,若能找出与对方的共同点是最好不过的,就如刚才的自我介绍,与两人相关的是对方的弟弟,这样无疑会使彼此见面交谈更加顺利。再如,"王琴,听说你是山东济南的。我是李昊,也是从山东来的。"这样的介绍有助于拉近彼此间的距离。只要你在介绍中彬彬有礼落落大方,就算与对方素昧平生也是能赢得对方的尊重。

自我介绍也有正式非正式之分,非正式场合如上所述,相对比较随意,语气比较轻松,相对而言对介绍要求不是很高。但在正式场合,则要求言辞得体。介绍自己要谦逊,不能自我吹嘘。如可以介绍自己在某个单位工作,但一般不可以直接介绍"我是教授"或"我是正校长"。因为介绍的作用主要在于建立彼此之间的感情,促使彼此更好地交流。当交谈时对方对某个话题比较感兴趣,就应该多了解对方,而尽可能少说自己。等双方关系比较融洽,需要对自己有更多了解之时,再详细介绍也不迟。由此可见,自我介绍中说什么怎么说尤为重要。这需要自我介绍者能就地取材随机应变,根据交流的对象进行合适的介绍。

自我介绍的内容具体包括姓名、籍贯、工作或学习单位、职务、文化程度、兴趣爱好、主要精力、主要优势专长等。具体形式有直白式、文雅式、幽默式等。

直白式:我叫李双,绍兴文理学院人文学院的毕业生,今天来参加贵公司的面试。

文雅式:鄙人张岚,祖籍安徽,就读于绍兴文理学院经管学院。

幽默式:在下就是光头凌峰,我是以丑出名的,中华五千年的沧桑和苦难都写在我的脸上。这是台湾著名艺人凌峰在中央电视台举办的春节联欢会上的自我介绍,生动幽默的介绍赢得全场热烈的掌声。

从介绍的形式而言,各有利弊,没有哪一种是最好的,关键看哪一种是最合适的。

自我介绍过程中需要注意的是把握好时间、内容繁简适度,表述与众不同、要有新意,体现重点优势、把握分寸这三个方面。任何一次自我介绍都是有时间限制的,要在最短时间内比较清晰地传递信息,需要组织语言并且繁简得当,要根据交际的场合、不同的交际目的、不同的交际对象进行取舍。这就需要下工夫去做充分的准备。即使平时口才好又很健谈的人若不做精心准备也不一定能做一个理想的自我介绍。同样在介绍时尽可能摆脱千篇一律的模式,力求有自我特色,以吸引听众或面试官的眼球。在介绍自己的优势或者成绩方面,应该把听众或面试官最想知道的信息放在前边,以加深听众或面试官的印象。比如在面试中,你不仅要告诉考官你是多么优秀的人,更要告诉考官的是你如何适合这个工作岗位。那些与面试无关的内容,即使是你引以为荣的优点和长处,你也要切记忍痛舍弃赘言。此外,自我介绍要沉着,突出个性,强调自己的专业与能力,语气中肯,不要言过其实,必须坚持以事实说话,尽量少用虚词、感叹词之类。自吹自擂是不可取的。至于谈弱点时也要表现得坦然、乐观、自信。在自我介绍时要调整好自己的情绪,若在介绍自己的基本情况时面无表情,语调生硬,在谈及优点时眉飞色舞,兴奋不已,而在谈论缺点时无精打采,萎靡不振,这些都是不成熟的表现。做自我介绍时的谈吐应该牢记"3P原则":自信(Positive)、个性(Personal)、中肯(Pertinent)。

示例1

有一位已经工作两年的小程,他说:"每次见到同事我也不知道怎么和他们打招呼,他们偶尔来办公室,每次看到他们的出现,我就像没看到他们一样,其实我心里是很想和他们招呼的。久而久之,他们来也好走也罢,也就当我不存在了,这种感觉很不好。我是很想和他们打招呼,可是怎么感觉就很别扭。谁给我支个招吧。我是个不善于讲话、很安静一个人。我要改变这些,可是,我该如何改变?"

点评:现实生活中这样的例子不少,随着宅男宅女的增加,这种情况会越来越多。其实紧张或拘束每个人都会有,所以建议首先用微笑来表达自己的敬意,以友善热情的目光注视对方,然后尝试向对方大声地道一声"你好"。多次练习之后,会有所改变的。此外,应试着主动与陌生人打招呼。在路上,友好地上前道一声:"你好"。因为有礼貌的用语总能给人带来好感并乐意与你交往。在你多次与别人这样招呼后,你会发现你非常愿意与人交流,于你而言自己长了知识,培养了与人沟通的兴趣;于别人而言你是一个很容易交往的人。

示例2

陈教授邀请小林去他家吃晚饭。席间,为了表示谢意,小林倒了一杯酒,恭恭敬敬地说:"陈教授,这杯酒敬您和您的夫人,祝你们两口子身体健康、事事如意。"

点评:很显然此处运用"两口子"这样的称呼非常不合适,因为"两口子"是长辈称呼晚辈夫妇的口语化称呼,不适合晚辈称呼尊长。

示例3

三十五岁的女士是光彩照人的,那么男士呢?有这样一种说法,二十岁的男人是赝品,三十岁的男人是正品,四十岁的男人是精品,五十岁的男人是极品。在座的各位不是正品,就是精品,或是极品。下面我们欢迎这位极品级的男士给我们表演。

(吴礼权《妙语生花语言策略秀》)

点评:这是上海电视台节目主持人叶慧贤2000年8月在烟台的一次中青年干部培训班的联欢晚会上主持过程中的一段话。叶慧贤在说此话前有这么一个场景。一位女士刚上台表演,下边的人开始打趣:"芳龄几何?"那女士倒也坦荡大方,说:"三十五了。"等那位女士表演完,轮到一位五十岁的男士上场表演时,叶慧贤上台走上前去,问那男士:"可以告诉我您的年龄?"连女士都不介意别人问年龄,那男士更没问题了,便顺口说:"五十了。"但也许是开玩笑,实际上并没五十岁。叶慧贤抓住这一机会说了案例中那一段话。在座的男士都是三十岁至五十岁以上的各级领导干部,名嘴把话说到大家的心坎上了,大家怎么会不掌声雷动呢?

拓展练习

1. 与长辈见面如何打招呼?

提示:对长辈一定要用称呼语来打招呼。如某叔叔好、某阿姨好。最好用他(她)认为是亲热的称呼。如大家都称他为"三爷",你也就可以这样称呼他。在打招呼时,要用对方听得见的声音,不可太小,若对方听不到听不清则是不礼貌的。当然也不要用身体语言去打招呼。凡事也有例外,如果是非常熟悉且关系非同一般的长辈,也不妨做个鬼脸,同样有亲和力。

2. 如何与你想认识的陌生人打招呼?

提示:其实人都是一样,你想认识他,他也一定想认识你。记得有这么一个例子,有一个同学,在班级里不太爱说话,有一天和别的班的女同学说话,对方居然知道他叫什么,就这样一个细节把那位同学给感动得眼泪差点没掉下来啊。所以尝试着去了解陌生人其实也重要。

3. 在班上作一次限时一分钟自我介绍,注意恰到好处地评价自己。

提示:在自我介绍时可以运用讲来历、联想、拆字、释义等方法介绍一下自己的姓名,注意把握自我评价的分寸。

4. 如何介绍他人?练习向全班同学介绍你的同桌。

提示:抓住同桌最主要的特征。如在外形上的特征或者兴趣爱好特长等。

第二节 提问应答

不问,又怎么能答呢?

凯迪博士在宾夕法尼亚大学教授人际关系学。每学期第一节课,他总要在黑板上写下两个数字——4和2。然后他问学生:"答案是多少?"很多学生都抢着回答:"6!"博士笑着摇摇头。有一些学生毫不示弱:"2!"博士再次摆摆手。最后有学生很得意地站起来说:"哈,我知道了,答案是8!"凯迪博士微笑不语。学生们都泄了气,很纳闷,3个答案怎么都不对?凯迪博士说:"没有人

问我这是个什么题目,是加法、减法、乘法或除法?你们不了解问题,又怎么能说出真正的答案呢?(《演讲与口才》2013年第1期)

人际交往的过程基本是通过问与答来实现的,恰当得体的询问与巧妙机智的回答是人际交往的润滑剂,不恰当的提问和错误的回答,轻则招来反感,重则中断交际,带来无法估量的后果,因此了解问与答的基本原则,掌握问答的基本技巧,才能在合适的场合说出合适的话语。

示例1

2013年4月下旬全国各大小媒体报道了俄罗斯总统普京和日本首相安倍晋三会谈中的一个记者的提问。

2013年4月29日,俄罗斯总统普京与来访的日本首相安倍晋三在克里姆林宫举行了5个小时的会谈。会谈结束后,俄日领导人在克里姆林宫共同会见记者,介绍了会谈的相关情况。

普京向记者们详细介绍了他对俄日能源合作前景的看法。此时,记者会已近尾声,但一日本记者的最后一个问题却彻底破坏了记者会比较轻松愉快的气氛。该日本记者问普京:"为什么俄罗斯在'北方四岛'继续修建地热发电站?这是日本决不接受的举动。俄罗斯什么时候能停止推行这一十分令人气愤的政策?"

普京听罢,立即收回其标志性的笑容,义正词严地对该日本记者说:"我发现您是在认真地读写在小纸条上的问题。我想请您向用口授的方式指示您提问的人转达以下内容:这些领土问题不是我们制造出来的,这是历史遗留问题。该问题出现于100年前,我们是真心想解决这个问题,如果您想帮助我们解决这一问题,那就请您为工作创造条件,建立友善的关系。如果您想捣乱,继续直接提出强硬的问题,那您也一定会得到直接和强硬的答案。我可以告诉您:在这些岛屿上居住着俄罗斯的公民,我们的任务是关心他们的福祉。"言毕,普京用日语说了句"阿里嘎多——(日语谢谢)!"结束了记者会。随即,安倍一行起身,黯然离开了记者会现场。

点评:日本首相安倍晋三访俄的目的是想突破外交困境,与俄建立良好的战略伙伴关系,化解领土争端的矛盾,可是该日本记者充满责问和不满语气的问话,直接给这次访问投下了阴影,使安倍晋三的访问效果大打折扣。

一、提问与应答的基本原则

(一) 提问的原则

1. 礼貌原则

言之有礼,即言谈举止要有礼貌。中国是一个文明古国,历史上就有"礼仪之邦"的美称,无论在哪个行业尤其讲究"礼"字当先。所以,在和他人沟通时,一定要注意彬彬有礼。即使他人怎么无礼,你都必须始终保持良好的礼貌修养。我们在询问对方的身份等个人信息的时候,不管是公务需要还是私人交往,都要做到礼貌待人。询问对方的姓氏、职业等信息时,可以使用"您贵姓?""怎么称呼您?""在哪里高就?""在哪里发财?"等敬语。如果是工作上的交往,即使是在执行公务的时候,也要注意对对方的尊重,适当的敬语是必需的。而在回答对方的询问的时候,谦逊有礼也是一个基本的要求。

2. 目的原则

交际总是带有目的,不管是为了获取信息,还是为了笼络感情,我们的问话和回答都要互相适应对方的目的,满足对方的要求,以实现交际的顺利进行。在实际生活与工作中,我们往往会因为情绪、思维模式或者交际对象的原因,干扰或者模糊了我们的交际目的,导致交际的中断和失败。不管是用直截了当的问答方式,还是迂回婉转的问答方式,都是为了达到我们预先设定的交际目的。

大学生在求职应聘的时候,为了解应聘单位的相关情况,以判断是否适合自己的要求,可以就自己关心的问题进行咨询。在咨询的时候,首先要明确自己的目的,是注重将来的发展,还是关注收入的高低,或者关注生活环境的舒适,或者注重工作氛围等等。在这个目的的指导下,提出合适的问题。

3. 明确原则

言之有物,即说话力求有内容,明确具体,不要问大而无当,或语意含糊、令人无法应答的话。

> 习近平书记在海南调研期间展现了一贯的亲民作风。2013年4月8日下午他来到海南琼海潭门渔港,登上一艘从南沙捕鱼返港的渔船,沿狭窄通道察看渔舱、驾驶室、休息室、厨房等地,询问渔民出海捕鱼和收入情况:"出去一次需要多少天?""船上有多少人?""捕的鱼主要是什么品种?"他同淳朴的渔民一一握手,并说:"祝你们每次出海都大丰收。"

习书记为了解渔民的生活水平和经济状况,问了些非常具体的问题,用语通俗易懂,真诚关切,富于亲和力,既了解了情况,又拉近了与大家的距离,有很好

的交际效果。

我们在应聘求职时也会遇到比较含糊的问题:请你自我介绍一下。你觉得你原来单位怎么样?你毕业的学校怎样?招聘方提出这些比较含糊的问题,不做过多的提示,是为了全面了解你的个性倾向。但实际生活中,明确的问题还是便于回答者准确的回答,特别是在新闻媒体从业人员的工作实践中。

(二) 应答的原则

1. 合作原则

应答中的合作原则就是尽量配合问话方,提供对方需要的信息,满足对方的要求,才能顺利地交谈下去。

示例 2

明:东,你放假去了哪里玩呀?

东:去了北京,玩了十四日,好好玩呀。

明:我上次放假也去了北京玩,都觉得好好玩!你认为哪里最好玩?

东:我觉得去长城最好玩,不过处处都要收钱,真扫兴。

明:是啊!我亦有同感,我觉得现在北京变得商业化,不像以前了。

2. 准确原则

准确原则就是回答的信息要真实准确,不说虚假的话,谎言总是会被戳穿的。卢沙野司长接受法国《青年非洲》记者采访时,法国记者问了两个非常敏感的问题:中国在非洲收购土地和军售问题。如果卢沙野司长含糊其辞,未能准确地说明其中的情况,只能给某些别有用心的国家以口实。

示例 3

记者:中国在马达加斯加难道没有收购大面积的耕地吗?

卢:我想你可能搞错了,那是韩国人干的,我听说韩国大宇公司圈了100多万公顷,但后来被马政府取消了。除了西方国家在非洲圈地圈得多之外,韩国、日本、海湾国家也是圈地比较多的。我还真希望在这个问题上通过你们向读者说清楚,正本清源。

记者:中国在售武问题上似乎并不透明,也招致了外界很多不理解,不仅是西方,非洲对此也有很多担忧,南非就曾拦截过一批将要运往津巴布韦的中国武器。有人担心非洲将成为充斥着便宜轻型武器的市场,对世界和地区的安全形势不利。

卢:……至于你提到的在2008年中国有一批出售给津巴布韦的武

器被拦截,这完全是因为西方舆论的炒作,导致主权国家间的正常军售业务被阻拦。西方国家为了破坏中国和津巴布韦的关系,找出各种各样的理由,扣上子虚乌有的帽子,来抹黑中国,并且以此误导非洲舆论,中国是这个事件的受害者。在非洲小武器泛滥不是中国的错,你们看看在非洲战乱国家的小武器都是哪些国家生产的?我看西方生产的居多,连叛乱武装开的越野车都是丰田的,没有中国的。

3. 简洁原则

过多的话语往往会遮掩话语中心,使听话人抓不住要点,言简意赅的应答有时比长篇大论还有效。

示例4

2009年温家宝总理在回答美国《华尔街日报》记者关于"美国巨额债务会导致美元贬值,您是否担心中国在美国的投资"的问题时,温总理坦率地表示:"说句老实话,我确实有些担心。"在场的媒体记者和工作人员于是发出会心的笑声。温总理接着说:"因而我想通过你再次重申要求美国保持信用,信守承诺,保证中国资产的安全。"现场再次爆发善意的笑声。

二、提问与应答的基本方法

(一) 提问的基本方法

1. 直截了当

直截了当、不绕弯子、不兜圈子的提问,在有些场合是一种有效的交流方式。特别是在记者采访中使用比较多,很多服务行业在服务场所也可使用这种提问方式。记者在采访时简介自己后,往往会直接进入主题,抛出想问的问题。服务行业的工作人员对客户在简单的问候后,也是直接询问客户的要求。追求效率、获取信息、节约时间是这种提问方式的特点。

2. 迂回委婉

由于每个交际对象的社会地位、教育程度和个性的差异,在交谈时用不同的提问方式,效果会大相径庭。性格开朗乐观的人比较容易打开心扉,处于社会底层的人说话也比较直率,但在比较正式的场合与个性较内向敏感的人、教育程度比较高的人、女性交谈时,特别是询问时,需要注意问话的委婉和文雅。

3. 适时适度适切

适时就是要把握住提问时机,适切就是问题要合适,适度就是提问要适可而止。在面试中有的面试考官在面试结束前,会问考生:"你还有什么问题要问?

你还有什么话要说？你还有什么不明白的？"等等。请考生提问不是考官表示礼貌和友好的方式，这是面试考场上考官把提问权交给你，通过考生提出问题，并通过这些问题了解考生的另一个侧面，是对考生面试的另一种形式。因此考生要掌握好这个机会充分发挥自己的与众不同。

适切的提问：第一，提出的问题要与报考职位、报考单位、考生进步有关；不要提与面试考官个人、报考单位领导者、报考单位不良现象有关的问题；不要提超出考官学识太远的问题；不要提含糊不清或易引起歧义的问题；不要提考官不能或不愿回答的问题；不要提可能使自己陷于不利局面的问题；不要过分提与个人物质有关的问题；与社会现象有关的问题一般少提；本次面试已经考过的问题不宜再提。要注意态度和语言技巧，提问完要明确表示自己的提问结束，并表示诚挚的谢意。

适度的提问：要注意考官的情绪。一旦考官表现得不耐烦，就要及时结束提问。考生的提问不能"杀气腾腾"，不要追问和盘问一个问题。若考官未做明确回答，那么他也一定有如此做的理由，考生不要纠缠不休，对考官的回答只要不是原则性错误，一般应予以认可。提的问题不宜过多，一到三个为宜，同类问题不宜反复提问。

（二）应答的基本方法

1. 直接回答

在求职应聘时，一般来说，主考官要尽力为应试者创造一个亲切、轻松、自然的环境，以使应试者能够消除紧张、充分发挥。但有些情况下，主考官会故意制造一种紧张的气氛，给应试者一定压力，通过观察应试者在压力情况下的反应，来测定其反应能力、自制力、情绪稳定性等等。例如："这次公务员考试，很多人都托了关系，听说你也走后门了。""从你的专业来看，你似乎不适合这项工作，你认为呢？""这个问题你没有给我们满意的答复，你被录用的可能性很小。"只要你明白了这是主考官故意对你施加压力，就能够迅速调整自己的心态，泰然地应付主考官的提问。另外，千万不能面对主考官的"刁难"而发怒，甚至指责主考官。其实对于确实不知道的问题，我们可以直接回答：对不起，这个问题我不知道答案。对于对方的拒绝可以回答：非常遗憾，我失去了一份很好的工作，你们失去了一位很好的员工。

对于涉及隐私，或者还未到公开的时机等不便于回答的问题，最好的回答就是程式化的回答。程式化的回答没有实际内容，只是表明了回答者的态度。我们不知道或者不愿回答的问题，可以回答：等有结果了我再告诉你，合适的时候再告诉你。我们不愿意或者不便接受媒体的采访时，我们会用"对不起，我不便于回答这个问题"等等。

2. 迂回含蓄回答

如果我们被问及:说说你最大的缺点。在和家人或朋友谈心时,我们可以采用直接回答的方法,剖析自己的不足。但在求职应聘场合,直接回答的效果可能会影响对方对自己的看法。因为招聘方通常不希望听到直接回答的缺点是什么等,如果求职者说自己小心眼、爱忌妒人、非常懒、脾气大、工作效率低,企业肯定不会录用你。也不要自作聪明地回答"我最大的缺点是过于追求完美",有的人以为这样回答会显得自己比较出色。但事实上,招聘方不喜欢过于自大的人。一般来说招聘方喜欢聪明的求职者,如果求职者从自己的优点说起,中间加一些小缺点,最后再把问题转回到优点上,突出优点的部分,效果可能要好点。

3. 跳跃式回答

面对幽默的提问或者不好回答的问题,若能跳出问题的束缚,从另一角度回答,既活跃气氛,避免场面尴尬,又能显示自己的涵养。

示例5

2013年5月26日上午,专栏作家方希在微博中写道:"累死了。为英文版补充采访张艺谋,聊起'葫芦娃'风波,他总结,传言意思是我有三四五个女人,七八九十个娃。我问,你咋不回应呢?他说,别人一波脏水我就洗,这一年到头改天天洗澡玩了。他也奇怪,这七个娃咋来的。"

点评:张艺谋并没有正面回应"超生"事件,但也是自"超生"事件曝光后张艺谋首次发声,虽然有人觉得张艺谋并未直面问题关键,就像"李尔文"所说:"如果七个是造谣,那被爆出身份信息的三个呢?"但还是有很多网友表示很敬佩张艺谋的胸襟,网友"仗剑姑苏"说:"张导这算不上正式回应,但起码表明了自己的态度和想法。如今文化环境如此混乱险恶,张导却始终抱着'宽容'和'善意'的态度去面对一切,实在难能可贵。"

示例6

第一财经播出的《波士堂——特立独行张朝阳》的开场。

张朝阳刚被邀请上场坐定。

陈辰问:"张朝阳,我已经满25岁了,你有没有感觉到失望?"

张朝阳茫然状:"我为什么要失望?跟我有什么关系?"场面顿时变得尴尬。

点评:沪上知名女主持如此问,搜狐主席这样答,显然都有不妥。主持的问话目的不清,语意不明,问话也不符合当时的场合,所以导致张朝阳的茫然,而张朝阳的回答也有不妥,其实他可以跳出问题的束缚,做出幽默回答。

拓展练习

（一）在下面场合中,你会怎样提出问题？面试快要结束时,考官问你有什么问题要问？以下是考生提的问题,哪些问题是合适的？哪些问题不合适？为什么？

1. 如果贵单位最终录用我,而且我也接受,您认为在正式上岗前,我还需要做些什么准备？

2. 现在提倡创建学习型单位,贵单位给工作人员提供的培训学习机会多吗？

3. 请你介绍一下,贵单位对工作人员的奖惩方式？

4. 如果贵单位最终录用我,我的工作职责和服务对象有哪些？

5. 你认为我们新参加工作的年轻人,怎么样才能很快适应工作环境？

6. 我所学的专业与你们单位的专业有一定的差距,你认为我怎么样才能弥补这方面的不足？

7. 工作同事相处与大学同学相处有什么不同？你认为我们新参加工作的年轻人,怎么样才能和工作同事相处？

8. 从大学学习到参加工作是一个重要的转变,你认为我怎么样才能做好角色转变？

9. 你认为作为年轻人怎么样才能实现自己的理想？

10. 通过这次面试我发现我还有很多不足,你认为我怎么去克服？

11. 你们单位距离我家较远,请问你们单位有班车吗？

12. 你们单位的福利待遇与同行单位相比怎么样？

13. 你们单位的住房条件怎么样？我到你们单位几年能分到房子？

14. 听说某考官（你们单位某领导）是我们学校的毕业生？

15. 前几天你们单位的某件事（或某个人）被曝光或投诉了,请你谈谈。

16. 反商业贿赂是今年反腐败的工作重点,你们单位有什么打算？

17. 很多单位都有论资排辈现象,你们单位有这种现象吗？

18. 很多单位都允许辞职或停薪留职,你们单位的做法是什么？

19. 听说公务员要加薪,什么时候加？加多少？

20. 我有一个专业问题不懂,想向你请教一下？

（二）在应聘面试时,如果遇到下列提问,你会怎样回答？

1. 请你介绍一下自己？
2. 你觉得你个性上最大的优点是什么？
3. 说说你最大的缺点？
4. 你对加班的看法？
5. 你对薪资的要求？
6. 在五年的时间内，你的职业规划？
7. 你朋友对你的评价是什么？
8. 你还有什么问题要问吗？
9. 如果通过这次面试我们单位录用了你，但工作一段时间却发现你根本不适合这个职位，你怎么办？
10. 在完成某项工作时，你认为领导要求的方式不是最好的，自己还有更好的方法，你应该怎么做？

第三节　表扬批评

日本学者和专家曾经在某个公司进行了这样一个有意义的实验：研究者们把公司领导划分为四个小组——批评的小组、表扬的小组、什么也不说的小组、适度批评并适度表扬的小组，并考核这四个小组的工作成果。最终这四个小组的成果排名情况是，最糟糕的是什么也不说的小组，次之是光批评的小组，然后是光表扬的小组，取得最高成绩的是适度批评并适度表扬的小组。可见，我们的生活、学习、工作中，既离不开表扬，也离不开批评，而适度的表扬和批评，往往会激发人的潜能，令事半功倍，取得最佳效果。

一、表扬与批评的基本原则

表扬与批评是对人进行肯定性或否定性评价的一种方式。对别人的优点和长处进行适当表扬，能使受表扬者受到鼓舞，找到自信，同时也为一些人树立了榜样；对别人的缺点和错误提出适当批评，会使受批评者提高认识，改正错误，同时也促使一些人引以为戒。然而并不是所有的表扬或批评都能起到正面的积极作用，只有在实施表扬或批评时，遵循了一定的原则，才可能保证表扬或批评的有效性，体现其真正的价值。

（一）客观公正

客观公正是指表扬和批评一定要实事求是，不夸大，不缩小，该表扬的坚决表扬，该批评的一定批评。无论是表扬还是批评，都必须从客观存在的事实出发。在对他人进行表扬或批评前,一定要搞清事实,不能道听途说、一知半解或似是而非;不可根据个人的好恶来选择表扬与批评的对象,对自己喜欢的人和事一律表扬,对不喜欢的人和事一概批评,看不到受表扬者的缺点和错误,无视受批评者的优点和长处;更不能主观臆断、掺杂私心和个人恩怨。只有从客观事实出发,能够反映实际情况、公平公正地表扬或批评,才能起到表扬或批评的正面作用,才可能让人欣然接受,心悦诚服。

(二)适时适度

适时适度是指表扬和批评既要把握好时机,又要把握好"度"。只有选择最佳时机进行表扬或批评,才会引起对方的心理共鸣,鼓励积极向上的信心,发挥出表扬与批评应有的作用和力度。在进行表扬或批评时,要考虑到对方的心理需要和心理承受能力,分析对方的心理特点,分析成绩和错误产生的主客观原因、性质和情节,力求做到恰如其分,既不只表扬不批评,又不只批评不表扬,也不过度表扬或批评。过度的表扬会使人滋长骄傲自满情绪,只见其优点,不见其缺点;只能听正面意见,不能听反面意见,长期下去就会影响良好个性的形成;过度的批评则会伤害一个人的自尊、自信和自重感,甚至让人觉得自己一无是处,从而一蹶不振。反之,如果表扬的程度不够又会使人感到被轻视,其上进心难以被激发;如果批评的程度不够,则难以引起对方重视,使人对错误行为产生无所谓的态度,甚至积小错成大错,最终难以自拔。

(三)对症下药

对症下药是指表扬与批评必须坚持因人而异,充分考虑表扬或批评对象的各种具体情况,如职业、职务、年龄、学识、性格等。换言之,在进行表扬或批评前,应综合分析对方成绩或错误的原因及表现,分析对方的心理特点等,找准表扬与批评的切入点和突破口。在实施表扬与批评时,既要有真情实感的流露,又要讲究方式方法。表扬与批评的方式方法不能整齐划一、千篇一律,要追求方法的艺术性和结果的最优化,切忌不假思索、信口开河式的表扬与批评。如对工作能手和初学者,对担任领导工作的下属和一般工作人员,表扬或批评的方式方法必然应当是大不相同的。那种不分对象、方式简单的表扬与批评,是达不到真正目的的。

二、表扬与批评的基本形式

(一)口头语言式

口头语言式即通过口头的有声语言表达对人的表扬或批评。这种形式往往是和表扬或批评对象正面接触,直接明了,对人的冲击力较大,印象也较为深刻。

(二) 体态语言式

体态语言式即通过表情、手势、姿态等体态语表达对人的表扬或批评。这种形式既达到了与对方正面交流的目的,又回避了因言语不当而引发的尴尬。特别是对于一些性格内向的人采取这种方式,往往能起到心领神会、无声胜有声的作用。

(三) 书面语言式

书面语言式即借助书面语言对人进行表扬或批评。这种形式既不通过说话,也不通过表情等体态,而是将一些不便于直接表达的表扬或批评形成文字给对方看。有时用笔写出来比用嘴巴说出来,更能打动人心,触及对方的内心深处,起到意想不到的效果。

三、表扬与批评的基本技巧

(一) 表扬的基本技巧

表扬别人,仿佛用火把照亮别人的生活,也照亮自己的心田,有助于发扬被表扬者的美德,推动彼此友谊健康地发展,还可以消除人际间的龃龉和怨恨。心理学研究表明:爱听赞美是人们出于自尊的需要,是渴求上进、寻求理解、支持与鼓励的表现,是一种正常的心理需求。表扬是一件好事,但绝不是一件容易的事。表扬别人时如不审时度势,不掌握一定的表扬技巧,即使你是真诚的,也未必能收到良好的效果,有时甚至会变好事为坏事。所以,我们有必要掌握一定的表扬技巧。

1. 把握时机,及时表扬

真诚地表扬别人,在人际交往过程中是非常需要的,并且时机越快,影响越大。若能抓住对方做得好的那一刹那去表扬它,效果会很好。及时地表扬别人,并不是要你天天去找一些令对方震惊的赞美之词,那样反而会显得做作。对别人的点滴做法,及时进行表扬,在沟通中切入简短的鼓励或赞美,更能体现你的真诚。例如,别人倒茶给你喝,你说:"谢谢,这茶的颜色和杯子很搭配。"到别人家里吃饭,可以说:"你做的菜很好吃,我特别喜欢吃。"看见别人穿件陈旧的衣服,可以说:"这衣服磨一段时间穿效果居然会这么好!"

2. 巧借他物,间接表扬

真诚坦白地直接表扬别人,固然能取得效果,但如果用词不当,就可能使表扬之词沦为阿谀奉承,给对方留下不好的印象,让人觉得你的表扬之词太露骨、太肉麻。如果采取间接的表扬方式,着重表达自己对某一类人或物的赞美,或者在当事人不在场时,在他的朋友或同事面前适时对其进行表扬,则无论使用怎样的溢美之词,都不会显得过于露骨和肉麻,而对方又能同样领会到你的赞赏之

情,并且不会怀疑你的表扬动机。例如,我们如果直接说"你真聪明""你智商真高"之类的话语,不免让人觉得有些奉承讨好;而如果换一种方式表达,如"老王一直佩服你脑子灵活,果真名不虚传",这样,对方必定会认为此言非虚,交往就能够顺利进行。

3. 一箭双雕,对比表扬

有比较才能有鉴别,把被表扬的对象和其他对象比较,以突出其优点,这样的对比表扬能给人一种很具体的感觉。常用"比……更……""在……中最……"等句式表示。如两个同学都穿了新衣服,你说"李××的好看,你的不好看",不如说"我更喜欢李××的",这样不至于另一位同学不高兴。

4. 变换视角,错位表扬

错位表扬,就是不直接表扬对方的真实存在,而是将对方的特征、年龄等故意夸大或缩小,来满足对方某种人性需要而使用的一种表扬方法。如一个人穿了件新衣服,你说:"这衣服得千把元吧!"见到一位少妇,说:"你还没有结婚吧?"这种错位表扬显得非常自然,又让人感觉很舒服,在人际交往中是非常重要的。

5. 雪中送炭,激励表扬

俗话说:"患难见真情。"最需要表扬的不是那些早已功成名就的人,而是那些因被埋没而产生自卑感或身处逆境的人。他们平时很难听到一声表扬的话语,一旦被人当众真诚地赞扬,便有可能受到鼓舞,得到温暖,增强信心,振奋精神,大展宏图。因此,对于这些人最有实效的表扬不是"锦上添花",而是"雪中送炭"。如一位平时学习、表现都很差的学生,在一次偶然的机会救起一名落水儿童,老师及时对他进行了肯定和赞美,使他大受鼓舞,各方面表现也慢慢取得了进步。

(二) 批评的基本技巧

俗话说:"良药苦口利于病,忠言逆耳利于行。"这种传统观念反映了轻视批评技巧的错误倾向,违背了科学规律。事实是,良药未必苦口,忠言未必逆耳,批评的效果在很大程度上取决于批评的方法和技巧。

1. 有话直说,直接批评

所谓直接批评,也就是不拐弯抹角,而是直接对对方所犯的错误进行批评。特别是对一些坦率直爽、性格开朗、心理承受能力强的人,他们往往能够知错就改,喜欢直来直去。对于这种人,要明确指出其缺点和错误所在,以及因此造成的危害,他们会更容易接受。相反,过多地绕圈子,反而会使他们产生误解,甚至是反感。

2. 回避迂回,间接批评

一般人都希望别人对他的印象与他本人的自我评价相同,如果发现别人对他的印象不同于他自认为的印象,他就会整饰一番,以纠正别人的看法。据此在批评或规劝别人时,不妨通过第三者佯作无意中向他转述批评意见,或者创造条件让对方间接听到或看到对他的批评。由于这种批评方法不能形成双方的正面接触,而只是间接输出批评信息,受批评者的自尊心不会受到伤害,所以有利于对方的冷静思考,容易收到意想不到的效果。如你的两位朋友为一点小事吵得不可开交,在你的制止下平息了,可双方都生气了,这时,你可以说:"你们都是我的朋友,都很有个性,大家有不同的观点很正常嘛,但我相信,你俩都有容人的肚量,对刚才的小事不会斤斤计较,大家都还是好朋友。"这样的表达既间接地批评了对方不该因为一点小事而争吵,又让对方在心理上容易接受意见。

3. 旁敲侧击,暗示批评

旁敲侧击式批评是指对别人所犯的错误或不宜点破,或尚未探准,需要用别的事例来暗示或提醒,以促其自我醒悟或自觉收敛。这种批评方式多针对那些头脑聪明、反应敏捷,而自尊心又很强的人。对于这类人,只需采取含蓄的语言,将错误和缺点稍稍点破,他们便会顺着批评者的思路,找到正确的答案和改正错误的方法。例如有位和尚有两位徒弟,大徒弟比较懒而且爱告状,有一次,师傅正在打坐,大徒弟跑来告状:"师傅,师弟刷碗时又把碗打碎了。"师傅眼睛也没睁,开口说道:"你是从来不会打碎碗的。"大徒弟听后面红耳赤。这里师傅没有直接批评大徒弟从不刷碗,而是从侧面暗示他过于懒惰。

4. 逐步深入,渐进批评

渐进式批评就是逐渐输出批评信息,有层次地进行批评。这样可以使被批评者对批评逐渐适应,逐步接受,不至于一下子"把事情弄僵化"。如一个表现很差的人,如果我们拿他的成绩同爱因斯坦比较、拿他的领导才能同胡锦涛同志比较,他会一点都不在乎。可是如果你对他说,你的这个气量比某某还小,你这样做比某某还没水准(这里的某某是指批评对象在心理上认为和自己是同一层次同一水平的人或某方面不如自己的人),可能会更激发他的自尊,从而改正缺点。

5. 含而不露,启发批评

启发式批评就是通过摆事实,讲道理,从而让被批评者从中得到启发,进而改正自己的错误。这种批评的特点是以委婉的方式点到被批评者的要害之处,含而不露,以缓解被批评者的紧张情绪,启发被批评者的思想,增进相互间的感情交流,使批评不但达到教育对方的目的,同时也能创造一个轻松愉快的气氛。如在一家餐馆里,一位顾客正把饭中的砂石一粒一粒地拣出来摆放在桌子上。服务员见了不好意思地说:"净是砂子吧?"顾客笑笑,摇摇头说:"不,还有米饭。"这位顾客没有直接批评饭的质量,他抓住服务员说的"净是砂子"做文章,便说"米饭也有",通过否定的形式来肯定米饭中有很多砂子,这样既表达了自己对米饭中砂子过多的不满,又不至于引起对方的反感,体现了一种含而不露的锋芒。

6. 巧妙平和,委婉批评

犯了错误或办了错事的人,常有防卫的倾向。如果有人再以权威者的姿态出现,指责他的想法不够高明,行动不够周密,他就会感到尊严更加受到威胁。这时防卫倾向就会增强,充耳不闻乃是极自然的反应。有鉴于此,在规劝犯错对象时,就得多加注意,不要轻易让"你错了"说出口,尤其是不要强迫其当面承认错误,而是采取一些温婉的方式,巧妙地暗示他错在哪儿。例如:一位上司批评女秘书时,是这样说的:"你今天穿的这件衣服真漂亮,你是一个迷人的年轻小姐。"然后接着说:"你很高兴,是吗?我说的是真话。不过,另一方面,我希望你以后对标点符号稍加注意,让你打的文件跟你衣服一样漂亮。"

四、表扬与批评应注意的问题

(一)实施表扬时应注意把握的问题

(1)把握方向,注重思想性

通过表扬一个人或一件事,达到弘扬正气,鼓舞士气,调动积极因素的目的,形成一种健康向上的导向。

(2)实事求是

不掺假,不拔高,注重事实,掌握分寸。

(3)重事迹,不分亲疏,不搞平衡照顾

必须防止和克服"有赏大家分,表扬大家沾"的做法。

(4)掌握时机

如在执行重要任务前进行表扬,可以起到动员的作用;执行任务中遇到困难时进行表扬,可以激励对方战胜困难和完成任务的决心。

(二)实施批评时应注意把握的问题

(1)弄清事实

当事者是不是错了,错在什么地方,该不该批评,批评到什么程度,完全取决于事实本身。捕风捉影的批评、添油加醋的批评和主观臆断的批评,都会适得其反,甚至激化矛盾。

(2)与人为善

批评的目的是为了分清是非,团结帮助同志,不能简单粗暴,更不能挟私报复,故意整人。

(3)注意场合,把握分寸

批评要根据问题的性质、影响范围以及被批评者的个性特点,选择适当时机、场合和方式。

（4）做好善后工作

启发被批评者自觉进行自我批评，自己教育自己，增强克服缺点、改正错误的信心和勇气，防止背上思想包袱。

案例分析

案例1

韩国某大型公司的一个清洁工，本来是一个最被人忽视、最被人看不起的角色，但就是这样一个人，却在一天晚上公司保险箱被窃时，与小偷进行了殊死搏斗。事后，有人为他请功并问他的动机时，答案却出人意料。他说，当公司的总经理从他身旁经过时，总会不时地表扬他："你扫的地真干净！"

点评： 这位总经理把握了每一个时机，对清洁工进行了及时的表扬。尽管只是一句简简单单表扬的话语，却使这个员工受到了感动，并"以身相许"。这也正合了中国的一句老话："士为知己者死"。

案例2

素有"经营之神"之称的日本松下电器总裁松下幸之助有一次在一家餐厅招待客人，一行六个人都点了牛排。等六个人都吃完主餐，松下让助理去请烹调牛排的主厨过来，他还特别强调："不要找经理，找主厨。"助理注意到，松下的牛排只吃了一半，心想一会儿的场面可能会很尴尬。

主厨来时很紧张，因为他知道请自己的客人来头很大。"是不是牛排有什么问题？"主厨紧张地问。"烹调牛排，对你已不成问题，"松下说，"但是我只能吃一半。原因不在于厨艺，牛排真的很好吃，你是位非常出色的厨师，但我已80岁了，胃口大不如前。"

主厨与其他的五位用餐者困惑得面面相觑，大家过了好一会才明白怎么一回事。"我想当面和你谈，是因为我担心，当你看到只吃了一半的牛排被送回厨房时，心里会难过。"

点评： 松下为了避免主厨对他只吃了半块的牛排产生误会，选择了当面澄清和直接表扬，令主厨真切地感受到了他的尊重和善意；也让一旁的客人更加佩服他的人格，更喜欢与他做生意了。

案例3

第一次参加家长会，幼儿园的老师说："你的儿子有多动症，在板凳

上连三分钟都坐不了,你最好带他去医院看一看。"

回家的路上,儿子问她老师都说了些什么,她鼻子一酸,差点流下泪来。因为全班30位小朋友,唯有他表现最差;唯有对他,老师表现出不屑。

然而她还是告诉她的儿子:"老师表扬你了,说宝宝原来在板凳上坐不了一分钟,现在能坐三分钟。其他妈妈都非常羡慕妈妈,因为全班只有宝宝进步了。"那天晚上,她儿子破天荒吃了两碗米饭,并且没让她喂。

儿子上小学了。家长会上,老师说:"这次数学考试,全班50名同学,你儿子排第40名,我们怀疑他智力上有些障碍,您最好能带他去医院查一查。"

回去的路上,她流下了泪。然而,她回到家里,对坐在桌前的儿子说:"老师对你充满信心。他说了,你并不是个笨孩子,只要能细心些,会超过你的同桌,这次你的同桌排在第21名。"

说这话时,她发现儿子黯淡的眼神一下子充满了光,沮丧的脸也一下子舒展开来。她甚至发现,儿子温顺得让她吃惊,好像长大了许多。第二天上学,去得比平时都要早。

孩子上了初中,又一次家长会。她坐在儿子的座位上,等着老师点她儿子的名字,因为每次家长会,她儿子的名字在差生的行列中总是被点到。然而,这次却出乎她的预料——直到结束,都没有听到。

她有些不习惯,临别去问老师,老师告诉她:"按你儿子现在的成绩,考重点高中有点危险。"

她怀着惊喜的心情走出校门,此时她发现儿子在等她。路上她扶着儿子的肩膀,心里有一种说不出的甜蜜,她告诉儿子:"班主任对你非常满意,他说了,只要你努力,很有希望考上重点高中。"

高中毕业了。第一批大学录取通知书下达时,学校打电话让她儿子到学校去一趟。她有一种预感,她儿子被清华录取了,因为在报考时,她给儿子说过,她相信他能考取这所大学。

她儿子从学校回来,把一封印有清华大学招生办公室的特快专递交到她的手里,突然转身跑到自己的房间里大哭起来,边哭边说:"妈妈,我知道我不是个聪明的孩子,可是,这个世界上只有你能欣赏我……"

这时,她悲喜交加,再也按捺不住十几年来凝聚在心中的泪水,任它打在手中的信封上……

点评：这位妈妈将老师们对自己儿子的批评换成一种表扬的方式转述给儿子，让其鼓起了勇气，拾起了信心，燃起了斗志，最终没有辜负妈妈的一片苦心。这位妈妈巧妙的表扬对其儿子来说可谓"雪中送炭"，最终促使儿子取得了成功。

案例 4

在战国时期，齐景公的一匹心爱的马突然死去，齐景公非常伤心，一定要杀掉马夫以解心头之恨。众位大臣一起劝阻齐景公不可为一匹马而滥动刑罚，而齐景公已铁定了心，说什么也不听劝告。

这时，国相晏婴走了出来，众臣都以为晏婴也有劝诫齐景公的意思，谁也没有料到，晏婴却明确地表态说："这个可恶的马夫，该杀！"

齐景公十分高兴，就把那个心含冤屈的马夫喊来，听晏婴解释他的罪过。

晏婴历数马夫的三大罪状："你不认真饲马，让马突然死去，这是第一条死罪；你让马突然死去，却又惹恼君主，使君主不得不处死你，这是第二条死罪。"听晏婴痛说马夫的前两条死罪，齐景公心中真是乐滋滋的。可晏婴话锋一转，说出了马夫的第三条罪状："你触怒国君因一匹马杀死你，使天下人知道我们的国君爱马胜于爱人。因此天下人都会看不起我们的国家，这更是死罪中的死罪，罪不可赦！"

听晏婴诉说马夫的第三条罪状，齐景公开始还连连点头咧着嘴笑。当晏婴说到"使天下人知道我们的国君爱马胜过爱人"时，他张开的嘴却定在那里，脸上的表情开始红一阵白一阵。

此时，晏婴又吆喝一声："来人，还不按大王的意思将马夫推出去斩了！"这时齐景公如梦初醒，赶紧对晏婴说道："相国息怒，寡人知错了。"

点评：晏婴没有正面批评齐景公，但却达到了劝谏救人的目的。可见，点到为止的暗示批评方法的确效果非凡。在像这样的场合中，一方面，该说的话不能不说，根本利益不能牺牲，原则不可放弃；但另一方面，也不能将关系弄僵，伤害彼此的面子与和气。所以，这就需要承认对手的实力、地位、权威，甚至他的道理，然后突然插入你的话锋，点出他的错误之处。这种方法要比直来直去、当面锣对面鼓地否定他人效果好得多，当然这也需要你有更高的修养和智慧。

拓展练习

1. 一位业绩很高的服饰店员是这样推销服装的。如果客人是胖子，她会拿一件小一号的衣服给对方试穿；如果是瘦子，则取大一号的衣服。客人当然知道自己穿几号的衣服，会对店员说："不行，我是穿×号的。"这时，这位店员就会很惊讶地说:"啊!真的吗?可是我一点都没看出来呀!"请问,这位店员的做法有什么高明之处?

2.元旦联欢会上,张军唱了一首《青花瓷》,唱得虽然很投入,但明显跑了调。同学们都鼓掌表示鼓励。王华和李梅对张军进行了赞美。

王华说:"张军,你唱得太棒了,你真是音乐奇才啊!"

李梅说:"张军,你唱得认真又投入,你是好样的!"

请问:你更欣赏哪种表达方式?为什么?

3.中午休息时间,厂长看见几个工人在写着"严禁吸烟"的警告牌下抽烟。厂长走过来,友好地递上几支香烟给那几个工人,说:"诸位,如果你们能到外面去抽掉这些烟,我真感激不尽。"请问,这位厂长采用了什么样的批评方法?这种做法有什么好处?

4.假如你们宿舍有位同学,非常喜欢上网打游戏,经常晚上在宿舍玩游戏玩到深夜,影响了其他同学的正常休息。你应该如何委婉地向他指出?

课后任务

1.运用一种合适的表扬技巧,通过口头语言的形式对身边的某个人进行一次表扬。

2.运用一种合适的批评技巧,通过书面语言的形式对校园内的某种不文明现象开展一次批评。

第四节 交谈倾听

一、倾听概述

倾听意指细心地听取。倾听不同于一般的听,倾听的要求是细心、认真。比如:倾听孩子的意见,倾听老百姓的心声。《礼记·曲礼上》言:"立不正方,不倾听。"人类在交际沟通中,占有高比重的并不是我们通常所说的"说",而是"听"。所以人际交往中不应该忽略"听"的作用,相反应该重视"听"。善于倾听会有很多意想不到的收获。蒲松龄因虚心听取过路人讲故事,终于写成了《聊斋》一书;唐太宗因为善于兼听而成为了一代明主,功垂千秋;齐桓公因细听而善任管仲,成了知人善任的典范;刘备更是因为恭听而鼎足天下。

交谈是在交际双方共同参与并且在一边听一边说的过程中完成的。离开了"听"就谈不上"说"。一位出色的交谈者并不只是表现在他的口若悬河、滔滔不绝,而是在与他人之间的接触交流中,通过互相交流感情传递信息,来增进交际双方的了解和友谊,最终达到和睦相处,愉快合作的目的。单方面的能说会道都不是真正意义上的交谈。那到底什么是倾听?

倾听是交谈者在交际过程中接受口头及非语言信息,确定其含义并对此做出反应的过程。"听"需要"耳目心"全方位配合,"听"的繁体字字形"聽"就说明了这一点。

二、交谈中有效倾听的重要性

(一)倾听的重要性不亚于说话

倾听作为首要的沟通技巧,表现在交谈中并不一定是能言善辩。有些人看似在交谈中很能说,就某一个话题能滔滔不绝说上十几二十几分钟,但归根到底只能看作一个"说霸"而已。他仅仅占有交际过程中的说话时间,并不一定是占有真正的话语权。交际中光会说并不一定是好事,因为在人际交往和人际沟通中,其中一半是洗耳恭听的过程。如何理解"洗耳恭听"呢?这一点我们认为随意听和认真听是两码事。正如同"看"不一定就能"看见"一样,"倾听"与"听见"并不是一回事。人际沟通学认为,这"倾听"与"听见"是两码事,"听见"只是动用听觉系统接收到声音信息而已,但不是"倾听",因为在这过程中并没有真正理解对方的意思。比如上课的时候有个别学生在玩手机,他也能听到老师讲课的声音,但这个仅仅是"听到"或"听见",绝不是"倾听"。都说倾听是取得智慧的第一步,有智慧的人都是先听再说,这充分说明了倾听是跟阅读一样的心智活动。微笑着倾听简直就是很多患心理疾病患者的一副灵丹妙药。当今社会上那些自杀者、抑郁症患者、孤独的老人和寂寞的孩子越来越多,有时候他们可能不完全是缺乏物质层面上的东西,而更多时候缺失的是精神层面上的。他们缺少与他人的沟通交流,没人愿意倾听他们的心里话,日子久了很容易患上心理疾病。其实针对这些病患只要好好地倾听他们说上几个小时,说不定就把问题解决了。倾听既然如此重要,那我们为何不学会倾听呢?

(二)善于倾听更有助于人际沟通

在交谈中,你若不时地点头表示你很在意对方说的内容,你的倾听使对方感到很受尊重,对方觉得自己的话语有价值,那么他的表述就会很受鼓舞,内容表达也更加完整全面,这样就更有助于人与人之间的交往。有研究表明,听话在交谈中占的沟通时间达到40%。所以我们可以说"沟通首先是倾听的艺术"。我们常说会说话的人听着说,不会说话的人抢着说。可见提高倾听艺术是交谈成功的起点,也是保障。但倾听并不是被动的行为。倾听是沟通的重要环节,但经常被忽略。其实在交谈中善于倾听别人的意见建议,比如何说话要重要得多。

示例1

有位母亲有一次问她五岁的儿子:"如果妈妈和你一起出去玩,我们渴了,又没带水,而你的小书包里恰巧有两个苹果,你会怎么做呢?"儿子歪着脑袋想了想,回答:"我会把两个苹果都咬一口。"可以想象,听到这样的回答做母亲的会有多么的失望。这位母亲本来也想跟别的父母一样,对孩子训斥一顿,然后再教育孩子应该怎么做。可就在想把话说出口的那一刹那,母亲突然改变了主意。母亲摸摸儿子的脸温柔地问:"能不能告诉妈妈,你为什么要这样做呢?"儿子眨了眨眼睛,一脸的童真回答道:"因为……因为我想把最甜的那一个苹果给妈妈吃!"顿时母亲的眼里充满了泪花。

点评:可以想象听完孩子这样的话语这位母亲有多么激动有多么幸福。我们为这位母亲的宽容信任和儿子的天真善良而感到庆幸的同时想到了什么?作为大人,总是凭着习惯思维会想当然地把"我会把两个苹果都咬一口"理解成一种占有,一种私欲,不懂得分享。但儿子在表述"我会把两个苹果都咬一口"此话语时仅仅是一个条件并不是他想要表达的终极目标。由此我们不得不说"学会倾听是一种很重要的能力"。故事中的母亲就是这样一位倾听高手。

(三)善于倾听是获取信息的重要途径

倾听有助于了解和掌握更多的信息。通过倾听对方,可以了解对方的性格脾气、工作学习态度甚至是待人接物。有数据表明,我们的信息至少60%都是靠倾听得来的。历史上不乏真实的例子。如钢盔就是由法国的亚德里安将军听来的。话说在第一次世界大战期间,有一天,德军突然向法军所在的一个阵地发动了猛烈的进攻。顿时,法军阵地烟雾弥漫,随军的厨房也未能幸免,一个在厨房值班的士兵见此情景也需要上前线阵地战斗,但这个时候落下的石头、树枝很多,为了避免被砸伤,这战士慌忙中拿起炒菜用的锅倒扣在头上。战斗结束了,他虽然受了伤,但头部却完好无损,成了阵地上唯一的幸存者。后来,亚德里安将军来慰问时,听说了这个士兵的经历,感到很好奇,看了看铁锅,脑海中便产生了制造钢盔的念头。第二年,法国士兵真的都戴上了这种钢盔,大大提高了作战中的安全系数。类似的例子如"三通"电源插头的发明竟然源于日本经营之神松下幸之助在市场闲逛之时偶听家庭主妇的议论而得到的灵感。正所谓言者无意听者有心,用心倾听收获多多,有时候倾听可以得到超有价值的信息。我们借用克林顿的话,就是"我每次讲话什么都学不到,只有在聆听时才能学到很多东西"。善于倾听是获取信息的重要渠道。

三、倾听的层次

关于倾听的层次，人们对这个问题的认识不尽相同。有人把倾听的层次分为这样几个方面：最低层次是听而不闻，心不在焉；第二层次是虚以应付，敷衍了事；第三个层次是选择倾听，只听感兴趣的话题；第四层次是专注地听，但并未用心；最高层次即真正用心倾听，是设身处地地倾听。这个是结合倾听者在倾听过程中的表现来进行的分类。这说得很有道理。我们把倾听分为有意而无心、有意且有心、全心又全意这几个层次。

（一）有意无心

这种表现在外在形式的认真倾听表象，实质根本没往心里去。也就是说在交谈中表面看起来听得很认真，其实压根儿就没有注意到说话人所说的话，听者当时或许正考虑着毫无关联的事情，或许对对方的话语不屑一顾。假如中途打断话语，问及刚才所谈何事，倾听者并不一定能对答如流。这个层次的倾听对人际交往并不有利，是不可取的倾听方式。

（二）有意有心

这个层次的典型特征是倾听者有选择性地倾听利于己方的信息。这有点类似于"选择性耳聋"，也就是说在倾听中关注的是自己想关注的而且只关注那些自己想关注的信息。这个层次的倾听行为带有很大的功利性。但对建立平等和谐的人际关系并不理想。

（三）全心全意

这个层次的倾听是真正意义上高境界的倾听行为。在交谈中，不仅充分考虑到交际双方真正的交谈目的，而且充分顾及对方的感受，同时也能听出"听不见的声音"。这种倾听是全身心参与投入的过程，这种注入感情的全心全意的倾听方式在培养良好人际关系方面起着积极的作用。这才是真正意义上的倾听行为，而且是我们努力的方向。

四、倾听技巧的培养和提高

一般情况下，人们通常把听看作是被动的行为，其实这是不正确的。在沟通中"洗耳恭听"和"能说会道"一样重要。我们要学会像说话那样采取积极主动的态度去倾听。所以倾听技巧的培养和提高我们认为最重要的是"主动"和"有效"两个方面。

（一）主动倾听

当倾听者采取积极主动的倾听方式时，这就不是一般意义上的"听"，而是用心在聆听，这是一个优秀倾听者的典型特征。倾听者积极主动地听对方所说的话,能够专心地注意对方,能够认真地聆听对方的话语内容。主动倾听的出发点是为了"了解"而不只是为了"回应"或"反应",也就是通过交流主动地去了解别人的观念、感受。这种积极主动需要倾听者带着热情倾听。比如面带微笑对着说话者,无论对方的音色是否动听悦耳,吐字是否清晰圆润,表达是否流畅正确,作为倾听者就是充满热情积极地去倾听,而不是紧缩眉头,心里还不断抱怨说话者。这就要求我们全神贯注地去倾听说话者表达的每一句话,交谈中始终用目光注视着对方,就算自己有再重要的事要处理,也应该及时"停下"。在交谈中应该避免消极被动的做法,努力立足于双赢的结果,交谈任务才能顺利完成。

倾听不是被动地接受,而是一种主动行为。当你感觉到对方正在不着边际地说话时,你可以巧妙地提些问题把话题拉回到主题上来。倾听者不是机械地"竖起耳朵",在听的过程中要主动思考,既要跟上倾诉者的话语节奏,还要跟得上对方的思维节奏,在适当的时机借助于提问、解释,使得交谈能够步步深入下去。如果你是一个主动的倾听者,倾听的过程中,就需要表现出积极的认同感,并示意表示感谢,这一切都会让说话者感到受尊重,从而使整个交谈过程能顺利完成。比如,我们可以用"这很有意思!""我完全能理解您此刻的感受!""这个我了解。""这真是个好主意!"这样的话语表示认同。

在人际交往中,有时我们排斥接受说话者的观点,随之而来的便是彼此间不能很好地交流,而且无法和对方建立融洽的关系。当然因此也有可能会错过很多机会。当说话者对某些事情的看法与感受,或者所得到的结论并不与我们一致,我们应该让对方了解,我们在意说话者的感受,我们一直在倾听,而且我们也努力去听懂对方的意图。虽然我们不一定赞同他的观点,但我们还是很尊重他的想法的。其实有些交谈对方只是希望听的人"听"他说话,或希望听的人能设身处地地为他着想,并不需要给他提什么意见。你若能适时配合对方,比如对方说完话时,你可以重复他说话的某个内容或某个观点,这足以证明你在认真听他所讲的话,使别人乐于与你交流。所以在某些时候不发问也是一种很好的倾听技巧。

(二) 有效倾听

心不在焉、听而不闻的听是无效的。在倾听中成效如何是衡量倾听质量的重要标准。这就需要我们注重倾听的有效性。为了提高倾听的有效性需要注意做好以下几个方面。

1. 抓住信息重点

抓住重点并把注意力集中在重点上面讨论是顺利完成交谈任务的保障。只有找出对方话语中的重点,并且把注意力集中在此,这样我们才比较容易从对方的观点了解整个问题的实质。如果我们不太确定对方比较重视哪些重点或想法，就可以利用询问的方式，来提醒他我们对谈话的重点内容有所关注。交谈中不能过分关注那些细枝末节和琐碎的信息，要把注意力集中在对方想说的重点和对方主要的想法上，并且在心中熟记这些重点和想法。否则容易造成没听到对方话中的重点或是错过主要的内容，而做出错误的结论。

当我们在倾听过程中捕捉到一些有用信息时，为了更多了解有用的细节，应等说话者表述完毕，再请说话者有针对性地多介绍一些情况。我们不妨提醒说话者："您能再多谈谈有关这方面的情况吗？""您刚才提到的那个是指……"。

在适当的时候提出适当的问题相当关键。这可以帮助我们确认理解一致以避免误解。通常我们在倾听的过程中可以就说话者表达中不很清楚的内容请求对方做出解释，以此来避免沟通过程中的误解。我们可以借助于用提炼过的语言概括复述一些要点以确认交谈双方的理解是一致的。比如我们常用这样的表达："那么，如果我没有理解错的话，您刚才谈的是……对吗？""刚才听你说的应当是……是吗？"等等，使话语更加有效。通过你所提出的问题，让对方知道，你是认真地在听他说话。并且通过提问可使双方谈话更趋深入。如："造成这种现象的原因是什么呢？""他为什么要这样做？""你是怎样想的呢？"人们喜欢从头到尾安静地听他说话，而且更喜欢被引出新的话题，以便能借机展示自己的价值。你可以试着在别人说话时，适时加一句："你能不能再谈谈对某个问题的意见呢？"

2. 把握话语权

都说吃饭莫抢食，说话莫抢话。话语权这个东西，有时很微妙。想说的，没人听；不想说的，可能到处有人请。通常我们会以为那些"话唠们"掌握了话语权，其实不然，说话说得多并不意味着就掌控了话语权，因为把握话语权并不等同于占有话语权。把握话语权具体表现在交谈过程中能争取交谈主动权，能灵活自如地操控话题，在倾听中不失时机地巧妙地表达自己的观点。这个过程也需要一些倾听艺术。比如，说话者正在说一些无关痛痒的话语，作为倾听者需要把握话语权。怎么做呢？就是借助于巧妙的问题把话题引回正题。这时候如果是被动的倾听就无法达到这样的效果。所以我们在听的过程中要积极运用大脑，不但要与说话者的思维方式同频，而且要用自己的思想去影响对方，借助于适时的提问、解释，促使交谈朝着预定目标发展，而不是脚踩西瓜皮说到哪扯到哪。我们应该充分发挥两只耳朵的优势，好好地倾听别人说话。我们完全不必抢着说话，因为很多时候听到这个啰嗦的声音更容易让人顿生厌恶之感。都说关闭嘴巴吧，除非是那些智慧慈悲之音；打开耳朵，打开耳门吧，倾听那些悲苦之声吧！两只耳朵匹配的却是一张嘴巴。可见五官四肢功能的分配就要求我们听得多说得少，要说就说到点子上。

3. 准确理解内容

有效倾听中非常重要的一点是要听出说话者的言外之意,准确理解说话者想要真正表达的意思。这就要求我们要努力通过倾听去了解更多的关于交谈的那个对象,等到自己真正了解了对方,了解了对方话语的意思之后再侃侃而谈也不迟。一个聪明的倾听者,往往不只局限于满足对话语表层的听知理解,而是试图从说话者的言语中捕捉话中之话、弦外之音。结合说话者特定的语情语势,身体眼神动作等非语言中演绎出的隐含信息,把握说话者的真实意图。只有这样,才能达到真正的交流、沟通的目的。所以,倾听并不像想象般那么简单。就同演说和写作一样,倾听也需要付出艰苦的努力。倾听能力对很多人来说并非与生俱来,而是需要通过不断实践与培训来加以提高。有不少研究事实可以证明,人际关系失败的原因,很多时候并不在于你说错了什么,或是应该说什么,而是因为你听得太少,或者不注意听的缘故。比如,别人的话还没有说完,你就打断话题说,而且还讲一些不得要领、无关紧要的话;或者还没有听明白别人的话,你就迫不及待地发表自己的见解和意见。要知道说话者最讨厌的就是别人打断自己的讲话,因为打断他的思路的同时,又让他感受到你对他的不敬。现实生活中,我们也有听到讲话者表示心中的怨气:"你让我把话说完,行不行?"

总之,倾听要求我们要耐心,养成不插嘴、先听后说的好习惯;要虚心,养成不自傲、多听少说的好习惯;要用心,养成不盲从、"看听说思"并重的好习惯。只有这样,你才可能成为真正的倾听者,才能成为善于交际的人。

> **示例 2**
>
> 一个关于卡尔·古斯塔尔·荣格善于倾听的真实案例
>
> 荣格曾经有一个病人,她认为自己是从月球来的人,并一心想回月亮上去。在治疗她的时候,荣格没有像其他心理医生那样试图去纠正她的妄想观念,而是饶有兴趣地听着她描述月亮上的种种生活场景,然后,推心置腹地告诉她:月亮虽然很美,但你现在已经回不去了,所以还是安心老实地做个地球人吧……最后,女病人欣然接受了荣格的劝导,乖乖地回到家相夫教子,从此再没复发过。
>
> **点评:** 荣格作为一名心理医生,深深懂得倾听的重要性,他明白你要彻底根治病人就需要了解病人的现状如何,要了解真正的病情需要倾听病人的自述信息,只有这样才能更好地对症下药。

> **示例 3**
>
> 美国著名主持人林克莱特有一天访问一名小朋友。问他说:"你长

大后想要当什么呀?"小朋友天真地回答:"嗯……我要当飞机的驾驶员!"林克莱特接着问:"如果有一天,你的飞机飞到太平洋上空所有引擎都熄火了,你会怎么办?"小朋友想了想:"我会先告诉坐在飞机上的人绑好安全带,然后我挂上我的降落伞跳出去。"当在场的观众笑得东倒西歪时,林克莱特继续注视着这孩子,想看他是不是自作聪明的家伙。没想到,接着孩子的两行热泪夺眶而出,这才使得林克莱特发觉这孩子的悲悯之心远非笔墨所能形容。于是林克莱特又问他:"为什么你要这么做?"小孩的答案透露了这个孩子真挚的想法:"我要去拿燃料,我还要回来!"

点评:这就是"听的艺术"。林克莱特不愧是位名主持。他在主持节目的过程中很善于倾听。首先听话切忌只听一半。其次是听话中不能把自己的想法强加到说话者的话语之中。我们需要学会聆听,而且是用心听、虚心听。

拓展练习

1. 听读洪晃《我的三次幸福感》(载于《广州日报》2013年2月11日,转载于《读者》2013年第9期),请复述"文中谈到了哪三次刻骨铭心的幸福感"。

　　幸福是生活中的一点一滴,我这辈子有三次记得非常清楚的幸福感。

　　第一次大概是三岁左右,我父母回家过周末,我被允许睡在他们的房间。一张床上,左边是妈妈,右边是爸爸。他俩都在逗我玩。我记忆中这是第一个幸福时刻。最近在看Diana Vreeland(戴安娜·弗里兰,著名时尚专栏作家与编辑)的传记,她实际上在纽约长大,但是她跟所有人说她成长在巴黎,以至于她自己都承认,她的幻想其实比现实更重要。我一直有种感觉,我的第一个幸福时刻也是我自己捏造出来的,我根本不确定是否发生了,但是我的记忆中有各种细节,比如在哪个房间,被子是什么颜色的。也许作为一个离婚家庭的小孩,我需要有这种幸福时刻。至于是否存在过,这个并不重要。

　　第二个幸福时刻是当我对生活做了决定,舍去了很多包袱时。我在城里把最后的一些事情处理完毕,下午3点多钟开车回家。那天阳光灿烂,下了高速的路上,我可以看见远处的山脉,是难得的一个大晴天,正好又是春暖花开的时候,处理掉旧日的烦恼,轻装上阵新生活的感觉让我特别幸福。大部分人都认为只有得到才是幸福的,而那个春天我的确感受到舍弃能带来自由,而自由绝对能带来幸福。

第三次是最近,我老公和闺女在房间里玩耍,他们每人拿着一把玩具剑在瞎比画。夏天,老公光着膀子,头发扎了一个小辫,他故意做出一副武士的样子,追得闺女笑着叫着满屋子跑。我在旁边看着,突然有一种幸福感,马上用手机把两个人插科打诨的样子照下来,让幸福有了一张照片。可惜不能跟大家分享,老公和姑娘都只穿着睡衣,坚决不同意让这张幸福的照片毁了父女俩的光辉形象。

　　所以我觉得,第一,幸福不是常态,是生活中的一瞬间,这种瞬间多一些,人就有幸福感。我有过三次已经非常满足。持久的幸福感可能是很累的事情。第二,幸福不一定是真实的。即使生活很苦,也不要失去对幸福生活的想象力。最后,是我们的选择决定我们的幸福。

2. 看马云精彩演讲视频《为什么工作》,讨论"工作的意义何在""我们如何认真生活、快乐工作"等问题。

课后任务

1. 分小组练习倾听,一方说另一方听,看看是否能够听明白对方话语的真正用意。

2. 联系生活思考自己在现实中善于倾听和不善于倾听的真实例子,比较得失,分析利弊。

第五节　说服拒绝

　　在日常交际生活中,我们常常会碰到朋友有困扰不知如何去劝服或是明知自己是对的,但就是不能说服对方,有时还会被对方"驳"得哑口无言;还有面对朋友的请求,心有余而力不足,想拒绝又因为面子关系而抹不开,给自己的生活带来严重的影响,面对着这些问题,我们该如何解决呢?其实,说服和拒绝是种艺术。如何轻松有效地说服他人?如何婉转巧妙地拒绝他人?这就是本专题所要解决的问题。

一、说服与拒绝的基本原则

(一)说服的基本原则

　　在人际交往过程中,良好的当众表达能力往往能够使人际关系变得融洽。而表达的过程,也不可避免地会遇到双方观点不同的情景,如果处理不好,往往会给人际关系造成直接或间接的伤害,因此说服技巧就成了维系人际关系的重要因素。那么,如果你要更好地说服别人,就得先掌握说服的一些基本原则,然后灵活多变地采取相应的说服方法。

1. 了解对方,因人而异

了解说服对象是说服的基础。知己知彼,方能百战不殆。世界上没有两个个性特征完全一样的人,这就要求我们在说服教育中做过细的工作,一把钥匙开一把锁。在说服工作中,唯有熟悉对方的个人和家庭以及社会关系情况,了解对方的人品和性格特点,掌握对方的处事原则和思维、行为方式,才能在说服、调解中找准纠纷根源,摸清对方思路,正确判断对方意图,从而找到开启对方思想的钥匙,才能采取相应对策,做到对症下药,有效化解纠纷问题。

2. 切中要害,一针见血

有的说服,三言两语,就说到了当事人的心坎上,心里的疙瘩迎刃而解;有的说服,越说对方越不服,结果不欢而散。为什么会出现这样的情况,就是因为没有说到点子上。一个道理再正确,一个论证再雄辩,没有说到点子上,没有触动当事人的内心世界,南辕北辙,就不会有效果。因此,在说服过程中,不要总是对当事人只说不痛不痒的话,不要回避问题和矛盾。因为回避不能解决任何问题,必须正面对待当事人提出的问题,要抓住问题的关键,切中对方要害,一针见血,说到他的病根上,点到他的痛处,只有这样,才能让他心服口服,并接受你所提出的建议。

3. 善于聆听,循循善诱

有人认为,说服凭的是三寸不烂之舌,靠的是两排伶牙俐齿。这种看法是十分片面的,如果说服者在说服对方时,自顾自滔滔不绝说个不停,那么这种一厢情愿、填鸭式的说服方法往往难以奏效。要想让当事人赞成你的意见,关键不是满足你的表现欲,而是要满足当事人的表现欲,并根据当事人态度以及对说服的反应采取相应的对策,决定该说什么以及怎么说。要善于听取纠纷各方的看法和意见,而不是把当事人放在听讲者的位置,由说服者唱独角戏。一个优秀的说服者,不仅要善于说,更要善于聆听,善于循循善诱,善于启发和引导。有理不在声高,有效的说服同样如此,声嘶力竭的说教常常很难有好的效果。不要企图将自己的意志强加到当事人身上,尽量少用大道理教训人,而要用人们日常的生活感受和普通道理说服人。一般情况下,具体化的事例和生活中能体验到的经验比概括的论证和一般原则更有说服力。具体化的事例形象、生动,更具有真实感,易于为当事人所接受。

4. 营造氛围,消除防范

调解时经常会出现尴尬的场面,如话不投机,出现冷场等,这时,沟通和说服

都难以进行。因此,说服氛围的好坏是决定说服能否成功的一个关键因素,说服的氛围取决于调解各方的态度,既取决于当事人的态度,更取决于说服者的态度。一个有经验的说服者会在说服之前先营造和谐的氛围,然后再开展说服工作。如《触龙说赵太后》故事中,触龙面对赵太后的强硬态度,没有强行劝说,而是在入题之前,先做好铺垫,先从自己的身体以及给儿子求职之事谈起,待赵太后脸色稍微好转,才转入正题谈论国家大事。人心情好时更易于接受他人的观点,因此说服时采用轻松的话题、随和轻快的语气、诙谐幽默的方式,让对话的气氛变得轻松些,可以稳定和调整当事人的情绪,使其轻松面对纠纷问题,更易于接受说服者的观点和意见。如果说服者在说服别人的时候,总是表情严肃,板着个脸,正襟危坐,一副教训人的模样,既容易制造紧张空气,也容易加重当事人的心理负担,甚至引起对方的反感,不利于说服工作进行。

5. 确立自信,建立可信度

能否说服当事人,除了说服依据和说服技巧外,说服者自身的条件因素,包括说服者的可信度、人格魅力、自信程度等,都会对被说服者产生重要的影响。同样一个道理出自不同的说服者,会产生不同的说服效果。当被说服者无法确定说服信息的可靠性时,往往会以说服者本人的自信状态作为重要的参考,因为这至少表明说服者本人对这些信息是坚信不疑的。一个连说服者本人也不太自信的观点,是很难让别人信服的。

说服者的声望、地位、职业以及专长,都会影响被说服者对他是否可靠的知觉。一个有着较高声望和较高的专业水准的说服者,不仅仅能给当事人留下较好的印象,赢得当事人的好感,更会让当事人感到踏实和安全,因此,他的说服力也就更强。

6. 立足他人,设身处地

要说服对方,就要考虑到对方的观点或行为存在的客观理由,亦即要设身处地地为对方想一想,从而使对方对产生一种"自己人"的感觉。这样,对方就会信任你,就会感到你是在为他着想,说服的效果将会十分明显。

(二)拒绝的基本原则

日常交往中,每个人都可能会有被拒绝或拒绝人的时候,因为每个人都会受到各种限制,如时间、生理极限、国家法规、能力、情感等限制。这些限制使得我们有能为不能为、愿为不愿为,对于情感上排斥、能力不及的事情,我们必须拒绝。就拒绝行为的双方来说,主动采取拒绝行为的人是站在有利的立场上的,如果拒绝未采用合适的方法和相应技巧,就容易造成对对方的伤害,这样容易引发怨恨和不满,从而导致人际关系的破裂,甚至引起各种难解的纠纷,让自己陷入非常被动的麻烦境地中。拒绝时要采用合适的方法和相应的技巧,给对方留下面子,不让对方难堪。

一般情况下,我们在拒绝别人的时候要注意以下几点原则:

1. 先倾听,再说"不"

在他人向你提出要求时,他们心中通常也会有某些困扰和担忧,因此不要在他人刚开口即予以断然的拒绝,不容分辩。过分急躁地拒绝最易引起对方的反感,应该耐心地听完对方的话,并用心弄懂对方的理由和要求,要站在对方立场上严肃思考,一定要显示出明白这个请求对其的重要性。让对方了解到自己的拒绝不是草率做出的,是在认真考虑之后才不得已而为之的。

2. 语言婉转,态度和善

首先感谢对方在需要帮助时可以想到你,并且略表歉意。不要以一种高高在上的态度拒绝对方的要求,不要对他人的请求流露出不快的神色,更不要蔑视或忽略对方,这些失误都是没有修养的具体表现,会让对方觉得你的拒绝是对他抱有的反对态度的机械反应,从而对你的拒绝产生逆反心理。从听对方陈述要求和理由,到拒绝对方并陈述理由,都要始终保持一种和蔼的态度和面貌,表示出对对方的好感和真诚之心。

3. 温和坚定地说"不"

你在仔细听了他人的要求,并认为自己应该拒绝的时候,必须温和坚定地说"不"。拒绝的态度虽应温和,但是明显不能办到的事,却应明白地说出"不"字。模棱两可的说法使对方怀有希望,引发误解,当最终无法实现时,就会使对方觉得受了欺骗,如此引起的不满和对立情绪往往更加强烈,宜特别注意。

4. 说明拒绝的理由

不要只用一个"不"字就想使对方"打道回府",而应给"不"加上合情合理的注解,以使对方明白,自己的拒绝并非毫无理由,也不只是出于借口,而是确有一些无可奈何的原因,确有某种难以说出的苦衷。最好具体地说出理由及原委,以请求对方的谅解。

提出真诚的并且符合逻辑的拒绝的理由最好,有助于维持原有的关系。如果你觉得拒绝的理由不充分,也可以直接拒绝,不说明理由。千万不可编造理由,因为谎言终究会被揭穿。你说明理由后,对方试图反驳,你千万不可与之争辩,只要重申拒绝意思就行了。

5. 提出替代建议

你的拒绝,必定给请求者造成一些麻烦,影响他的计划的正常进程,甚至使他的计划搁浅。这时,你若帮他提供一些其他的途径和办法,当然更能减轻对方的挫折感和对你的怨恨心理。如"要是明天的话,我大概可以去一趟"或"我只能借给你300元,但我知道小李有一笔不小的活动奖金,也许你可以去找他"类似

的话,可以向对方表达你愿意帮他的诚意,并缓解对方的被动局面,从而赢得对方的好感。

二、说服与拒绝的基本技巧

(一) 说服的基本技巧

说服是一门艺术,更是一门技巧。掌握一定的说服技巧,是说服者完成任务的重要手段。

说服的基本技巧主要有以下几种:

1. 晓之以理,动之以情

动之以情,即说服时,以情作为先导,通过缩短说服者与被说服者之间的心理距离而达到说服的目的。晓之以理,要使人真正信服,还必须以理服人。口语交际中,说理并非一定要洋洋数言,有时一句恰到好处、入情入理的提醒就有可能让对方茅塞顿开,从而接受你的观点。

2. 顺言其好,将心比心

根据被说服一方的性格特征、兴趣爱好、文化修养、人生经历,选择他爱听、中听、投合他胃口的话或事例,并顺着他的感情倾向、审美意识、道德标准、价值取向加以诱导与启发,使之对劝说一方产生"无话不可能君谈"的亲切感、信任感,从而心悦诚服地改变初衷,接受劝方的观点,按照对方的观点去行动。

在彼此观点存在分歧的时候,你也许曾试图通过说服来解决问题,结果却往往发现遇到了前所未有的困难。其实,导致说服不能生效的原因并不是我们没把道理讲清楚,而是由于劝说者与被劝说者固执地踞守在各自的立场之上,不替对方着想。如果换个位置,设身处地地为对方着想,将心比心,被劝说者也许就不会"拒绝"劝说者,劝说和沟通就会容易多了。

3. 以例为证,利害诱导

如果你刊登广告,推销某种药品,是把药品的成分、功能、用法详细介绍一番好呢,还是介绍某些患者使用后如何迅速治愈的事例好呢?我们常说"事实胜于雄辩",在日常生活中,你要说服别人,你就应旁征博引,使用具体例子,而不是一味空洞说教。

晓以大义,申之利害,将利害关系陈述清楚。正所谓"两利相权取其重,两害相权取其轻",趋利避害,这是人的本性。所以,在你说服别人的时候,如果能够顺应人的这一本性,晓之以利害,往往能够提高你的说服力。

4. 设喻说理,迂回包抄

所谓"设喻说理",即用暗示、比喻、夸张、反语等方法委婉说理,也用生动具体的事例说明抽象的道理。有的时候,在某些场合,针对某些对象,说服者不便直接说服,就可用设喻说理的方法达到说服的目的。《邹忌讽齐王纳谏》中,邹忌从妻、妾、客人的阿谀之词"小题大做"——以君子之心度"君子"之腹,献身说法,使齐王得证"蒙蔽甚矣",于是一声令下,广纳谏言,终于"战胜于朝廷",也使得齐国夺得人才乃至发展先机。

5. 先激后析,欲直故迂

要说服那种认死理、斗真气、钻牛角尖的对象,直接切入正题的办法往往难以奏效。这时就应采用迂回的思路,先巧妙地运用激将法从旁侧击,把说服对象从麻木的精神状态中唤醒,然后再切入正题,进行合理的剖析,辨清是非利弊,从思想上对对方进行点拨,帮助对方抛弃模糊认识,从而接受说服者的正确意识。

6. 善意威胁,以刚制刚

如果你面对的是一位性格执拗的朋友,苦口婆心的提醒对他无济于事,那你就不妨试试"威胁"式的说服方法,对他大声说:"你这样是行不通的。"用善意的威胁使对方产生恐惧感,从而达到说服目的。当然威胁能够增强说服力,但是,在具体运用时要注意以下几点:第一,态度要友善;第二,讲清后果,说明道理;第三,威胁程度不能过分,否则会弄巧成拙。

(二) 拒绝的技巧

在人际交往中,每个人都应当善于和大家打成一片,但是,我们不可能事事都顺从别人。有时,别人提出了不合理或不太合理的要求,我们必须加以拒绝。拒绝是难免的,遭到拒绝又是不愉快的。怎么拒绝才可以把种种不愉快减少到最低限度,得到对方的谅解和认可呢?所以我们应当掌握一些拒绝的技巧,只有学会拒绝的艺术才可以保存别人的面子,维持自己人际交往关系的良好,也可以为自己避免难以承受的额外负担,减轻自己拒绝他人时的为难和心理压力。

1. 直接分析法

直接向对方陈述拒绝对方的客观理由,包括自己的状况不允许、社会条件限制等。通常这些状况是对方也能认同的,因此较能理解你的苦衷,自然会自动放弃说服你,并觉得你的拒绝不无道理。

2. 巧妙转移法

不好正面拒绝时,只好采取迂回的战术,转移话题也好,另找理由也可以,主要是善于利用语气的转折——温和而坚持——绝不会答应,但也不致撕破脸。比如,先向对方表示同情,或给予赞美,然后再提出理由,加以拒绝。由于先前对方在心理上已因为你的同情使两人的距离拉近,所以对于你的拒绝也较能以"可以体会"的态度接受。

3. 不用开口法

有时开口拒绝对方并不是件容易的事，往往在心中演练 N 次该怎么说，一旦面对对方又下不了决心，总是无法启齿。这个时候，肢体语言就派上用场了。一般而言，摇头代表否定。别人一看你摇头，就会明白你的意思，之后你就不用再多说了。面对推销员时，这是最好的方法。另外，微笑中断也是一种暗示。当面对笑容的谈话，突然中断笑容，便暗示着无法认同和拒绝。类似的肢体语言包括采取身体倾斜的姿势，目光游移不定，频频看表，心不在焉……但切忌伤了对方自尊心。

4. 推脱拖延法

如果已经承诺的事，还一拖再拖是不理智的。这里的拖延法指的是暂不给予答复；也就是说，当对方提出要求时你迟迟没有答应，只是一再表示要研究研究或考虑考虑，那么聪明的对方马上就能了解你是不太愿意答应的。其实，有能力帮助他人不是一件坏事，当别人拜托你为他分担事情的时候，表示他对你的信任，只是自己由于某些理由无法相助罢了。但无论如何，仍要以谦虚的态度，别急着拒绝对方，仔细听完对方的要求后，如果真的没法帮忙，也别忘了说声"非常抱歉"。

5. 幽默化解法

在人们的交往中，幽默往往具有许多妙不可言的功能。社交与谈判场合也是离不开幽默的谈吐的，因为它能活跃气氛，缓解矛盾。用幽默的话语含蓄地拒绝对方的某种要求，既显示出自己的睿智、大度，又免得让对方尴尬。

6. 有偿的拒绝法

意思是建议可行的而替代不该做的。当对别人所托之事自己不能帮忙时，应在讲明道理之后，帮助想一些别的办法作为替代。因为一般的人都有一种补偿心理。如果你想的办法不很理想，但你已经尽力了，对方的情感便得到了满足，这在一定程度上减少了失望感；如果你的办法帮助别人圆满解决了问题，别人也会很满意。

7. 截断问话法

截断对方的问话或请求，在他还没有说出，或者还没有说完某个意思时，即做出回答，也是一种很好的拒绝技巧。为什么不等对方问清楚，就要抢先回答呢？可能有两种原因：一是等对方把问话全说出，就会泄露某种秘密，难以收拾；二是待听全问话再回答，比较被动，不好应付。因此，考虑到对方要问什么，在他的问话未说完时，就迅速按另外的方向回答，一是可以转移其他听众的注意力，二是可以使问者领悟，改换话题，免于因说破造成尴尬局面和其他不良后果。

学会拒绝的艺术，既可减少许多心理上的紧张和压力，又可使自己表现出人格的独特性,也不至使自己在人际交往中陷于被动,生活就会变得轻松、潇洒些。

案例分析

案例1

吴山是塞斯公司的销售代表,某天他来到了一个高档住宅区,准备推销公司的吸尘器。吴山按响了一家房屋的门铃,出来的是一位和蔼的夫人。吴山心想,今天运气还不赖。因为根据他的销售经验,对于这样的女士,推销成功率往往都会比较高。于是吴山上前打招呼:"夫人,我叫吴山,我能向您介绍一下我们塞斯公司的吸尘器吗?它可是世界一流的。"可是那位夫人回答说:"吴先生,我现在忙得很呢;而且,我也不想更换新的吸尘器。"听到那位夫人拒绝式的回答,吴山没有退缩,他征求道:"那让我用它给您的小地毯吸尘怎么样?"夫人说:"我的地毯都很干净。"吴山料到她会这样回答,于是说:"哦,夫人,我的吸尘器吸力大,它可以吸到其他吸尘器难以吸到的灰尘。"那位夫人半信半疑地说:"如果真是这样,那么我给你几分钟,就在客厅的地毯上试验一下吧。"吴山成功地进入了客厅,给那位夫人进行现场操作。他首先展示了嵌在吸尘器里的那个一尘不染的储灰袋,然后打开他的机器,非常认真地在地毯上吸尘。过了一会儿,他停下来,在地毯上铺了一块白纸,然后把储灰袋倒空,果然,吸出了一些非常细小的粉尘。夫人看到后,觉得吴山说的没错,于是就跟吴山进行了详细探讨。

点评:我们经常说"事实胜于雄辩",所以用事实、用实践来证明会比强辩更具说服力。吴山没向夫人介绍自己的吸尘器如何如何好,而是在现场直接操作,让夫人亲眼目睹此款吸尘器的功效,达到了推销的目的。

案例2

在一次集体活动中,当大家风尘仆仆地赶到事先预定的旅馆时,却被告知当晚因工作失误,原来订好的套房(有单独浴室)中竟没有热水。为了此事,领队约见了旅馆经理。

领队:"对不起,这么晚还把您从家里请来。但大家满身是汗,不洗洗澡怎么行呢?何况我们预定时说好供应热水的呀!这事只有请您来解决了。"

经理:"这事我也没有办法。锅炉工回家去了,他忘了放水,我已叫他们开了集体浴室,你们可以去洗。"

领队：是的，我们大家可以到集体浴室去洗澡，不过话要讲清，套房一人50元一晚是有单独浴室的。现在到集体浴室洗澡，那就等于降低到通铺水平，我们只能照通铺标准，一人降到15元付费了。

经理："那不行，那不行的！"

领队："那只有供应套房浴室热水。"

经理："我没有办法。"

领队："您有办法！"

经理："你说有什么办法？"

领队："您有两个办法：一是把失职的锅炉工召回来，二是您可以给每个房间拎两桶热水。当然我会配合您劝大家耐心等待。"

这次交涉的结果是经理派人找回了锅炉工，40分钟后每间套房的浴室都有了热水。

点评： 有的时候，面对不能讲理的对方，你如何苦口婆心、据理力争都行不通的时候，不妨试试"威胁"式的说服方法。案例中的领队针对经理降低住宿标准却不愿降低价格的想法，威胁经理要么降低住宿价钱要么提供套房浴室热水，迫使经理派人找回锅炉工烧热水，最终领队达到了说服的目的。

案例3

某精密机械工厂生产某项新产品，将其部分部件委托小工厂制造，当该小厂将零件的半成品呈示总厂时，不料全不合该厂要求。由于迫在眉睫，总厂负责人只得令其尽快重新制造，但小厂负责人认为他是完全按总厂的规格制造的，不想再重新制造，双方僵持了许久。总厂厂长见了这种局面，在问明原委后，便对小厂负责人说："我想这件事完全是由于公司方面设计不周所致，而且还令你吃了亏，实在抱歉。今天幸好是你们帮忙，才让我们发现竟然有这样的缺点。只是事到如今，事情总是要完成的，你们不妨将它制造得更完美一点，这样对你我双方都是有好处的。"那位小厂负责人听完，欣然应允。

点评： 要说服对方，就要考虑到对方的观点或行为存在的客观理由，亦即要设身处地地为对方想一想，从而使对方对你产生一种"自己人"的感觉。这样，对方就会信任你，就会感到你是在为他着想。总厂厂长就是站在了对方的立场，寻求共同利益，说服了对方。

案例4

启功先生是我国著名的书法家，在20世纪70年代末向他求学、求教的人就已经很多了,以至于先生住的小巷脚步声和敲门声终日不断,惹得先生自嘲曰:"我真成了动物园里供人参观的大熊猫了!"有一次先生患了重感冒起不了床,又怕有人敲门,就在一张白纸上写了四句:"熊猫病了,谢绝参观;如敲门窗,罚款一元。"

1995年3月29日下午,有位文人利用去北京出差的机会打算去红顶子楼作家公寓拜访著名作家刘绍棠先生。在去之前,文人曾听朋友介绍先生在两年前得过一场大病,至今没有痊愈,行走仍需家人搀扶。当他们来到绍棠先生门前的时候,门上贴着一张字条,上面写着:"老弱病残,四类皆全;医嘱静养,金玉良言。上午时间,不可侵犯;下午会客,四时过半。人命关天,焉敢违犯;请君谅解,大家方便。"落款是刘绍棠。

点评:启功先生、刘绍棠先生都是名人,向他们求学、求教的人很多,可是他们的身体实在支撑不起,直截了当地拒绝人们的所求又不符合他们做人处事的原则,所以最后才采用了幽默式拒绝。这样的拒绝,委婉而幽默,被拒绝的人非但不会感到不高兴,反而还会体谅他们的苦心,此后尽量不给他们的生活造成不便。可见,委婉、幽默的拒绝往往会收到事半功倍的效果。

案例5

一对青年男女在一起工作,男方对女方产生了爱慕之情。男方急于要表白心愿,女方虽心领神会,但是,却不愿将友情向爱情方面发展。女方认为还是不要说破,保持一种纯真的朋友情谊为好。于是,出现了下面的断答。

男青年:"我想问问你,你是不是喜欢……"

女青年:"我喜欢你给我借的那本公关书,我都看了两遍了。"

男青年:"你看不出来我喜欢……"

女青年:"我知道你也喜欢公共关系学,以后咱们一起交换学习心得吧?"

男青年:"你有没有……"

女青年:"有哇!互相切磋,向你学习,我早就有这个想法。"

男青年:"……"

点评:这位女青年三次断答,使得男青年明白了她的想法,于是,不再问了。这比让他直率问出来,女青年当面予以拒绝,效果自然要好得多。

断答要求才思敏捷,口语技巧娴熟。因为,首先,断答前要摸准对方的心理,"你一张口我就知道你要问什么","未闻全言而尽知其意",这比错答的要求要高。其次,要能抢得自然而恰当,比如从"喜欢"(人)而引论到"喜欢"(书),能瞒过在场的其他听话人。最后,断答往往需要几个回合才奏效,因为抢一两次,对方还不能领悟答话者的真意,或者略略知道而不甘心,继续发问。这就要求"连抢"多次,才能不漏破绽,达到目的。所以说难度大,技巧性强,但运用得当,效果特佳。

案例6

土耳其外长在一次与英法等国领导谈判时,提出的本国条件触怒了英国外交大臣,他咆哮如雷,威胁恐吓。土耳其外长等其喊完后,才不慌不忙地张开右手靠在耳边,十分温和地说:"阁下,你刚才说什么?我还没有听清楚呢!"

点评:在有的场合,无论你做出怎样的回答,都是对自己不利的,这时最好的办法就是佯装没有听见或没有听清楚。这是一种当时紧急情况下行之有效的方法。

课堂演练

1. 有个"的姐"(出租车女司机)把一男青年送到指定地点时,对方掏出尖刀逼她把钱都交出来,她装作害怕交给歹徒300元钱说:"今天就挣这点儿,要嫌少就把零钱也给你吧。"说完又拿出20元找零用的钱。见"的姐"如此爽快,歹徒有些发愣。"的姐"趁机说:"你家在哪儿住?我送你回家吧。这么晚了,家人该等着急了。"见"的姐"是个女子又不反抗,歹徒便把刀收了起来,让"的姐"把他送到火车站去。见气氛缓和,"的姐"不失时机地启发歹徒:"我家里原来也非常困难,咱又没啥技术,后来就跟人家学开车,干起这一行来。虽然挣钱不算多,可日子过得也不错。何况自食其力,穷点儿谁还能笑话我呢!"见歹徒沉默不语,"的姐"继续说:"唉,男子汉四肢健全,干点儿啥都差不了,走上这条路一辈子就毁了。"火车站到了,见歹徒要下车。"的姐"又说:"我的钱就算帮助你的,用它干点正事,以后别再干这种见不得人的事了。"一直不说话的歹徒听罢突然哭了,把300多元钱往"的姐"手里一塞说:"大姐,我以后饿死也不干这事了。"说完,低着头走了。请问,这位"的姐"用了什么说服技巧?

2. 快下班的时候小马接到了阿郎的电话,阿郎心急火燎地请求小马再帮他一下,写个新方案给客户,他说客户已经催了他好几次,而他实在没时间。最近因为和女朋友谈恋爱的关系,阿郎常常这样请小马帮忙做方案。阿郎是小马在公司里关系比较好的同事之一,以前他们在业余的时间常常一起去打球、游玩。小马挺喜欢阿郎的洒脱和率真。所以一个月前当阿郎一脸兴奋地谈到他和一个女孩交往的时候,小马毫不犹豫地答应了帮他干点活,给阿郎更多时间去"谈朋友"。可是一个月下来,小马发现自己越来越不快乐。他发现自己已经厌倦了总是替阿郎做事。可是怎么拒绝阿朗呢?他觉得很难说出口,作为好朋友是该互相帮助的,拒绝会不会让他失去这个朋友呢?小马想了很多……如果是你,会怎么办?

课后任务

1. 试想你的一个好朋友,因为家庭突遭变故,深受打击,生活一蹶不振,请你通过一次谈话,用某种说服艺术,帮助他重新振作,走出困扰。

2. 你的朋友向你借钱,说是用作购买参考书之用,但你怕他不会还钱,又怕他用于玩乐,你会如何拒绝他?

第四章　职场口语交际

第一节　求职语言

说话是一门学问，更是职场交际中不可缺少的艺术。不少用人单位把应聘者的语言表达能力作为首要的考核条件，对哑巴型人才亮起红灯。求职中运用语言艺术和用人单位进行沟通交流，目的是展示求职者语言魅力，给考官留下深刻的印象，给求职打开方便之门。语言简练，谈吐文雅，应答出色，你将会从众多的竞争者中脱颖而出。面试发挥失常则可导致功亏一篑。所以，有人把语言表达艺术形象地喻为求职成功的金钥匙。

一、求职语言的特点

（一）目的性

在面试考场上，求职者所说的每一句话都是为应聘服务的。求职者所进行的自我介绍、对面试官所提出问题的回答，或作一些必要的询问，都可让面试官了解自己，显示自己的实力和自我价值，使自己达到被聘用的目的。求职带有很强的目的性，但应摒弃急功近利。有些求职者因求胜心切，在面试时一味讨好面试官，这样反而招惹讨厌，导致面试的失败。

（二）自荐性

在求职场上，面对众多的竞争对手，如何才能使自己脱颖而出，让用人单位注意到自己呢？除了本身必须具备的专业技术素质外，能在面试场上正确地评估自己，恰如其分地推荐自己，将是获得成功的关键。自我推荐，就是把自己与求职有关的情况恰如其分地介绍给招聘单位。正确地评估自己，但亦要避免过分的"谦虚"。面试时，适当谦虚可以给人好感，但谦虚过度则会使人对你产生怀疑，认为你无能、缺乏自信心，所以，面试时，既要勇于自荐，又要避免过度谦虚。

(三) 艺术性

作为求职者,在面试场上,面对着千方百计想在你的语言中收集信息的用人单位,求职者该怎么说、怎么答呢？如何才能使自己表现得更为出色,让对方更为满意？面对着一些较为挑剔的面试官,面对着难以回答的问题,如何使自己不说可能导致失败的话,化难为易,化弊为利？这就要求求职者要灵活巧妙地应对。在面试中,灵活的表现、巧妙的语言,不仅显示了求职者的说话技巧、交际能力,而且能引起招聘单位的注意和欣赏,收到令人满意的效果。

二、求职语言的基本要求

(一) 简明扼要

求职时主要是求职者和考官面对面的交流。一般来说,面试的时间不会很长,要使考官在短短的几分钟之内了解你,欣赏你,求职应答就要简明扼要,重点突出。简明扼要的语言表达,就是以最少的语言传递最多的信息,突出重点地宣传自己。这不仅能反映求职者的口语表达能力,也可以体现求职者的思维能力以及对事物的认识水平。面试语言要做到简明扼要,应注意三点：一是语言表达要简练。语言表达应言简意赅,举例精要,措辞精练,思路清晰,不说套话、空话与口头禅。二是紧扣提问回答问题。这就要求理解提问的含义和实质,然后紧扣问题进行回答。三是回答问题要开门见山。第一句话就说出自己的主要观点,不要着力于对观点的多方铺展。

(二) 真诚朴实

用人单位很看重求职者是否具有诚实的品质。在面试中,如果主考人员问到超越自己知识水平的问题,最好就是坦然承认,不要不懂装懂。没有人能成为"百事通",因此遇到不懂的问题,最好的办法就是坦然承认。硬要装懂,说些一知半解或道听途说的话,主考人员一追问,局面会越来越糟。假若直接回答不会,并做出合理的解释,反倒会留下诚实、坦率的好印象,变不利为有利。例如：某公司对求职者最后的复试中,复试主持人对一位资历良好、学业成绩优秀的大学生说："你救了我的女儿,对你的录用我们会优先考虑的。"可这位大学生听后,愣了一下,接着便语气坚决地否定："先生,你弄错了吧,我未曾救过任何人。"主持人微笑着说："年轻人,你说得很对,是我弄错了。我很欣赏你的诚实。我决定,不是优先,而是你的复试已经通过了。"复试如此别出心裁,实在出人预料。但这位学生没有侥幸地乘机贪功,也没有虚伪钻营,而是始终流露出一个真实的自我,因此通过了复试。

（三）谦恭有度

求职面试少不了要谈自己的基本情况和所长所短，反映自己的情况要实事求是，对能表现自己的重要方面不能顾此失彼，说话要把握时机，一切以适度、恰当为准则，既要树立自己的形象，传递信息，为面试官了解自己创造有利条件，又要表现得不卑不亢，有分有寸。不要因为自己的资历高而傲气，也不因为自己存在的缺点而灰心。另外，交谈时不可一味地只谈自己，而应该时时不忘谈到对方，或者是站在对方的立场上来谈自己，做到谦恭有度。

（四）语速恰当

虽然语速是属于谈话节奏的问题，但它关系到语言表达的质量与效果，所以不可忽视。通常情况下，面试问答都是平铺直叙的。例如，介绍自己的基本情况、专业特长与能力、对公司前景的看法和建议等。求职时，口齿清楚，说话注意句与句之间的间隔，会使人感觉思路清晰。回答问题语速太快会令人感到语言表达不清楚，语速太慢又令人感到思维、反应不敏捷。

（五）突出个性

求职者要使自己在众多的竞争对手中脱颖而出，就必须用"个性鲜明"的回答，来吸引招聘者的注意。人们普遍认为，有特色的东西最具有吸引力。求职者面试也应如此，"个性鲜明"的回答往往容易给人留下深刻的印象，令求职事半功倍。例如，当主考人员问："你喜欢出差吗？"一位求职者这样回答："坦率地说，我不喜欢。因为出差毕竟不是旅游，确实很辛苦。但我知道，到外地推销商品是营销活动的一个重要部分，也是推销员的主要工作之一。所以我不会在意出差的艰辛，反而会以此为荣。因为我非常喜欢推销工作，我认为这一点更重要。"主考人员问："如果我们接受你，你会干多久呢？"求职者回答："没人愿意把一生中最为宝贵而有限的时光花在不停地寻找工作当中，也不会有人甘愿将自己喜爱的东西轻易放弃。如果这份工作使我学以致用，能更好地发挥我的潜力，而我也能从中获得更多的新知识与新技能，并且也能得到相应的回报，那么我没有理由不专心致志地对待我所热爱的工作。"这番话所表现的机敏、坦诚与个性深为招聘者所欣赏。可见，真实的思想与坦诚的语言都能较好地体现个性。

三、求职语言表达技巧

在整个面试中，主要包括两个阶段：自我介绍和对答（有些还有笔试）。

（一）求职中自我介绍的语言技巧

在面试开场时，面试官对求职者还未认识之前，一般会让求职者作自我介绍。这是给面试官第一印象，让面试官初步了解求职者的时候。

自我介绍即自我推销。如何介绍自己，这是一个技巧。每个人虽然对自己很熟悉,但有人由于急于把自己介绍给面试官,作自我介绍时,往往口不从心,或者废话说得太多;也有些人没有准确地把握好自己的情况,介绍时主次不分。所以,这是一个关键的、考验人的阶段。下面着重从两个方面来谈谈如何进行自我介绍。

1. 自我介绍的语言技巧

(1) 围绕中心组织语言

在作自我介绍时,最忌漫无中心,东扯一句西扯一句,或者陈芝麻烂谷子事无巨细都一一详谈,让人听了不知所云。求职面试中的自我介绍宜简不宜繁,一般包括这些基本要素:姓名、年龄、籍贯、学历、学业情况、性格、特长、爱好、工作能力、工作经验等等,对于这些不同的要素该详述还是略说,需要按招聘方的要求来组织介绍材料,围绕中心说话。假如招聘单位对应聘人的工作能力和工作经验很重视,那么,求职者就得从自己的工作能力及经验出发作详细的叙述,而且整个介绍都是以这个重点为中心。

示例 1

这是××工艺品总公司招聘业务员时的一则对话。

面试官:"我公司主要是经营有地方特色或民族特色的工艺品,如北京的景泰蓝、景德镇的陶瓷、杭州的纸伞、潮州的抽纱等。这次招聘的对象主要是能开拓海内外业务的潮州抽纱、刺绣的业务员。现在,先请你介绍自己的情况。"

求职者:"我叫杨晓玲,1974 年生于潮州市,今年毕业于××学校,是读市场营销专业的。我一直生活在潮州,我读小学时,就在放学后帮妈妈、奶奶做抽纱活,先是学勾花,再学刺绣、抽纱,以后寒暑假也都做抽纱,帮家里添点经济收入。上到中专,两年的专业学习,使我掌握了营销方面的专业知识,这是我将来搞好业务的资本。我的口才较好,曾参加省属中专学校的口语竞赛,得了二等奖(递上奖状)。我这个人的特点是头脑灵活,反应快,平常爱看报纸,对国内外的经济发展动态很感兴趣。"

点评:这位求职者对自己情况的这一段介绍,显得清晰明了,并且中心突出,有针对性。从以上的对话可知,这一招聘单位的招聘要求有:① 具有营销方面的知识;② 熟悉推销业务及对象;③ 有较强的口头表达能力;④ 有抽纱的工作经验。这位面试者能围绕这些要求进行组织介绍的语言,她侧重从三个方面来介绍:① 读市场营销专业,具有市场营销方面的知识;② 生活在潮州,自小就懂得抽纱、刺绣的技术;③ 口才好,头脑灵活。

可见,这位求职者的介绍正合招聘者的心理和要求。

(2) 化独自介绍为双向沟通

很多求职者在进行自我介绍时,往往容易忽略一个问题,脱离不了"自我"这个中心。在求职面试场上,如果应聘者在自我介绍中,一味在"我怎么样"中兜圈,很容易使面试官反感。聪明的应聘者,就懂得如何化自我介绍为一场应聘者与面试官之间的谈话。

示例 2

面试官:"现在,请你来谈谈自己的情况。"

求职者:"……我选择的是建筑学专业。或许经理你会觉得奇怪,像我这样一个斯斯文文的姑娘,怎么会选择一个要经常下工地搞设计的专业,我之所以选择这个专业,原因有多个……"

点评:这位求职者在自我介绍时,巧妙地把单调的"自我介绍"化为与对方的交谈,这样既减弱了"自我"的意识,又缩短了求职者与面试官之间的距离。

(3) 用事例说明成绩

在自我介绍中,要尽量避免过于夸大个人情况,一般不宜用"很""第一""最"等表示极端的词来赞美自己。在面试场上,有些人为了让面试官对他留下深刻的印象,往往喜欢对自己进行过多的夸张,如"我是很懂业务的""我是年级成绩最好的一个",总是喜欢带着优越的语气说话,不断地表现自己。其实,如果对自己进行过多的夸耀,反而会引起面试官的反感。谈论自己的话题,应尽可能把话讲得客观真实,尽量用实际的事例去证明你所说的,最好用真实的事例来显露你的才华给面试官。假如没有真实合适的事例,用朴素诚实的语言来介绍自己,为自己树立一个诚实朴素的形象,同样也可以达到较好的效果。

2. 自我介绍时应注意的问题

(1) 语言清晰简洁

语言的清晰,是建立在镇定而自信的基础上的。假如一个人慌慌张张的,那他必是词不达意。谈自己,本来是既简单又丰富的话题,但许多人在这一点上却做得不好,原因有多个:一是缺乏勇气;二是缺少信心;三是存在羞怯心理;四是准备不充分。

自我介绍时,首先要清晰地介绍自己的姓名。面试官让求职者"谈谈自己",就像老师要了解学生一样,他首先要知道的必是学生的姓名、年龄及学历。清晰,要求表达时声音亮度恰如其分,吐字清楚,语速缓慢适中。有一位新闻系大学生,她去应聘当记者。报社主管人让她自我介绍时,她由于极度紧张,第一次说话时,声音小得几乎令人听不见;当面试官让她重来一遍时,她更加紧张,开口说话显得结结巴巴,后来不断要求重来,连面试官都听得不耐烦。虽然这位女学生文字能力很强,写作水平高,但她却缺乏做记者的另一基本能力——口才,结果当然不尽如人意。吐字清楚也即说话时发音准确,不能产生歧义,特别是方言较浓的人,更应该注意普通话的使用。

简洁即要求在进行自我介绍时,只说该说的话,少用描写性的语言。例如在介绍学历时,有人会从幼儿园一直谈到最高学历。其实,在谈学历时,一般着重谈的应是目前为止最高学历的情况。此外,自我介绍属于说明的一种,它应摒弃抒情色彩、描写色彩较浓的语言,说该说的话。

(2) 使用必要的礼貌语

在作介绍前,要先对面试官打个招呼,道声谢,如:"××经理,您好,谢谢您给我这么好的机会。现在,我向您作个简单的自我介绍。"介绍完毕后,要注意向面试官道谢,并向在场面试人员表示谢意。

(二) 求职过程中应答的语言技巧

在面试过程中,最能考验人的是对答这一阶段。自我介绍只不过是面试官以此对求职者获得一个初步的印象,而对答阶段,则是从不同角度去考察求职者的应变能力、适应能力、专业水平、工作能力、性格爱好、处事方式、处世态度等等。

对答阶段的问话,一般会出现下列一些问题:求职的愿望、动机,求职者的专业水平、学历、知识结构,求职者的性格兴趣、爱好特长,求职者的优缺点,求职者的社会工作、工作经验等。这一大堆问题类型中,有普通的一般性的问题,也有难题和怪题。总之,整个对答阶段就是对求职者综合能力的考察,它不仅需要求职者有丰富的学识,而且还需要求职者有敏捷的反应和准确的语言表达能力,而后者恰恰是众多面试求职者临场所缺少的。因此,必须在平时积累有关对答的语言技巧知识。

1. 一般问题对答技巧

所谓一般问题,是指在一般求职面试场上往往问得较为频繁,回答者只需根据自己的特点给予回答即可的问题。这类问题是相对于那些让求职者觉得为难的问题而言的,虽然它们普通,但也得讲究技巧,才会使你的回答更突出,给面试官更深的印象。

(1) 直言相告法

直言是指说话直截了当,把自己与问题有关的事实坦率而明确地告诉面试官。这种技巧,一般运用在实问实答、内容弹性很小的问题上,如:专业方面、家庭背景、学历、业余爱好等等。

示例3

"大学时,你学的是什么专业?"

"我学的是计算机专业。这是一个新的、具有很大发展前景的专业,我对它非常感兴趣。"

点评:这段答话可谓非常坦率,求职者把他的学业情况及自己的看法如实地告诉了面试官。由此,面试官可根据这一信息了解求职者的专业方向。

(2) 实例证明法

回答问题时,往往不能笼统敷衍了事,一般不用概述的方式,最好能用具体的事例来说明自己的观点。

示例4

问:你在大学时有没有进行过勤工俭学活动?

答:有。在大学时,我在课余期间参加过不少勤工俭学活动,如在××广告公司做兼职员工,当家庭教师,其中,当家教的时间为最长。我的专业是美术,我辅导了五个中学生,他们都考上了不同层次的艺术院校。另外在广告公司做兼职,也巩固了我的专业。通过勤工俭学,一方面减轻了家庭的经济负担,更重要的是巩固了专业,积累了不少的工作经验。

点评:众多招聘单位都希望求职者有一定的工作经验。这个问题,实质上是面试官想从你的回答中了解你是否有一定的工作经验。假如对答时只是简单地回答"有"或"无",就无法达到面试官本来的目的,无法给人满意的回答。"有"就答出具体例子,"无"也应说出相应的原因。如上一段回答,就包含了两个方面:① 求职者读书期间所从事过的实践活动;② 求职者本人对此项活动的体会。因此,这段对话可给面试官一个满意的答案。

(3) 个性显示法

个性显示法,主要是靠坦率的语言。在面试场上,由于求职者的戒备心,大多数人吞吞吐吐,不敢将心中的真实情感流露出来。这个"个性显示法"在某种场合时,可缩短求职者与面试官相互之间的距离。"坦率"对于一些求职者可能是一个较高的要求,但应注意,这里所要求显示个性的坦率,并非是无话不说,那些有伤大雅、会破坏自己形象、有损招聘单位利益的话就无需"坦率"了。如对环境的认识,舒缓心理的紧张,对某种事物的恰当评价等就可用此法,如:"老实说,我很想得到这份工作","说实在的,现在我是很紧张的","坦率地说,××科是我众多科目中成绩最不佳的一科,主要是因为它太乏味,我花了很多时间都提不起兴趣"。这些都是坦率的语言。

2. 疑难问题对答技巧

在求职面试过程中,除了一般性的问题外,最令求职者感到困难的是一些难题和怪题,这类问题一般从以下几个方面提出:

一是与求职者有关的:你的兴趣爱好是什么?你有没有自信心?你有没有工作经验?你的学业情况如何?你的求职动机、工作意向是什么?等等。

二是与工作单位有关的:你如何看待本公司?你将对本公司有什么贡献?如何看待×××部门这一职位?你要求的待遇是多少?如果公司的公事与你的私事有所冲突,你将如何处理?等等。

这些都是会令求职者感到困难和难堪的一些题目。这就要求求职者在回答难题时要注意技巧和方法,主要有:

(1) 巧转话题,化弊为利

在求职过程中,当面试官向求职者提出一些问题而又不能不回答,但直说或说出后将对自己不利时,就应该换个角度,巧换话题或巧换答案。

示例5

梁晓声是知青出身的青年作家。他创作的《这是一片神奇的土地》《今夜有暴风雪》等作品,深受广大读者的喜爱。一次,英国一家电视台采访梁晓声,现场拍摄电视采访节目。采访记者是一个老练机智的英国人,他问梁晓声:"这一个问题,希望您做到毫不迟疑地用最简短的一两个字,如'是'与'否'来回答。"梁晓声点头认可。他问:"没有'文化大革命',可能也不会产生你们这一代青年作家,那么,'文化大革命'在你看来究竟是好是坏?"梁晓声一怔,未料到对方的提问竟如此之"刁",分明有"诓"人上当之意。他灵机一动,立即反问:"没有第二次世界大战,就没有以反映第二次世界大战而著名的作家,那么你认为第二次世界大战是好是坏?"

点评:梁晓声这个反问式的应答就显得十分巧妙,既没有使自己上当,又使对方陷于难堪之中。

在求职应聘过程中,面试官一般不会问求职者一些"刁"的问题,但有些提问也会使你难于开口,以此来测试你的应变能力。

例如,当被问到这么一个问题:"你最大的缺点是什么?"你会怎样回答?这对一般人来说,是个普遍存在但又不便回答的问题,所以,接触到这类问题时,求职者应避实就虚,不必把自己的缺点和盘托出,因为出这一难题的面试官,他的本意大多不是想看求职者是否诚实,只是想借此考考求职者的应变能力。所以,对于这一类问题,求职者无须坦诚地揭露自己真正或想象中的失败,相反,只要简单地说出自己的缺点便可。技巧较高的人,他更懂得利用这一点来表现自己,巧转话题,化缺点为优点。如,有些人是这样回答的:① 我宿舍的同学老是抱怨我工作得太晚才回宿舍;② 我这个人总是很心急,一有事就搁不下。这两种回答,其实是求职者懂得抓住这种机会,化不足为长处。从另一个角度看,这两种回答恰恰表现了求职者另一方面的优点。

(2) 虚实并用,以实补虚

在面试场上,面试官所问的问题,往往是虚发。一方面他想了解你的理解能力,另一方面,因为这些是难度较大的问题,为了不让求职者难堪,他常会虚问问题,而在心目中却希望求职者以实来回答。

示例6

问:"你认为你对我们会有什么价值呢?"

答:"大学时,我主修的是计算机,成绩优秀,实际操作能力强。我不但有理论知识,还有实际经验。读书期间,我参加勤工俭学活动,在××公司做过兼职公关人员,在××公司做过推销员,还为学校拉过广告,已有一定经验和一些熟悉的客户。所以,我觉得,自己若有幸能来贵公司,不但可为贵公司从事技术工作,还可以推销产品,产销双结合。"

点评:这个问题是一个从虚处提出的问题,要求求职者从具体方面作答。面对这类虚实并用的问题,对答者就应以虚带实来作答。对于这一道题,回答者可以从以下几个方面进行实在的回答:①.求职者凭自己所具有的知识、技能(即所受教育)能做些什么工作;② 求职者凭自己所具有的经验(工作经验、社会经验)能为公司做些什么。对这段话的回答,回答者用实在的内容作答,假如是以虚对虚,那只能给面试官留下遗憾。

(3) 另辟蹊径,曲言婉答

在面试场上,对有些问题的回答,如果用确确切切的语言回答,只能使自己走上死胡同,又使对方难以接受。所以,在某个时候,就得另辟蹊径,避开正面话题,由远及近,由彼及此,最后才回到问题上去。

示例7

问:"我们招聘的人,要有两年以上的工作经验。"

答:"对于贵公司这种录用人的条件,我是很理解的。富有经验的人工作上手得快些,但是,有经验的人可能在其从事的工作中养成一些不易改的坏习惯,而产生一些不良的后果。我作为一名新手,可塑性强,适应能力较强,随时准备按贵公司的需要去塑造自己,以更适应工作。至于工作经验,我也不是没有。大学时,我在不影响学习的基础上进行勤工俭学,从中获得了不少经验及技艺,虽然这些不是在专职工作中得来,但毕竟也是一种经验的积累。"

点评:这类问题是一种"压迫性"的问题,是一个有意拒绝求职者、让求职者知难而退的问题。其实,很多公司在招聘时提及这些条件,一般都是可硬可软的,并非一成不变。假如求职者被这一条件所吓倒,退避开来,也就面临着求职的失败。面对这种问题,要知难而进,不要反唇相讥,或者无言以对,或者一怒之下拂袖而去,应沉着想办法应付,从另一个途径上去说服面试官。以上这份作答,就显得很巧妙,求职者不但能说明"有经验的不一定好",而且能进一步介绍自己的情况,可让面试官从原问题退出,进入到求职者的设计中去。

3. 应答时应注意的问题

在进行对答时,应注意以下一些问题:

(1) 语言要切题得体

要做到语言切题、得体,一般要注意避免以下几种情况:

① 说话范围过大

在回答前,一定要揣摩好面试官的问话,不要大题小做或小题大做,这样都会给自己带来不利。比如,当面试官让求职者谈谈某方面的爱好时,要记住不要扯得太远,只挑一两个与工作关系密切、最能体现自己特性的爱好加以回答即可。也就是说,该简短的不要长谈,更不要离题。

② 过于自信

过于自信会导致说话人说话不顾及后果,以自己为中心,一味夸奖自己。这种旁若无人的自我夸奖,不但不会增加面试官对求职者的了解、赏识,反而会令对方对求职者反感。

③ 过于谦恭而不讨好

中国人素以谦恭为美德,但在求职场上过于谦恭也会令自己不利。求职者不应老是说一些很客套的话,如"不不,我做得不好"、"我可能说得不大对"、"我水平有限,答得不好",这些谦语虽是在表现求职者的谦逊,但若说得太多,无形中也在贬低自己的水平。

(2) 语言要详简适中

在注意语言不要啰唆时,也得注意回答问题不能太简短。有些求职者在面试时回答问题只简单地用"是"或"不是"回答。要知道,面试官是想通过具体的回答来了解对方的情况,而不只是需要简单的答案。

(3) 语气中要显个性

有些求职者错误地认为,在求职场上千万不要得罪面试官,因而一味使用一些过于迎合面试官的语言。其实,不要得罪人与极力讨好人是两码事,在回答问题时,若极力迎合面试官,一味唯唯诺诺,只会让人觉得你是个毫无主见的人。

案例分析

案例1

教研室要招聘两名语文教师,消息在网上一公布,一下子来了几百人,其中两位应聘者给我留下了深刻的印象。

一天,我的好朋友找到我:"哎,听说你们教研室要准备进人?我的一位亲属想来。拜托了。"她如约而至了,是由男朋友带来的。一见面,男孩子我认识,是我多年前的学生。我们简单寒暄过后,他主动介绍道:"辛老师,这是我女朋友赵巍,赵老师给您介绍过她的情况。"于是我向她介绍了学校的一些情况,把话头指向了女孩子:"你学什么专业?"她低着头,做小鸟依人状,缓缓答道:"中文。"我心生不悦,又随口问道:"在学校都做过什么学生工作?""没有。"男孩子抢先回答。两句问答,女孩子给我留下了口才不好、能力差的印象,工作一事只得作罢。

有人说:招聘的前两分钟就决定是否录用你了。此话不假。再看另一位应聘者。一天我正忙着,电话响了。"你好,刘老师。我是来应聘的张丹。""对不起,你迟到了,我们的招聘工作已经结束了。"我回答。"刘老师,你们的第二轮招聘工作还没开始,只要你给我一次见面的机会,我就不会令您失望,为了等这次机会,我们学校都开学两天了我都没回去,您给我这次机会好吗?"我被她感染了,于是我给了她见面的机会。在期待中,我办公室的房门被如期敲响。"刘老师吧?我是来应聘的张丹。"她坐定后侃侃而谈,主动介绍自己的情况,微笑着,仪态大方,充满自信。我破例给了她当场试讲的机会。她没有令我失望,她真的是最好的。其实两人的个人条件都不错,不相上下,但我们留下了第二位应聘者。

点评:本例中,第一位求职者犯了求职应聘的大忌:熟人介绍、由朋友带来,是你交际能力不够、胆小、缺乏竞争意识的代名词;而第二位应聘者自己前来,熟悉单位情况,凭本事应聘,没见面就心生好感。从求职语言来看,第一位应聘者,问一句,答一句,有的由人代答,说明她能力差,脑力不够;第二位应聘者主动出击,口才好,能力强。在求职的时候,应聘者要洞察讲话人的心理,会讲话的人总是在招聘者想获知你某一方面情况的时候主动告知对方,比如你的年龄、毕业院校、专业、特长、优势等等。在这点,第一位应聘者没有做到,第二位应聘者较好地做到了。

案例 2

在上海某单位组织的一次面试中,主考官先后向两位考生提出了同样的问题:"我们单位是全国数一数二的大集团公司,下面有很多子公司,凡被录用的人员都要到基层去锻炼,基层条件比较艰苦,请问你们是否有思想准备?"毕业生 A 说:"吃苦对我来说不成问题,因为我从小在农村长大,父亲早逝,母亲年迈,我很乐意到基层去,只有在基层摸爬滚打才能积累丰富的工作经验,为今后发展打下基础。"毕业生 B 则回答:"到基层去锻炼我认为很有必要,我会尽一切努力克服困难,好好工作,但作为年轻人总希望有发展的机会,不知贵公司安排我们下去的时间多长?还有可能上来吗?"结果前一学生被录用,后一学生被淘汰。

点评:在面试过程中,回答问题的技巧非常重要。对有些问题的回答,表面上看来合情合理,无可厚非,但令考官反感。这是因为:考官并不在乎你回答内容的多少,而在于考察你对问题本身的态度,进而了解你对职业的态度等等。显然,这一案例中,考生 A 对下基层态度端正、诚恳,令主考官欣赏;而考生 B 思想上明显有顾虑,尽管是人之常情,但这种场合下他的回答显然不合时宜。

案例 3

一个大学生毕恭毕敬地向招聘人员递上简历说:"你好,我想应聘行政助理。"招聘官接过简历,翻看了一下,单刀直入:"这个职位是不招应届毕业生的,你认为你的优势在哪里?"显然这个问题让该男生有些措手不及,他踌躇了一下说道:"我能吃苦,学习能力也很强。"招聘官微微一笑,很礼貌地递回简历,拒绝了他。

点评:求职一定要看清楚职位要求,有备而来。否则一旦问话出乎意料,就容易"露怯"。招聘启事虽然简短,但其中包含了企业对应聘者的大部分要求,每一个字都值得细细琢磨。琢磨透了,做好准备再来交谈,才会有的放矢。第一个求职者就输在这一点上,没想好如何应对招聘官对"应届毕业生"的质疑便贸然求职。

案例 4

一名小伙子对市场人员一职表示了兴趣。招聘人员看了他的简历后说:"可是你并没有市场推广方面的经验。"小伙子听了也不着急,把

自己的优点慢慢道来："我虽然没在市场部工作过,但我的工作需要和市场人员密切配合。在团队协作中,我学到了不少做市场的方法;我在工作之余报读了市场营销专业的大专班,基本的理论知识也是懂的;我性格外向,善于沟通,又是本地人,掌握一定的人脉资源。"招聘官脸上渐渐浮现出了笑容,当即在简历上画下一个大大的勾,并要求他第二天来公司面试。

点评：要注意提高沟通能力,恰如其分地表现出自己的优势。这个小伙子在个人条件上并不占优势,但他胜在沟通能力强,了解招聘人员的心理,懂得如何针对企业需要陈述自己的长处。打动招聘人员的不仅是他摆出的三条理由,更是他的自信和聪明。

课堂演练

1. 请分析以下两则对话中求职者失败的原因。

例一：

　　招聘者：从你的简历得知,你的英语已过了六级水平,真不简单。

　　求职者：您过奖了。其实我周围很多同学都达到了这个水平,我也是一般而已。我还有很多不足,譬如,我的电脑水平老是跟不上,很多同学都过了二级,我还是停留在初级水平上;还有一些专业课也掌握得很不好,让我头痛得很。有时,我也觉得自己很没用。

　　招聘者：哦,原来你对自己很没有信心。

例二：

　　招聘者：据我了解,你干推销似乎挺会赚钱的,对吗？

　　求职者：是的,我干推销颇有一些赚钱的新招。因为我读的是名牌大学营销专业,又曾在名企业的推销部门兼职,所以,对于赚钱,我还是挺有把握的。

　　招聘者：噢,原来你是名牌大学的高才生。不过,我们单位较小,层次较低,目前暂时不要名牌大学的毕业生,很抱歉。

2. 下面是一个有关房地产行业的公司简介,请你选择其中一个职位进行自我介绍。

　　×××集团专注于房地产行业及相关的项目投资,致力为消费者提供专业、优质的一站式置业服务。尤其看好中国房地产市场的广阔前景,于近年来陆续投资经营了数间相关企业,涉及房地产中介、交易按揭、房产资讯、家居装饰等行业,逐步搭建了完善的房屋流通服务网络。

××集团由粤港地产精英携手开拓,专注房地产及相关业务。经过长期发展,积累了丰富的市场经验,形成了成熟的运作模式。专业形象鲜明,是极具规模和实力的专业地产企业。业务地域以广州为基地,拓展至各地。

这个公司要招聘员工,招聘职位有:

办公室副主任(本科学历以上,两年工作经验)1名

营业员 3 名

销售员 5 名

会计 2 名

秘书 2 名

网站管理员 1 名

广告设计员 1 名

客户资料管理员 2 名

3. 模拟面试,请回答主考人员以下问题。

(1) 你认为你在大学中学到了什么?

(2) 你认为凭你所学的知识最适合在我公司哪个部门工作?

(3) 你现在对你自己最满意的是什么?

(4) 你的专长是什么?你打算如何发展你的事业?

(5) 你有没有应聘过其他公司?那个公司怎么样?你没被聘用吗?还是那个公司不适合你,你跳槽了?

(6) 你知道我们这次要招收本科及以上学历,且有至少两年工作经验的人吗?你为什么也前来应聘?你有什么过人之处吗?说说你的想法。

(7) 我看你的能力比较强,如果你应聘部门主管这个岗位,更能发挥你的潜能。我们公司现正准备招聘这个职位的人,我看你比较合适,你想不想考虑一下?

(8) 你对公司有哪些要求?比如报酬、工作时间、工作环境等,请你提出来吧。

(9) 你的人生信条是什么?你有什么座右铭?

(10) 你认为你对我们公司会有什么价值呢?

(11) 你最好的优点是什么?最大的缺点是什么?打算如何改正?能谈谈你的失败经历好吗?

课后任务

1. 召开一个家庭交流会,就自己打算参与的应聘场合,请父母或其他家庭成员帮忙出出主意,然后对照自己原先的思路,想一想,有什么启发和感悟。

2. 找几个情况差不多的同学进行模拟招聘,就不同的回答方式与内容论辩一下,然后从中归纳出最佳应对方法。

3. 带上纸笔,实地前往居住地的人才市场进行现场观察和观摩,学学别人应聘的成功经验和失败的教训。

第二节 谈判语言

现实世界是一个巨大的谈判场,无论愿意与否,你都是一个参与者。生活中,从砍掉商贩的价格水分,到劝说小孩去做作业;在职场中,从搞定客户签订合同,到说服老板成功加薪……所有的事都是一种谈判过程。谈判是我们的生活活动中不可或缺的生存技能,是从菜市场大妈到企业老总都必须掌握的生存技能。可以说,谈判无处不在,无时不有。

一、谈判的概念和类型

(一) 概念

谈判是两方或两方以上的个人或组织,为了消除意见分歧、改变彼此关系、谋求共同利益或契合利益而进行的交换看法和磋商协议的交往活动。谈判有广义和狭义之分。广义的谈判是指正式场合下的谈判外,一切协商、交涉、商量、磋商等等,都可以看作谈判。狭义的谈判仅仅是指正式场合下的谈判。本小节内容主要涉及的是职场中的正式谈判,以商务谈判为主。

(二) 类型

1. 按性质划分

按照谈判的性质划分,可以分为一般性谈判、专门性谈判和外交性谈判等。一般性谈判是指一般人际交往中的谈判。这种谈判随意灵活,无处不在。专门性谈判是指各个专门领域中的谈判,包括教育领域中合作办学的谈判、金融领域中的信贷谈判、科技领域中的技术转让谈判、生产领域中的产品开发谈判、商业领域中的贸易谈判等等。专门性谈判大都具有明显的经济行为。专门性谈判是一种有准备的正式谈判。外交性谈判是指国与国之间就政治、军事、经济、科技、文化等方面的问题或交流而进行的谈判。

2. 按主题划分

按照主题划分,可以分为单一型谈判和统筹型谈判。单一型谈判是指谈判的主题只有一个。例如,买卖双方只针对价格进行谈判。统筹型谈判是指谈判的主题由多个议题构成。如一个国家领导人率领政府代表团赴某国访问,在此期间,要与这个国家就有关贸易、文化交流、科技合作等多方面的谈判。

3. 按层次划分

按谈判层次划分,有国家间谈判、团体间谈判和个人间谈判。

4. 按形式划分

按谈判的形式划分,有正式谈判和非正式谈判等。

二、谈判的一般程序和原则

(一)谈判的一般程序

一般说来,正规的谈判,可以分为6个阶段。

1. 导入阶段

这个阶段主要是谈判双方的参与人员通过介绍互相认识。通过介绍可以了解参与谈判人员的姓名、身份、地位、职务等。在导入阶段,最好创造一个轻松愉快和融洽的气氛,谈些社会趣闻或家庭事务方面的事情,时间不宜过长。

2. 概说阶段

这个阶段是想让对方了解自己的目的和想法,同时隐藏不想让对方知道的其他资料。所以,刚开始谈判时,只是单纯地说出基本想法、意图和目的而已。

3. 明示阶段

这个阶段谈判双方必然会有不同的意见和想法,要通过谈判逐步达到意见的一致和相互之间的谅解;因此,既要站在自己一方的立场上据理力争,又要适当满足对方的要求,达到双方互利的目的。

4. 交锋阶段

这个阶段谈判的双方真正开始互相对立。对立是谈判的命脉,各方都应朝着自己所求的方向不懈努力,要坚定自己的立场,必须有充分的准备,随时回答对方的质询,提出己方的要求和条件。不能以势压人,不能采取各种不正当的手段,而应该摸索建立双方承认、容忍的原则,进一步阐明各自的要求、意愿。

5. 妥协阶段

这个阶段谈判的双方已经建立承认的原则,开始寻求妥协的途径。妥协是谈判不可缺少的部分,谁先妥协,怎么妥协,互相让步,让步到什么程度,要对己方可退让的范围做到心中有数,也应该通过观察、了解、推测对方妥协的范围,以达到己方有利或满意的目的。

6. 协议阶段

这个阶段之前,经过双方的交锋和妥协,双方认为已基本达到各自的目的,便表示拍板同意。然后,由双方在协议书上签字,握手成交。

(二) 谈判的原则

谈判是一项原则性很强的活动,无论怎样灵活处理问题,都必须恪守一些基本原则。

1. 平等互利原则

在谈判活动中,双方的力量不论强弱,在相互关系中都处于平等的地位;任何谈判都是自愿的活动,任何一方都可以在任何时候退出谈判或拒绝进入谈判;在商品交换中,自愿让渡商品,等价交换;谈判双方应根据需要与可能,有来有往,互通有无,开创双方有利、"双赢"的局面。

2. 明确目标,善于妥协原则

在谈判中,我们经常会发现,由于双方对同一问题的期望值存在着差异,谈判进程受阻。事实上,在很多情况下,大家只要认准了最终的目标,在具体的问题上,完全可以采取灵活的态度、变通的办法,从而使问题迎刃而解。妥协有些时候是让步,而在某些时候仅仅是为了求折中的替代方案。

3. 重利益不重立场原则

谈判的最基本问题不是在立场上的冲突,而是在双方需求、欲望、关注的利益方面的冲突,这些利益冲突是双方立场冲突的更深刻的根源。另外,任何利益一般都有多种可以满足的方式;而且在对立的立场背后,双方之间存在着共同利益和冲突性利益,并且所存在的共同利益往往大于冲突性利益。因此,谈判过程中应当调和的是双方的利益,而不是双方的立场。要做到把人与问题分开处理,在思想上要把自己和对方看作是同舟共济的伙伴,把谈判视为一个携手共进的过程;在方法上,要设身处地,了解对方的想法、感受、需求,并给予应有的尊重,把问题按照其价值来处理。

4. 把握时机进行谈判原则

注意并非任何情况下都要进行谈判。在下列情况下,就不必要或干脆不要进入谈判:

(1) 你没有讨价还价的能力;

(2) 你有实施个人意志的力量或权威的倾向;

(3) 你没有时间进行充分的准备;

(4) 谈判可能会对你的长远目标造成损害;

(5) 你力量太弱,或缺乏经验,难以同对方抗衡;

(6) 你明知自己的要求得不到满足。

三、谈判过程中的语言运用

谈判语言各种各样,按语言的表达方式分为有声语言和无声语言。有声语言是指通过人的发音器官来表达的语言,一般理解为口头语言。这种语言借助于人的听觉交流思想,传递信息。无声语言是指通过人的形体、姿势等非发音器官来表达的语言,一般解释为行为语言。这种语言借助于人的视觉传递信息、表示态度。在谈判过程中巧妙地运用这两种语言,可以产生珠联璧合、相辅相成的效果。

(一) 谈判中的有声语言

1. 陈述技巧

陈述就是叙述自己的观点的过程,谈判的各个阶段都离不开陈述。在谈判过程中,陈述一般包括入题、阐述两个部分。

(1) 入题可采取迂回技巧

为避免谈判时单刀直入、过于暴露,影响谈判的融洽气氛,谈判时可以采用迂回入题的方法,如先从题外话入题,介绍一下季节或天气情况,或以目前的社会新闻、旅游、艺术、名人等作为话题;从介绍己方谈判人员入题,简略介绍自己一方人员的职务、学历、经历、年龄等;从"自谦"入题,如果对方是在我方所在地谈判,可谦虚地表示各方面照顾不周,也可称赞对方的到来使我处蓬荜生辉;或者从介绍本企业的生产、经营、财务状况等入题。

示例 1

被美国人誉称为"销售权威"的霍伊拉先生,就很善于与谈判对象寒暄沟通。一次他要去梅依百货公司拉广告,他事先了解到这个公司的总经理会驾驶飞机。于是,他在和这位总经理见面互做介绍后,便随意说了一句:"您在哪儿学会驾驶飞机的?"一句话,触发了总经理的谈兴,他滔滔不绝地讲了起来,谈判气氛显得轻松愉快,结果不但广告有了着落,霍伊拉还被邀请去乘了总经理的自用飞机,和他交上了朋友。

点评:一个有经验的谈判者会事先去掌握谈判对象的背景材料——他的性格爱好、处事方式、谈判经验、工作作风等等,在谈判开始寒暄时找到双方的共同语言,为相互间的心理沟通做好准备,最容易引起对方兴趣的话题莫过于谈到他的专长。

当然在双方寒暄之时还要避免无意之中自身关键信息的泄露。另一方面,需要从对方的寒暄中获得重要信息。

示例 2

日本松下电器公司创始人松下幸之助先生"出道"的时候,就曾被对手以寒暄的形式探测到了自己的底细,因而使自己产品的销售大大受损。当他第一次到东京找批发商谈判时,刚一见面,批发商就友善地与他寒暄说:"我们是第一次打交道吧!以前我好像没见过您。"批发商想用寒暄托词,来探测对手究竟是生意场上的老手还是新手。松下先生缺乏经验,恭敬地回答:"我是第一次来东京,什么都不懂,请多多关照。"正是这番极为平常的寒暄答复却使批发商获得重要的信息:对方原来只是一个新手。批发商接着问:"你打算以什么价格出卖你的产品?"松下又如实地告知对方:"我的产品每件成本是 20 元,我准备卖 25 元。"批发商了解到松下幸之助在东京人地两生,又暴露出急于要为产品打开销路的愿望,因此趁机杀价:"称首次来东京做生意。刚开始应该卖得更便宜些,每件 20 元如何?"于是没有经验的松下先生在这次交易中吃了亏。

点评:松下先生在这次交易中受损,究其原因,是那位老练的批发商通过表面上的寒暄探测到他的虚实,在谈判中赢得了主动。而松下先生在寒暄试探之中暴露了自身的底细,从而导致了被动与失利。

(2) 阐述技巧

谈判入题后,接下来就是双方进行阐述,这是谈判的一个重要环节。阐述的要点,具体包括:一是开宗明义,明确本次会谈所要解决的主题,以集中双方的注意力,统一认识;二是表明我方通过洽谈应当得到的利益,尤其是对我方至关重要的利益;三是表明我方的基本立场,可以回顾双方以前合作的成果,说明我方在对方所享有的信誉,也可以展望或预测今后双方合作中可能出现的机遇或障碍,还可以表示我方可采取何种方式为共同获得利益做出贡献等;四是阐述一开始应是原则的,而不是具体的,应尽可能简明扼要,然后在之后的谈判中再逐步展开具体环节。

对对方阐述的反应,具体包括:一是认真耐心地倾听对方的阐述,归纳弄懂对方阐述的内容,思考和理解对方的关键问题,以免产生误会;二是如果对方阐述的内容与我方意见差距较大,不要打断对方的阐述,更不要立即与对方争执,而应当先让对方说完,认同对方之后再巧妙地转开话题,从侧面进行谈判。

在阐述时应注意正确使用语言:

① 准确易懂。在谈判中,所使用的语言要规范、通俗,使对方容易理解,不致产生误会。

② 简明扼要，具有条理性。由于人们有意识的记忆能力有限，对于大量的信息，在短时间内只能记住有限的、具有特色的内容，所以，我们在谈判中一定要用简明扼要而又有条理性的语言来阐述自己的观点。这样，才能在洽谈中收到事半功倍的效果。反之，如果信口开河，不分主次，话讲了一大堆，不仅不能使对方及时把握要领，而且还会使对方产生厌烦的感觉。

③ 第一次要说准。在谈判中，当双方要你提供资料时，你第一次要说准确，不要模棱两可，含混不清。如果你对对方要求提供的资料不甚了解，应延迟答复，切忌脱口而出。要尽量避免所使用含上下限的数值，以防止波动。

④ 语言富有弹性。谈判过程中使用的语言，应当丰富、灵活、富有弹性。对于不同的谈判对手，应使用不同的语言。如果对方谈吐优雅，我方用语也应十分讲究，做到出语不凡；如果对方语言朴实无华，那么我方用语也不必过多修饰。

⑤ 学会运用沉默。谈判阐述过程中，在有些特殊环境里，有时需要沉默，恰到好处的沉默可以取得意想不到的良好效果。有时候，在谈判中把沉默当作语言，不仅可以起到语言的作用，甚至可以让其成为谈判桌上的一件利器。我们有时会看到这样的现象：一位谈判者在和别人谈话中，当他感到乏味时，会拿起桌上的报纸或其他什么，随便翻阅起来，这是暗示对方，报纸虽然很乏味，也比你的话有意思。每当这时，知趣者大多会停止谈话。实际场景中，如果我们面临着对方不合理的要求，或者自己对他所说的东西感到厌烦时，最好的办法就是坐在位置上，一言不发。在谈判中，沉默所表达的意义更加丰富多彩。它既可以是无言的赞许，也可以是无声的抗议；既可以是欣然默认，也可以是保留己见；既可以是威严的震慑，也可以是心虚的流露；既可以是毫无主见、附和众议的表示，也可以是决心已定、不达目的决不罢休的标志。谈判者应根据谈判进展和现场气氛，分析对手沉默的真实含义，从而做出应对之策。当然，在一定的语言环境中，沉默的语义是明确的。沉默可以作为谈判中一种有效的策略。比如，你提出一个诚恳的建议，而对方却给了你一个不完全的回答。这时，你应该等下去。用耐心的沉默让对手感到不自在，非得回答问题来打破僵局不可。不过，要注意的是，你提出问题沉默后，不要继续提出其他问题或发表评论，以防止对手抓住话柄，这样，沉默才有可能奏效。当然，如果用沉默来对付饶舌的对手，也要注意礼貌问题。如果对方在兴致勃勃地讲述，你却表现得极不耐烦，或无动于衷，那都是不礼貌的。

示例3

　　林肯和道格拉斯著名的辩论接近尾声，所有的迹象都显示出林肯已失败。于是，林肯在最后的一次演说中突然停顿下来，默默站了一分

钟，望着他面前那些半是朋友半是旁观者的群众。然后，他以自己那独特的单调声音说道："朋友们，不管是道格拉斯法官或我自己被选入美国参议院，那是无关紧要的，一点关系也没有；但是，我们今天向你们提出的这个重大的问题才是最重要的，远胜于任何个人的利益和任何人的政治前途。朋友们——"说到这儿，林肯又停了下来，听众们屏息以待，唯恐漏掉了一个字，"即使道格拉斯法官和我自己的那根可怜、脆弱、无用的舌头已经安息在坟墓中时，这个问题仍将继续存在——"

点评：林肯在辩论中就是巧妙地运用了沉默语，一举扭转了败势，是成功运用沉默的经典。

2. 提问技巧

谈判是一场舌战，要想谈判获得成功就必须先了解对方的情况。要想探询到对方的情况，关键在于问，善于提问是谈判成功的前提条件之一。边听边问可以引起对方的注意，为思考提供既定的方向；可以获得自己不知道的信息，尽量让对方提供自己不了解的资料；可以传达自己的感受，引起对方的思考；可以控制谈判的方向，使话题趋向结论。

如何才算善于提问呢？

（1）注意提出的问题

注意提出的问题就是对所提问题要得体，既有针对性，又不使对方为难。一般谈判过程中，提出的问题应该事先让对方知道，你想从这次谈判中得到什么。如果对方明白了你的意图，他就可以有的放矢地做出回答。大量的信息就可以得到了。

示例 4

美国一家电器公司推销员辛普森到一家刚做过买卖的客户那里去，打算再推销一批新型的电机。谁知总工程师鲁滨逊认为推销员出售的马达发动起来太烫手，不能摸，认为质量不好，表示不再购买。辛普森在了解情况后，对鲁滨逊说："你一定知道电制品工会规定的标准马达温度吧？""是的。"鲁滨逊果然做出了预料中的反应。辛普森再问："工厂里的温度是多少？""大概75华氏左右。"辛普森说："假如工厂内的温度是75华氏，那么加上马达高出室温的标准72华氏，也就是147华氏。假如您把手放进147华氏的水里是不是会烫伤呢？"鲁滨逊说："是的。"辛普森又说："那么，是不是最好不要把您的手放在马达上呢？""嗯，我想你说得不错。"鲁滨逊赞赏地笑起来。辛普森的这一有针对性的提问，引导鲁滨逊自己否定了马达烫手是质量问题的观点，结果鲁宾滨逊马上又购买了几百台马达。

点评:谈判中非常忌讳随意性和威胁性,从措辞到语调,提问前都要仔细考虑好。提问恰当,具有针对性,有利于驾驭谈判的进程;反之,将会损害自己一方的利益,还会使谈判节外生枝。

(2) 注意提问的方式

注意提问的方式,即选择适当的提问形式进行提问。提问的形式一般有:限制型提问、婉转型提问、启示型提问、攻击型提问、协商型提问等。例如,谈判一方想把自己的产品推销出去,但他并不知道对方是否会接受,又不好直接问对方要不要,于是试探地问:"这种产品的功能还不错吧?您能评价一下吗?"如果对方有意,就会接受;如果对方不满意,拒绝也不会使双方难堪。这就是婉转型提问。这种提问是在没有摸清对方虚实的情况下,先虚设一问,投一颗石头"试水深"。避免对方拒绝而出现难堪局面,又能探出对方的虚实,达到提问的目的。"你看,在过去的合作中我们一直很愉快,是吧?"这种启示型发问的用意在于提醒对方注意这些基本事实,为谈判提供条件基础。你也可以向对方提出两种或两种以上的选择答案,对方无论选择哪一种答案,均是你能接受的。例如:"到货的地点是北站还是南站?""两个集装箱的价格是九五折。如果您要五个集装箱就九折。您看要几个?"这种限制型发问可避免对方提出异议。但是要注意在运用时应措辞得体,语调温和。

示例5

一天,国外某保险公司的业务员接待了一位要投保人身险的女士。在填写表格时,业务员无意之中提了一个很简单的业务问题:"您是哪一年出生的?"不料,这位女士正感到年华如逝水,唯恐老之将至。这个毫无恶意的问题,却触到了她敏感的神经,使她大发雷霆。老板因此将这个业务员训斥了一番。这个业务员接受了类似的教训,学乖了,以后遇到类似的情况,他会乖巧地问:"在这份表格上,要求填写您的年龄,有些人愿意填写大于20岁,有些人愿意填写小于20岁,您愿意怎么填写呢?"结果这样提问使他受到了女士们的欢迎,而他也受到了老板的夸奖。

点评:这也是一种选择性提问方式,避免了直接向对方提问可能带来的尴尬。

(3) 注意提问的时机

注意提问的时机即谈判中适时提问,提问的时机一般来说有以下几种:

一在对方发言完毕之后提问。在对方发言的过程中,不应急着提问,因为打断别人的发言是不礼貌的,容易引起别人的反感。当对方发言时,要注意倾听,即使发现了对方的问题,想提问,也不要打断对方,可以先记录下来,等对方说完了再提问也不迟。这样不仅体现了自己的修养,而且能全面地、完整地了解对方的观点和意图,避免误解对方。

二在对方发言停顿间歇时提问。如果谈判中,对方发言冗长,或不得要领,或纠缠细节,或离题太远,影响谈判进程,那么就可以借他停顿间歇时提问。

三在自己发言前或发言后提问。谈判中,当轮到自己发言时,可以在谈自己的观点之前,就对方的发言提出问题。这个时候并不是一定要求对方给以回答,而是自问自答。这样可以争取主动,防止对方接过话头,影响自己发言。

3. 答复技巧

谈判中回答问题,不是一件容易的事。因为,他不但要根据对方的提问来回答,并且还要把问题尽可能地讲清楚,使提问者得到答复。而且,他对自己回答的每一句话都负有责任,因为对方可以把他的回答理所当然地认为是一种承诺。这就给回答问题的人带来一定的精神负担与压力。因此,一个谈判者水平的高低很大程度上取决于答复问题的水平高低。

掌握谈判的答复技巧应注意以下要领:

(1) 对问题不要彻底回答

答话者要将问话者的范围缩小,或者对回答的前提加以修饰和说明。比如,对方对某种产品的价格表示出关心,发问者直接询问这种产品的价格。如果彻底回答对方,把价钱一说了之,那么在进一步谈判过程中,回答的一方可能就比较被动了。倘若这样回答:"我相信产品的价格会令你们满意,请先让我把这种产品的几种性能作一个说明好吗?我相信你们会对这种产品感兴趣的。"这样回答,就明显地避免了一下子把对方的注意力吸引到价格问题的焦点上来。

不要确切回答对方的提问。回答问题,要给自己留有一定的余地。在回答时,不要过早地暴露你的实力。通常可先说明一件类似的情况,再拉回正题。或者,利用反问把重点转移。例如:"是的,我猜想你会这样问,我可以给你满意的答复。不过在我回答前,请允许我提一个问题。"若是对方还不满意,可以这样回答:"也许,你的想法很对,不过,你的理由是什么?""那么,你希望我怎么解释呢?"等等。

(2) 减少问话者追问的兴致和机会

问话者如果发现了答话者的漏洞,往往会刨根问底。所以,回答问题时要特别注意不让对方抓住某一点继续发问。为了这样做,借口问题无法回答也是一种回避问题的方法。例如:"这个问题只好留待今后解决。""现在讨论这个问题为时尚早。"

144

(3) 让自己获得充分的思考时间

回答问题前必须谨慎从事,对问题要进行认真的思考,要做到这一点就需要充分的思考时间。一般情况下,谈判者对问题答复的好坏与思考时间成正比。正因为如此,有些提问者会不断地催问,迫使你在对问题没有进行充分思考的情况下仓促作答。这种情况下,作为答复者更要沉着,你不必顾忌谈判对手的催问。而是转告对方你必须进行认真思考,因而需要时间。

(4) 有些问题不值得回答

谈判者有回答问题的义务,但是这并不是等于谈判者必须回答对方所提的每一个问题。特别是对某些不值得回答的问题可以礼貌地加以拒绝。例如在谈判中有些谈判者会提些与谈判主题无关的问题,回答这种问题显然是浪费时间。或者,对方会有意提一些容易激怒你的问题,其用意在于使你失去自制力。回答这种问题只会损害自己,因此可以一笑了之。

(5) 有时可以将错就错

当谈判对手对你的答复作了错误的理解,而这种理解又有利于你时,不必去更正,而应该将错就错,因势利导。谈判中,由于双方在表述与理解上的不一致,错误理解对方讲话意思的事情是经常发生的。一般情况下,这会增加谈判双方信息交流与沟通上的困难,因而有必要予以更正、解释。但是,在特定情况下,这种错误理解能够为谈判中的某一方带来好处,因此可以采取将错就错的策略。比如,当买方询问某种商品的供应条件时,卖方答复买方可以享受优惠价格。而买方把卖方的答复理解为,如果他想享受优惠价格就必须成批购买。而实际上卖方只是希望买方多购买一些,并非是买方享受优惠价格的先决条件。如果买方作了这样的理解后,仍表示出购买的意向,卖方当然不必再把自己的意愿解释补充。

总之,谈判中的应答技巧不在于回答对方的"对"或"错",而在于应该说什么、不应该说什么和如何说,这才是取得最佳效应的关键所在。

4. 说服的技巧

谈判过程中除了提问、对答这两个环节之外,还有说服这一重要的环节。说服也是要求有好口才相伴的,否则一方会无法收到说服的效果,还有可能被另一方所说服。谈判犹如两军对垒,当一方试图说服另一方时,自己同样也处于被说服的地位。双方的说服都会遭到各种有形或无形的抗拒,这时就要看哪一方的说服口才技巧运用得好,说服有效就化险为夷,说服无效则功亏一篑。

说服的口才技巧是一种非常重要的、难以掌握的技巧,是多种方法、多种策略、多种技巧的综合应用。以下介绍几种技巧:

(1) 权衡利弊,满足对方利益的基本要求。

谈判中说服别人,满足对方的基本要求,是一个有效的方法。要使对方接受自己的意见,就要在对方关心的方面下工夫。谈判的本质就是满足需要,如果需要得不到满足,纵然说服者有三头六臂,说得天花乱坠、口若悬河,也无法使对方心悦诚服。例如,一个人去买沙发,看上了一张黑沙发。对方标价185元,他便讨价还价,回价110元。对方说140元都没有卖。听过之后,这人便说了一段话:"140元钱是有形的钱,无形的钱你算过吗?如果你马上把沙发卖出去,可以抓紧时间再做一个,那钱不就出来了?假如继续站5天才把沙发卖出去,恐怕140元也不够利。5天可以做出几张沙发,这笔账你算过吗?时间就是金钱,效率就是生命,薄利才能多销,如果你的沙发比别人卖得快,提高了你的信誉,自然就占领了市场,有市场才能赚钱,你说是吧?"结果双方以130元成交。这位买者站在对方的立场上,为对方着想,替对方分析要害,利弊权衡,既客观又实际,于是自然说服了对方。谈判中,强调利益的一致,比强调利益的差异更容易提高对方接纳的可能性。谈判既包含着冲突,又包含着合作。一般情况下,谈判成败取决于合作与冲突因素的强弱。合作是双方利益一致性的加强,谈判者通常是在相互合作、各为其利的基础上达成协议的。因此,在说服对方时,应尽可能地强调双方利益的一致与互惠互利的可能性。这样做能够激发对方在自身利益认同的基础上,来接纳意见。

(2) 在潜移默化中说服对方。

谈判中要说服对方,就必须在交换意见时,在对方不知不觉中将说服的意思落入语言,在潜移默化中达到说服的目的。如果用明显的语言来说服对方,那么对方就会产生拒绝心理,说服就很难进行下去了。

示例6

三国时,曹操率大军南征,刘备军弱而败退。刘备驻军于樊口,无力反击,只有坐以待毙,因为以刘备单独的力量绝对无法与曹操抗衡。解决的办法只有一个,就是与江东的孙权联合。孔明出使江东当说客。孔明首先说道:"现在正值天下大乱之际,将军您举兵江东,我主刘备屯兵江南,同时和曹操争夺天下。但曹操已将天下几乎平定了。现在更是进军荆州,威震天下,各路英雄尽被其网罗,因而造成我主刘备今日之败走。将军您会权衡自己的力量,以处置目前的情势。如果贵国的军势足以和曹军抗衡,则应该早早和曹军断交才好。若是无法与曹军抗衡,则应尽快解除武装,臣服于曹操才是上策,将军您是否已拿好主意,决定臣服曹操?时间剩下已不多了,再不决断就来不及了。"孙权生气说:"照您的说法,刘备为什么不向曹操投降?"孔明回答说:"你一定听说过田横的故事。他是位齐国的壮士,忠义可嘉,为了不臣服于汉高祖而自戕。何况我主刘备乃是堂堂汉室之后,钦慕刘君而投到他麾下的优秀人才不计其数,他岂肯向曹贼投降!"孙权听后,激动地表示:"我拥有江东全土,以及十万精兵,又怎能受人支配呢?我已经决定了。"

点评:三国这一故事中,孔明说服孙权与刘备联合抗衡曹操,是通过对比来激起孙权的自尊心,使他自己说出愿意与刘备联合。在孔明的言词中,我们找不到直接的说服词,而他的说服之意却潜在所有的言辞中,这里体现出孔明优秀的说服口才技巧,他在孙权不知不觉中说服了孙权。

谈判是一个具有挑战性且非常复杂的活动,要求谈判者要有较好的口才。掌握较多的技巧,作为谈判者除了掌握以上几个重要的口才技巧之外,还应注意以下的一些原则:① 重视开场白和结束语;② 先易后难,先好后坏;③ 强调一致,先人后己;④ 要取得对方的信任;⑤ 消除对方的戒备心理;⑥ 分析对方的需要。

谈判实际上是对对方内心活动思想动态的探视,是对对方的真实动机、预定目标的了解,是对对方不合理的要求、不正确的观点的辩驳,是对对方循循诱导和启发暗示,是对自己观点的阐述、正当利益的护卫,是对意外情况的处置,是对谈判走向的控制和引导。这一切都有赖于谈判者的口才。

当然我们也承认,谈判是一个复杂的综合性的工作过程,语言技巧只是谈判中的一个重要组成部分。一项谈判要获得成功,谈判人员还需要有渊博的知识、灵活清醒的思维、敏锐的洞察力、果断处事能力等其他重要的素质。

(二) 谈判中的无声语言

谈判是人与人之间的对抗,为了促使谈判成功,除了注重有声语言外,仔细观察、收集对方发出的无声语言也是十分重要的。世界著名非语言传播专家伯德维斯泰尔指出,两个人之间一次普通的交谈,语言传播部分还不到35%,而非语言成分则传递了65%以上的信息。无声语言包括面部表情、肢体语言、头部移动等以及其他许多形式。一些无声语言,在类似谈判这类需要协调互动活动的沟通中尤其重要。

1. 眼睛语言

人们通常认为不诚实的人和懦弱的人都不敢直视他人的眼睛。眼睛的功用是能够明确地表达人的情感世界。通过眼视的方向、方位不同,产生不同的眼神,传递和表达不同的信息。在与人谈判的过程中,要注意保持眼神的接触,这是一种向他人表明你正在集中注意力倾听并认为他们重要的方式。当然,有时候你没有直视对方眼睛,你也可能听得非常认真,但是问题在于,如果不与对方保持眼神接触,你就无法向对方证明你正在积极认真倾听他(她)讲话。同样,在

倾听别人的时候,也需要你与对方有眼神的交流。

常见的眼睛"语言"有:对视或经常停留对方脸上,说明该方对谈判很感兴趣,很想了解对方的观点或态度;视线时时左右转移、眼神闪烁不定,说明该方对所谈的内容不感兴趣,已经产生了焦躁情绪;时时躲避与对方视线相交,尤其谈判已经涉及某些关键内容时,说明该方所提要求或条件已经超出其原先设想,如提出了特低买价或特高卖价,你可以和其再谈判;视线在说话和倾听时一直他顾,偶尔瞥一下对方的脸便迅速移开,说明该方对生意诚意不足或只想占大便宜;眨眼的时间明显地长于自然眨眼的瞬间时,说明该方对谈判的内容或对对方已产生了厌烦情绪,或表明该方较之对方而产生了优越感乃至藐视。

2. 身体语言

手势语言。手势是人们在交谈中用得最多的一种身体语言,在谈判中常见的手势有:伸出并敞开双掌,说明对方忠厚诚恳、言行一致;说话时,掌心向上,表示谦虚、诚实、屈从,不带有任何威胁性;掌心向下的手势,表示控制、压制、压抑,带有强制性,这会使人产生抵触情绪;挠头,说明对方犹豫不决,感到为难;对方托腮时若身体前倾,双目注视你的脸,意味着对你谈的内容颇感兴趣;若是身体后仰托腮,同时视线向下,则意味着对你谈的内容有疑虑、有戒心、不以为意甚至厌烦。搓手,表示对方对谈判结局的急切期待心理。食指伸出,其余手指紧握,呈指点状,表示教训、镇压,带有很大的威胁性——这种行为令人讨厌,在谈判中要尽量避免;十指交叉,搂住后脑,则显示一种权威、优势和自信;对方频频弹烟灰,一根一根地吸烟,往往意味着内心紧张、不安,借烟雾和抽烟的动作来掩饰面部表情和可能会颤抖的手,这十有八九是谈判新手或正在采取欺诈手段;点上烟后却很少抽,说明对方戒备心重或心神不安。

腿部语言。一般性的交叉绕腿的坐姿(俗称"二郎腿"),伴之以消极的手势,常表示紧张、缄默和防御态度;架腿,对方与你初次打交道时采取这种姿势并仰靠在沙发背上,通常带有倨傲、戒备、猜疑、不愿合作等意思;若上身前倾同时又滔滔不绝地说话,则意味着对方是个热情且文化素质较低的人,对谈判感兴趣;并腿,交谈中始终保持这一姿势并上身直立或前倾的对手,意味着谦恭、尊敬,表明对方有求于你,自觉交易地位低下,成交期望值很高。时常并腿后仰的对手大多小心谨慎、思虑细致全面但缺乏信心和魅力;分腿,双膝分开上身后仰者,表示对方是充满自信、愿意合作、自觉谈判中地位优越的人。

3. 表情语言

面部表情在谈判的传达信息方面起着重要的作用,特别是在谈判的情感交流中,表情的作用占了很大的比例。

① 表示有兴趣。眼睛轻轻一瞥,眉毛轻扬,微笑。

② 表示疑虑、批评直至敌意。眼睛轻轻一瞥,皱眉,嘴角向下。
③ 表示对己方感兴趣。亲密注视(视线停留在双目与胸部的三角区域),眉毛轻扬或持平;微笑或嘴角向上。
④ 表示严肃。严肃注视(视线停留在你的前额的一个假设的三角区域),眉毛持平,嘴角平平或微笑向下。
⑤ 表示不置可否、无所谓。眼睛平视,眉毛持平,面带微笑。
⑥ 表示距离或冷静观察。眼睛平视,视角向下,眉毛平平,面带微笑。
⑦ 表示发怒、生气或气愤。眼睛睁大眉毛倒竖,嘴角向两边拉开。
⑧ 表示愉快、高兴。瞳孔放大,嘴张开,眉毛上扬。
⑨ 表示兴奋与暗喜。眼睛睁得很大,眉毛向上扬起,嘴角持平或微微向上。

拓展练习

一、分析下列谈判对话,指出为什么谈判没有结果。

　　A:你们需要的卡车我们有。
　　B:吨位是多少?
　　A:四吨。
　　B:我们要两吨的。
　　A:四吨有什么不好?万一货物太多,不就很适宜吗?
　　B:我们算过经济账,那样浪费资金。这样吧,以后我们需要时再与你们联系。(谈判不了了之,没有任何结果)

二、分析下面的谈判对话,请问:中国方面为什么能成功说服对方?

　　几年前,日本某株式会社生产的农业加工机械正是中国几家工厂急需的关键性设备。为了进口这些设备,中国某进出口公司的代表与日本方面在上海进行了一场艰苦的谈判。

　　按照惯例,由日本方面先报价。他们狮子大开口,开价1000万美元。中方谈判代表事先精心准备,充分掌握了与谈判标的有关的种种情报,知道日方的报价大大超出了产品的实际价格,便拒绝说,根据我们对同类产品的了解,贵公司的报价只能是一种参考,很难作为谈判的基础。

　　日方代表没有料到中方会马上判断出价格过高,有点措手不及,便答非所问地介绍其产品的性能与质量。可是对方不知道中方对这类产品的价格、成本、质量、性能以及在国际市场上的销售行情早已了如指掌。谈判中,中方主谈针对日方代表高得出奇的报价,一共提出了四个问题：
  （1）不知贵国生产此类产品的公司一共有几家？
  （2）不知贵公司的产品价格高于贵国某某牌的依据是什么？
  （3）不知世界上生产此类产品的公司一共有几家？
  （4）不知贵公司的产品价格高于某某牌（世界名牌）的依据又是什么？
  日方代表最终同意大幅降价。

三、分析下面的故事，说明这个姑娘说服对方的技巧主要体现在哪些方面。

  在英国大萧条时期，有位17岁的姑娘好不容易才找到了一份在高级珠宝店当售货员的工作。在圣诞节的前一天，店里来了一位30岁左右的贫民顾客，他用一种不可企及的目光盯着那些高级首饰。

  姑娘要去接电话，一不小心，把一个碟子碰翻，六枚精美的金戒指落到地上。她慌忙捡起其中的五枚，但第六枚怎么也找不着。这时，她看到那个顾客正急匆匆地往门口走，心里明白了。只听姑娘柔声叫到："对不起，先生！"

  那男子转过身来，两人相视无言，足足有一分钟。

  "什么事？"他问，脸上的肌肉在抽搐。

  "什么事？"他再次问道。

  "先生，这是我头一回工作，现在找个事儿做很难，是不是？"姑娘黯然地说。

  男子长久地审视着她。终于，一丝柔和的微笑浮现在他的脸上。

  "是的，的确如此，"他回答，"但是我能肯定，你在这里会干得不错。"

  停了一下，他向前一步，把手伸给她："我可以为你祝福吗？"

  他转身，慢慢走向门口。

  姑娘目送他的身影消失在门外，转身走向柜台，把手中握着的第六枚戒指放回了原处。

课后任务

分成小组进行下列主题的模拟谈判。
(1) 宿舍的同学就睡觉时是开窗还是关窗进行谈判。
(2) 员工向老板要求加薪，从每月2500元增加到3000元。
注意：要充分发挥陈述、提问、应答、说服的语言技巧。

第三节　主持语言

一、主持概述

说起主持,大家一定马上会想到一些著名的电视节目主持人,如中央电视台《正大综艺》节目主持人赵忠祥、杨澜,《焦点访谈》主持人敬一丹、白岩松,《非诚勿扰》主持人孟非等,这些优秀的节目主持人都以其渊博的学识和良好的应变、控场、口才表达能力而受到广大观众的喜爱。节目主持人在当代社会成为一个热门职业,主持人本身也被许多人奉为精神偶像,其魅力之大,使无数青年才俊心向往之,但其中能真正成为媒体主持人的极为少数。同时主持工作又似乎离我们普通人非常遥远。但事实上,进入职场,公司的某些宴会、晚会、舞会,或各种培训、讲座、研讨活动、工作会议,企业开业、招商、签约等各类商务公务活动均离不开主持人。要做一名出色的、得体的主持人,需要具备广博的知识、敏锐的观察力和相应的理论修养、文化修养、艺术修养等,当然还需要具备基本的主持知识和技巧。

(一)主持的概念和类型

主持,又称"主持人",是在集体活动中负责活动的编排、组织、解说以及对活动实施过程加以积极协调和有效推进的人。根据不同的分类标准,主持的类型有很多。

根据主持的内容,有社会活动主持,如主持会议、演讲、辩论、评比、典礼等;文化活动主持,如主持文艺演出、舞会、联欢会、婚宴等;广播电视主持,如主持各种综合性、专题性、专业性的有声板块节目。

根据主持者在活动中所担负的职责,有报幕式主持和角色式主持。报幕式主持主持报告会,主持的职责是把会议事项和报告人等介绍给与会者,宣布会议的开始与结束,其作用虽贯穿始终,但只在起始和终了这两个时候表现。角色式主持担负着活动的角色,在活动的开始、中间、结尾都有"戏",并且其戏不能从整个活动中剥离抽出。而在一些广播节目里,主持即节目,主持者即"演员",除主持者的主持外,不再有别的声音,则属于特殊的角色式主持。

根据主持的口语表达方式划分,主持方式可分为报道性主持、议论性主持和夹叙夹议性主持。例如主持大型会议,多用报道性主持,一般只介绍发言人的姓名和发言题目等简单情况。主持演讲和竞赛多用议论性主持。主持文艺活动多用夹叙夹议性主持,边叙边议、叙中有议、议中有叙。

根据主持人的数目,主持方式有一人主持、双人主持和多人主持。政治性活动、短小的活动、严肃的场合,多用一人主持。一般的文化活动,多用多人主持。双人主持时一般是一男一女,男女声交叉,富有变化,具有艺术气氛。大型文艺晚会、大型联欢会、大型游艺会等,用多人主持,它气势宏大,热烈欢快。

综上所述,主持的对象、内容不同,职责不同,要求不同,便有不同的主持。电视和广播主持人要求十分专业——因为它们本来就是一种职业,外表形象、嗓音、气质、专业背景、普通话水平等等,一般人不经过专业学习难以实现。而会议主持、庆典主持、联欢会等我们生活中所常见的主持,则因其要求的宽泛和民间活动的随意性,距离我们不是很远。而且,在职场中,我们更多需要承担的主持角色也是这些,我们只要对自己的说话能力加以训练,再学习一些与之相关的主持知识,便可较为轻松地主持了。因此,本小节内容不但涉及电视广播节目的主持,更多的会对职场中较为常见的会议、晚会、庆典等主持人要求和语言技巧等做主要阐述。

(二) 主持人的基本素养和角色定位

1. 具有良好的形象

除了广播节目,大部分主持人外在形象均需要强调视觉艺术,以符合大众审美需要为标准。文艺演出、晚会、联欢会等舞台类活动需要主持人高雅而优美,会议、庆典、赛事主持需要主持人端庄得体,联欢会、舞会主持人的形象装扮可以是活泼的、青春的,具有个性的。

2. 真实、自然大方

主持人的言谈举止应该具有自然的本色,主持人应该具有得体的表演能力,但不应该也不可能超越自身去曲意地"演"节目。

3. 头脑敏捷,反应灵活

尤其对于直播类的现场活动和一些访谈类节目,面对突如其来的意外或变化,主持人必须以冷静机智的态度、临阵不慌的心态和随机应变的能力去"力挽狂澜""转危为安",使节目出奇制胜。

4. 具有丰厚的文化知识

文化素质是建立在丰厚的文化知识基础上的,主持人的知识不仅要求"专"与"深",而且还要"广"与"博",如此才能在主持实践中从容自如。如果主持人只是一味地背诵、朗读别人写好的稿子。观众会抓不住要领,越听越没劲;但如果主持人说的是心里话,就容易让人全神贯注。主持人在面对观众时言必由衷,言必成理。这样才能吸引观众,主持的节目或活动才能与观众产生共鸣。要达到这一点,很多时候主持人就得自己动手写稿子,这离不开深厚的文化积淀。

5. 具有个性

主持人的个性和节目的风格是息息相关的。有的热情爽朗，有的幽默机智，有的节奏短促、快人快语，有的细雨漫谈、娓娓道来，正是这些独具特征的个性化的语言，避免了千篇一律的报幕模式，使活动或节目充满魅力。

6. 具有掌控全局的能力

主持人是活动（节目）进程的动力和向导，要使活动（节目）进入程序，并掌控好时间，使活动（节目）顺利推进，还要调动参与者的积极性，处理某些不协调因素（如参与者的纠纷）等。

二、主持的语言特点

（一）口语化

这里说的口语化，并不是日常口语的复制，而是经过加工提炼的具有规范性、逻辑性的口头语言，兼有"上口""入耳"的特点。主持人的语言大部分现场生成，原汁原味。或叙事，或说理，或抒情，或问或答，或庄或谐。不做作，不矫饰，原原本本，真真实实，这就具备了口语生动活泼的特点。为此，主持人要善于吸收老百姓日常语言中那些生动、传神、极富表现力的词汇，要让人觉得亲切、随和，以拉近主持人与嘉宾、受众之间的心理距离。

（二）规范性

规范性指的是语音准确、词语精当、语法严谨。准确、清晰的普通话发音是主持人最基本的业务要求，应避免受方言的影响，避免错读、混淆读音等。一般来说，主持人的语言在词语的选择上是简明、恰当的，表情达意是准确、形象的。但是由于是口语，主持人在表达时，容易出现一些不规范的错误，如词语的意思搞错、词语的搭配不当等。因此应力求避免这种情况，做到各种句子结构完整，成分搭配得当，词语顺序排列合理，修辞恰当，层次清楚，关系分明。

（三）个性化

主持的语言没有固定的格式，最大的特点就是富有个性。不同内容的节目、不同内容的活动，主持语言所采用的形式和风格也不相同。一般根据活动的内容和形式来确定主持的语言风格和内容。

1. 开门见山，直接入题型

这种语言形式和风格主要适用于主持一些晚会活动，特别是那些现场直播的，活动内容多，时间紧，所以必须直接交代主题。

2. 现场互动型

这种形式主要适用于联欢类、演唱会一类的文艺活动。主持语言可以平易亲切、调侃幽默，使整个主持现场的气氛活泼欢快。

3. 庄重抒情型

这种形式主要适用于一些较庄重的场合或政府主办的一些较隆重的主题活动。主持主题集中表现领导的工作思路和人民的奋斗历程,语言基调要稳重、庄严。

4. 对话讲解型

这种形式主要适用于知识传播、学术讨论类的活动,由一主持人进行提问,与会者进行答辩。

三、主持的语言运用

某一角度来看,主持人一旦登上舞台,就如教师登上讲台一样。教师一登上讲台,便开始导入课文,然后讲授课文,以致最后总结一节课的内容。其中每一个固定的环节都必须根据教学对象、内容设计好教学语言。同样,活动(节目)主持人主持活动(节目)也要根据活动(节目)的内容及受众特点,设计好我们通常所说的串联词。其中包括开场语、主体语、终结语、应变语几大类。

(一) 开场语

开场语指主持人上场时的话语,也叫开头语。成功的开场语则可以很快吸引受众对节目的注意、激发起受众的情绪,为整个场景确定基调、先声夺人。开场语的设计总的要求一是要精当,二是要巧妙。一般包括三个部分:① 与主持内容有关的礼节性话语;② 引起观众注意的话语;③ 直接导向目的的话语。主持人开场不管怎么说,都应放在调度节目进程,控制节目节奏、情绪和氛围的基座上。

与节目有关的礼节性话语,遵循的是礼貌原则,常用谦词敬语。主持各类活动是一种传播沟通,同人际传播沟通一样需要自报家门、自我介绍;需要彬彬有礼地问候观众、嘉宾。问候应出自内心,语调热情温和。这样观众才能产生交流感和亲切感。

示例 1

某车房博展会开幕式开场白

各位领导、各位嘉宾、朋友们、女士们、先生们:

大家上午好!

经过紧张有序的筹备工作,某届某市某某车房产业博展会终于在今天拉开了帷幕。我谨代表博展会组委会,向各位嘉宾的莅临,表示热烈的欢迎;向支持博展会的朋友们,表示衷心的感谢。

点评:这是主持常用的开场白,在礼貌地问候了在场的嘉宾和观众后,主持人还可做自我介绍,并通过其他语言引出活动或节目的主题内容以提醒观众注意。主持人语言要心诚情真、善解人意。

示例 2

某企业中秋晚会开场白

女:今夜,秋月朗照,丹桂飘香

男:今夜,我们欢歌笑语,齐聚一堂

女:虽然,我们思念着亲人,思念着家乡

男:但是,我们依然无比的喜悦

女:我们同样要高声欢唱

男:因为,我们某某(企业名称)的1000多名员工,今天汇聚在这里,某某企业——我们的第二个家,共同吟唱秋之收获,秋之风情。

女:因为,我们同样享受着团圆的幸福和快乐,享受着团圆的激情和向往!

合:2012团圆中秋夜联欢晚会现在正式开始。

点评:主持人的语言可以融入自己感受、体验的话语,以引起观众相似、相近的感觉、体验。通过这些引导出本场活动的主题。

示例 3

某电视谈话类节目《吃苦,让孩子成长》主持人开场白:

就像生命和爱情一样,孩子的教育问题是一个永恒的话题,每天不知道有多少人探讨这个话题,我们今天的话题也将围绕孩子的教育问题展开。很多家长在谈同一个话题,就是让孩子吃苦,在上海有一个被新闻媒介炒作"吃苦夏令营"的,受到不少望子成龙的家长注意。下面我们来看段录像。

点评:引例入导,生动朴实。在某些谈话类电视节目或某些晚会类活动一开始,主持人可以用探讨某一事例或议论某一现象来引发观众或听众的思考,让受众能跟着主持人的节奏较快地进入活动中。

(二) 主体语

如果把节目或活动的主持话语看作是一篇新闻报道,其叙述无论是顺叙结构还是倒金字塔结构,中间部分都可称为"主体"。我们借用这个词把活动(节目)开场语和结束语中间的话语叫作"主体语"。主体语表述的是节目的主要内容。它不像开场语那样可以预先准备,默记在心;也不像结束语那样顺流而下,话自口出。它变化十分复杂,如果有搭档要顾及搭档,如果有观众、嘉宾现场参

与要顾及观众、嘉宾。与此同时还要顾及场内外观众。尤其是谈话节目和采访直播节目,主体语是最能显现主持人语言功底之所在。

1. 承上启下

承上启下即上挂下连,用几句话概括小结或评点上一程序内容,然后自然介绍或引出下一程序内容。这种方式能使受众直接感觉到上下两个节目的内在联系。

示例 4

上海电视台《新闻热线》节目串联词

敏感是女人的天性,正是因为这种特殊的心理构造,女人可能总是比男人更多地感受到来自生活中的压力,但是记者发现,真正意识到要去缓解压力的人却不多。面对压力,调节自己的方法其实很多。因为所谓的"压力",其实就是源自内心深处的一种感受。换个角度,换个思维,生活就可能换个样。

点评:这是在"三八妇女节"期间的新闻里前后两条新闻之间的串联词,前一条是《女性天生敏感,易增添压力》,下一条是《调节自我,活出精彩》,先通过分析女性特殊的心理构造总结了女人敏感的天性,然后自然过渡到缓解压力的方法。

示例 5

2005 年中央电视台春节联欢晚会
(《爱情三十六计》刚刚唱完)

李咏:"董卿啊,你听听,刚才这歌,说什么——谈情说爱36计!"

董卿:"其实别说谈恋爱了,就说这居家过日子吧,难免磕着碰着,说不定要有72计呢!"

李咏:"那邻里关系呢,难道还要108计?"(后台传来吵架声、快板声,"你你你,怎么了你?哪里来的大脾气!""吵吵吵,吵什么吵,受了欺负就要吵……")

李咏:"咦,这是谁呀?怎么说着说着,就吵起来了?"

董卿:"咱们去看看。"

点评:这一段衔接语,前面两句是节目主持人由这个节目引发的感慨,而下面一句话既自然引出了下一个节目,又是对上下两个节目的升华,特别是"邻里关系呢,难道还要108计"这一句,将受众欣赏节目的眼光指向了一个新的目标。

2. 点评介绍

点评介绍即节目(活动)主持人说一番话语,点评上一个节目(活动),或者让受众了解下一个节目(活动)内容、演员等相关情况。这种方式用得恰当,可以自然过渡到下一个节目(活动),或者可使受众对下一个节目或演员产生一种好感,缩短节目(活动)演员与受众的心理距离。

示例6

第十三届CCTV歌手大赛

董卿:"谢谢评委。我向大家简单地介绍一下这几位演唱者,她们来自四川黑水县只木林乡夸伦寨,对吗?从成都去九寨沟有一个岔道可以到她们的家乡,那是一片原始森林。我很高兴能够又一次看到班初,因为上一次她来参赛的时候为我们带来了一个非常忧伤但是也特别美丽的故事。我不知道大家还记不记得,班初告诉我们说,她的爸爸是那个山寨里唱歌唱得最好的歌王,她妈妈也是寨子里最美的姑娘,特别热爱歌唱,这两个年轻人就相爱了,而后结合。但是就在班初出生一年多的时候,她的爸爸就去世了。从此她的母亲就再也没有唱过歌。直到班初来到我们的舞台上,当她的妈妈看到女儿在舞台上为全国的观众唱歌,当班初回到家乡,母亲抱着她流泪了,而且又一次开始放声歌唱。那个故事在我们的脑海当中,让人挥之不去。"

点评:董卿的这段介绍不仅从侧面讲述关于班初的故事,也是在渲染节目的情感气氛,使评委和观众对这位淳朴的选手产生了美好的印象,为下面的评分做了铺垫。

3. 问答对话

问答对话即由节目主持人向演员、嘉宾或与下一个节目内容有关的人提出问题,然后由他们回答,通过对话从上一个节目过渡到下一个节目。这种方式生动活泼,在文艺类电视节目中经常运用。

示例7

中央电视台《对话》陈伟鸿的采访

陈伟鸿:"我觉得,作为记者来讲,在1979年,您能够代表英国三大公司来采访邓小平,可以说是自己的记者生涯当中非常辉煌的一笔。如果顺着这条路走下去的话,可能会有很好的发展。但是我们看到您,最后还是离开了新闻界。什么样的原因,是觉得高处不胜寒了吗?"

叶莺:"人生当中有很多的如果,如果是这样,我就不会那样;如果是那样,我就不会这样。当然在这里不能够再谈如果,事实是我离开了。不是说见好就收,而是有一个更吸引人的一个空间,同时有一个更

大的声音在召唤着我。也许由于机缘巧合,就这样,进入了美国的外交界,一路走来,现在回头看,我不后悔。"

陈伟鸿:"您用了多长时间来决定放弃做记者,开启一段新的路途。"

叶莺:"三个钟头。"

陈伟鸿:"只有三个钟头,这三个钟头当中您考虑的是什么?"

叶莺:"我觉得人生很短,如果不趁着自己还有这个精力,有这样的激情的时候,去追求你要追求的事情,你可能就错过了这个点。所以我也想在这里,告诉今天在座的每一个人,如果你心里有一个梦,有一种激情,不要让它在你的心里沉睡,勇敢地做一个重要的选择。"

点评:陈伟鸿第一段谈话不仅与之前叶莺采访邓小平的内容自然衔接了,而且与之后叶莺离开新闻界的话题融为一体。问答对话式的衔接语使节目锦上添花,主题思想尽在其中。

4. 制造悬念

制造悬念即故意不说出一个节目(活动)的内容,而将问题抛向受众,以此来衔接上下节目。这种方式能引起受众对下一个节目(活动)兴趣,让受众对下一个节目产生一种神秘感、求知欲,具有引人入胜的作用。在一次文艺擂台赛的周冠军争夺赛中,两位选手的积分分别是 90、120。前者要夺冠,必须赢取最高分 50 分;而后者选择 30 分即可。这时主持人说道:"一道题可以使 1 号选手走出低谷,或为本周周冠军,1 号选手现在的状态很振奋。但是到底谁是最后的胜出者,还要看 2 号选手的表现。(语气停顿,环顾观众与两位选手)你们准备好了吗?"主持人在此卖了个关子,目的是让受众在这比赛的关键时刻,怀着紧张、兴奋的心情,急切地等待着节目的进展。

5. 直陈下条

直陈下条,指的是活动(节目)之间串联以最简单的报幕下条的形式出现。不对先前的活动(节目)作回顾、点评,也不设置问题或悬念,直接陈述下一个活动(节目)名称。很多会议、庆典、比赛主持中都采用这种方式。

示例 8

某区信访工作会议主持词

今天的会议议程有三项:

下面会议进行第一项,请区委副书记某某同志讲话;

....

下面会议进行第二项,由区政府副区长某某某同志宣读《区委信访

工作领导小组关于对光华路办事处、宝莲寺镇通报批评的决定》;

……………

最后会议进行第三项,请区委书记某某某就我区的信访工作作重要讲话。

(三) 终结语

活动或节目即将结束,如同一出戏要落幕、散场了,总应该给观众留下点什么。从活动内容来说,应交代结果、交代有关事项、交代该补充和说明的地方;从受众期待来说,应使他们有所思考、回味、警醒、增强信心、力量等;从主持人礼节来说,应表示谢意、关心等。而这些又必须扣住事先确定的活动主旨、情调、节奏等。成功的终结语不仅让受众知道节目已经结束,而且还能让他们产生回味,让活动进行时所掀起的思想情感的波澜久久荡漾。

1. 直接宣布

终结语也可视活动或节目的需要,用寥寥数语来结束。如一向受众表示感谢,二向受众宣布节目到此结束,三向受众表示祝愿。

示例9

2008年春节联欢晚会终结语

朱军:"观众朋友们,2008年春节联欢晚会到此结束。"

李咏:"让我们明年再见——"

集体:"再见。"

示例10

老年公寓入住剪彩仪式终结语

各位领导,各位来宾,今天的剪彩仪式到此结束。下面请各位领导视察老年公寓。

最后,再次祝广大老年人精神抖擞、身体健康、阖家欢乐,节日愉快!

谢谢大家!

点评:案例9直接宣布晚会结束,期待与观众明年再见,三句话简洁明了、干净利落。案例10宣布活动结束的同时,又表示了祝愿和感谢。

2. 归纳回顾

归纳回顾即主持人用语言对整个活动或节目作一概括式总结,让受众对刚才欣赏或参与的活动在回顾的过程中产生一种终结感。这种方式可以使受众对活动加深印象,帮助回忆。

示例 11

某公司施工项目总结表彰大会终结语

同志们,刚才大家看了某某队现场施工电视专题片,听了该队经理同志介绍了苏丹项目艰难而光荣的施工过程,先进典型也作了典型发言,某某某同志代表作了表态发言,公司对某某队进行了重奖。最后,经理作了重要讲话。今天的会议隆重而热烈,开得非常成功。希望某某队戒骄戒躁,发扬成绩,再创佳绩。同时也希望公司各单位认真传达这次会议精神,特别是经理的重要讲话精神,广泛深入宣传队模范事迹和培育形成的精神财富,动员广大干部职工,发扬沼泽拼搏精神,创新工作思路,团结协作,高起点、高规格抓好生产落实,在国内外市场打造更多的精品工程,创造一流的工作业绩,为进一步开拓国内外市场,实现公司经济增长,推动公司持续有效稳定发展做出新的更大的贡献。

会议到此结束,散会。

点评:会议结束时,可以简要总结会议的基本情况和主要收获,归纳、分析和概括会议精神的特点和实质;可以展望未来,提出下一步贯彻会议精神的希望、要求和打算;也可以布置和说明会议结束后的一些具体事宜,最后宣布散会。

3. 首尾呼应

作为活动主持人行将离镜或下场的话语,可以说是整场活动话语链上的最后一环,是开场语的延伸、发展的结果,与开场语关系密切,如同一篇文章的开头与结尾一样。

示例 12

知名主持人曹可凡为昆曲表演艺术家、戏曲教育家张洵澎舞台艺术40周年演出活动担任主持时的开场语与结束语分别如下:

各位朋友、各位来宾,著名昆剧表演艺术家、戏曲教育家张洵澎舞台艺术40周年演出活动现在开始。

[大幕缓缓启动,一群少女在舞台上边舞边唱。]

这悠扬婉转的曲声,把我们带回到了40年前,一位天资聪颖的少女,怀着对未来的美好憧憬,走进了昆剧艺术的殿堂。从此,她与昆剧结下了不解之缘,为之拼搏,为之奋斗,为之献出个人的一切。40年,斗转星移,她终于脱颖而出,成为一名著名的昆剧表演艺术家、戏曲教育家,她——就是我们大家熟悉的张洵澎。(开场语)

张洵澎以满腔的爱心,培养了一批又一批舞台新秀,她不愧是优秀、出色的戏曲教育家。在40年的人生历程中,张洵澎创造出了不平凡的业绩。是她对艺术执著的追求,是她对事业的忘我拼搏,是她的无私奉献,才有这辉煌的今天。

我们向张洵澎表示祝贺。祝贺她的成功,祝贺她今天所得到的一切。

我们更向张洵澎表示诚挚的祝愿,祝愿她再接再厉,迎来更加辉煌灿烂的明天。

著名昆剧表演艺术家、著名戏曲教育家张洵澎舞台艺术40周年演出活动到此结束,谢谢大家,谢谢!(结束语)

点评:主持人开场语首先问候朋友、来宾,宣布演出活动开始,然后由场上边唱边舞的少女人话,介绍40年前张洵澎还是一个少女时进入昆剧艺术的殿堂,并为之奋斗了40年,成为著名的昆剧表演艺术家、戏曲教育家。结束语是开场语的自然延伸,通过演出对张洵澎的戏曲教育、昆剧表演艺术进行评价,并代表观众对其演出成功表示祝贺、祝愿和希望。同时也对场内外观众表示谢意。开场语与结束语两者之间相关相连,首尾一体,给观众整体划一、前后呼应、完美的感觉。

4. 设疑引思

设疑引思即主持人在节目或活动终了时向受众提出一个与节目或活动相关的问题,以引起他们的思索而结束整个活动。这样的终结语具有开拓性,能深化整个活动的主题,能激发受众对节目的更大的兴趣。

示例13

中央电视台栏目《一丹话题:教育随想教师流失》一期结尾

在这里说了半天"流失",我想起小的时候,第一次听到"流失"这个词,是在一部科教片里。记得那部科教片是关于泥石流的,伴随着泥石流爆发的可怕画面,我第一次听到了"流失"这个词。从此听到"流失"这个词似乎就有一种不祥之兆,现在眼前的教师的"流失",对农村教育来说,恐怕也不是个好兆头,土壤流失了,秧苗怎么办呢?教师流失了,教育怎么办呢?今天教育搞不好,明天我们的经济会怎么样呢?冰心老人曾经痛心疾首地说:我们不能坐视堂堂一个中华民族在21世纪变成文化沙漠,绿洲一点一点流失,于是就变成了沙漠。从这个意义上来说,眼前的教师流失是不是我们应当关注的信号呢?

点评:节目主持人抓住"流失"一词,从自然界土壤、绿洲的流失到眼前农村教师的流失，向受众抛出了一个又一个问题。这些问题就像泥石流一样具有很大的冲击力，冲击着每一个收听节目人的头脑，因为"流失"后果的可怕性逼迫你不得不去认真思考。这一终结语将前面嘉宾所举出的教师"流失"现象上升到了本质，引起了受众的更大关注，达到了本期节目的目的。

（四）应变语

开场语、衔接语和终结语，主持人一般都可以事先做好准备，或由自己撰写，或由撰稿人撰写，然后自己适当修改。但是现场的情况千变万化，往往会有一些意想不到的偶然情况发生，这时候就需要主持人根据当时情况迅速反应，立即组织语言临场发挥。这种语言就是应变语。应变语的质量高低关系到节目能否顺利开展，成功的应变语则会使节目增添趣味，为节目增添光彩。应变语要求迅速、得体。

1. 将计就计

将计就计即顺应意外，化不利为合理的应变方式。有一次在中央电视台的一台全国性的大型文艺晚会上，当著名评书演员袁阔成的《三国》片段在"啪"的一声惊堂木声中戛然而止时，下一个节目却因故暂时不能上。此时只见男主持人从容不迫地走上台来，学着袁阔成的语调声腔开了口。

上回说到赵子龙主意已定，心中暗喜，低头一看，——一张粉红色的请柬搁在桌上，"金盾之春"文艺晚会。啊呀、差点把大事给忘了！来人哪，快把我那辆桑塔纳轿车备好！就听"笛——"一辆小车直奔友谊宾馆，赵子龙下得车来，匆匆上了二楼，打开节目单这么一看：京剧清唱，演唱者天津市青年京剧团某某，这不是前些天全国青年京剧演员大奖赛上，因得病失去夺魁良机的某某吗？据说她还是张君秋老先生亲授真传100天的名角。这真是来得早不如来得巧，我赵子龙来了不能白来，来了就得大声叫好——这不，她不是来了！

为了填补下一个节目跟不上场的时间空当，主持人趁着上一个节目的热劲，顺水推舟，即兴编演一段评话，脱口而出，一气呵成，既显示了节目主持人的风采，又使前后节目一线贯串，起到了承上启下的作用，并且活跃了现场气氛，真可谓一举三得，恰到好处。

2. 戏谑成趣

戏谑成趣即活动（节目）主持人在主持活动（节目）过程中不小心出了洋相或发生意外情况时采用幽默的语言，化窘迫为轻松的应变语。

一个主持人主持一台晚会。当她仪态万方、充满自信地走上舞台时，不小心被麦克风的拉线绊倒了，全场哑然，陷入一片尴尬之中⋯⋯她迅速地站了起来，镇定地说："亲爱的观众朋友，你们的热情让我倾倒。"并深深鞠一躬……全场报以热烈的掌声。

3. 坦诚相见

坦诚相见即活动(节目)主持人勇敢地承认在主持中出现的错误,以自己的坦诚去改变自己在受众心目中本会留下的不良的影响。

有位主持人有一次主持一台游戏节目,节目要求受众上台把一个球放进筐子里。由于她出语太快,一时忙乱竟将"把球放进筐子里"说成了"把筐子放进球里"。话一出口,她马上意识到了自己的错误,一边笑,一边赶忙说道:"哎哟,瞧我乐的,把话都讲反了。谁也没这个本事,把这么大的筐子放进这么小的球里啊。应该是'把球放进筐子里',游戏开始!"

4. 铺垫补充

铺垫补充即指在别人表达出现"卡壳"的情况下,用语言及时配合的方法。这种方法可以缩短冷场的间隔,预防对方窘困和尴尬的情况出现。比如有一期《正大综艺》,当导游小姐问:"塞舌尔王国很有趣,在人们下飞机时每人都发一块小木板,为什么?"之后,主持人要求一位来宾回答这个问题,引起了下面一段对话。

来宾(推测):"塞舌尔是印度洋的岛国,既然是岛国,雨水一定很多,地上泥泞,那脚下……"(语塞)

主持人:"是刮泥板。是吧?"

来宾(笑):"是,是的……"

……

来宾:"山羊冬天没草吃,那它就像大雁那样,就……就……"

主持人:"就迁徙,是吧?"

来宾:对,对,迁徙。

来宾和受众的表达能力有高低,由于紧张,说话回答问题时常有语塞情况,怎么办?无限制地等待,场上不但会乱,也容易冷场。主持人善解人意,反应敏捷,急人所难,给来宾垫上一块跳板,让他走下台阶。

拓展练习

1. A 大学 B 学院在"五四"青年节前夕将举办一次演讲比赛总决赛,届时学院院长张某某教授将在比赛开始前讲话,主要谈谈开展此次活动的目的和意义。此次担任评委的有学院院长张某某教授、学院副书记刘某教授、B 系系主任王某

教授、学院辅导员李某某老师。另外将有10位学生登台演讲,按照顺序,题目分别是:《我心中的智者》《一起过英语四级》《亲情、友情、爱情》《后文凭时代》《一家人》《走在这条路上》《学着少些后悔》《一个即将新兴的专业》《竞争》《让我们的青春燃烧起来吧》。如果你将承担主持人的角色,请根据以上内容,设计开场语、主体语和结束语。

2. 下列各题处于不同语境。请在5分钟内说出在这样的情况下,说什么话比较好。针对多种话语的设计,大家讨论一下,哪一种说法最得体、切境并富有新意。

(1) 一次文艺晚会直播,一位歌唱家唱到最后几句时,伴奏带卡住了,她坚持唱完,这时主持人上来说了几句话,不仅打了圆场,还带点儿夸赞,带点儿幽默。——主持人怎么说的?

(2) 在一次关于希望工程的晚会上,主持人倪萍采访来自贫困山区的小姑娘苏明娟,小姑娘太紧张了,怎么也说不出话来。这时倪萍温和地抚摩着她的肩膀,对观众说了一段既为她解围,又带有慰勉之意的话。——倪萍是怎么说的?

(3) 一位主持人在应邀到海南省海口市主持"狮子楼京剧团"建团庆典,由于来得匆忙,准备不足,一上场就闹了个令人捧腹的笑话,但她巧妙地将其化解。她将一位名叫"南新燕"的老教授称作南新燕小姐,结果引出全场一片哄笑。但随后主持人说的一段富有诗意且紧连主题的一段话,却意外获得了全场的掌声。——主持人是怎么说的?

课后任务

分小组虚拟一个比如会议、晚会、座谈会、商务庆典等活动,轮流担任主持人,其他人配合。

第四节 访谈语言

访谈语言是职场语言的一种,访谈的种类很多,人们接触最多的是电视访谈,如《背后的故事》《天下女人》《杨澜访谈录》《实话实说》《说出你的故事》《艺术人生》《半边天——张越访谈》《面对面》等,都是大家熟知的电视访谈类节目。在实际的工作生活中,人们也经常会用到访谈语言。如:作为一名管理者,为了更好地获取客户潜在的需求,做出正确的决策,可能组织客户访谈来获取信息,或与专家约谈进行管理咨询；作为个人，你可能以专家身份，对特定人群进行访谈，以便能更好地帮助解决他们的困惑和问题；作为普通人，则有约谈专业人士寻求问题解决办法的可能，这时候也会用到访谈语言。访谈可以是个人专访，也可以是团体访谈。

一、访谈前的准备

访谈是一个复杂而耗时的过程，需要有巧妙周全的构建才好。为此，访谈之前要做好充分的准备。

1. 明确访谈目的

访谈目的不同，访谈对象、访谈内容、访谈的地点、时间以及访谈方式也就相应地会发生变化。因此，访谈前，要根据实际情况，确定访谈的目的，并做好相关准备，避免出现目的不明确，致使访谈走歪路等事倍功半现象，达不到访谈的目的。

2. 了解访谈对象

作为约谈者，必须事先了解访谈对象，做到有备而谈。了解访谈对象，要注意从不同角度去准备，如对方的专业特长、兴趣爱好、个性特征、与访谈中心人物或事件的关系等，对访谈对象的了解越丰富，越有利于访谈的深入。

3. 约定访谈时间与地点

访谈可以是面对多个人的事件（问题）性访谈，也可以是针对一个人的人物专访。事件性的访谈，有时是约定了一些人在特定地点进行的，有时是随机随众现场进行的。如果是在特定地点进行，就需要与受访者逐一仔细约定时间与地点，确保访谈顺利进行，如《对话》。人物专访一般需要事先约定并在特定场合下进行，如《杨澜访谈录》是秉承着"记录一个人和他的时代"的宗旨的高端访谈节目，这类访谈就必须与谈话对象事先约定时间和地点。要注意的是，时间的约定，应当包括访谈时间的长度的确定，以便对方安排。

4. 布置访谈环境

营造良好的谈话氛围将有利于访谈的顺利进行。如果受访者被约到他自己工作生活区域以外的特定场所进行访谈，那么约谈方就应当根据访谈目的和对方喜好，适当布置访谈环境。这既是对受访者的尊重，也是为访谈能够顺利进行做好铺垫。

5. 准备访谈提纲

为了使得整个访谈能事半功倍、高效有序，访谈前要整理手头材料，准备访谈提纲。访谈提纲通常是以问题方式列出，问题的设计要紧紧围绕访谈目的，做到少而精。但前后问题设计要注意内在的逻辑关系，一个问题要能够导出下一个问题，尽可能做到环环相扣，衔接得当，步步深入，使整个访谈自然有序。如人

物专访,有的侧重于人物本身事迹,有的侧重于某个问题或者某一新闻事件。访谈提纲要围绕特定的问题,根据特定的对象、特定的场合设计问题。

二、访谈过程的把握

1. 精心设计,自然开场

好的开始是成功的一半。开场语言运用得当,有助于访谈氛围的营造,对访谈的深入有助推作用。日常访谈,往往是从礼貌的问候开始,然后介绍访谈对象,交代本次访谈的主题。这类开场方式适用广泛,表现自然容易把握,适宜初学者使用。对于重大事件或人物的访谈,访谈者除了通过礼貌问候和介绍自然开场外,还可以根据访谈对象的不同情况和访谈的特定目标,匠心独运,精心设计风格不同的开场白,使访谈语言能与受访者相得益彰,提升访谈内涵,增添访谈情趣。

(1) 突出特征

所谓突出特征,是指开场语言能注意将寻找访谈对象个性特征与访谈目的联结,巧妙开场。这要求既能概括访谈嘉宾的相关背景和社会大环境,又能将眼前的问题、大家关注的热点、焦点以及受访对象在该事件或问题上产生的影响等结合,自然引出嘉宾。如,杨澜在专访甄子丹开场时说:"现代汉语当中会出现一些外来词汇,比如咖啡、沙发等等,而在许多国家的语言中也会直接使用一个汉语词汇,那就是'功夫'。从某种意义说,功夫已经成为中华文化的一个象征性符号。从李小龙开始,中国的功夫片已经在世界的影坛中占有了一席之地。那么发展到了今天,有人会说,成龙老了,李连杰想退了,接下来有谁能够扛得起华语动作片的大旗呢?这个人会是甄子丹吗?"这段话就巧妙的用"功夫"将人们关注的热点问题与将甄子丹个人特征结合起来,话语不多,却显示了杨澜深厚的文化内涵,并将华语功夫片的走向浓缩概括地呈现给观众,引发大家思考。

(2) 突出现场

访谈过程中,现场利用得当,不仅可以活跃现场,调节气氛,还能够使访谈双方以及观众之间建立起良好的互动关系能起到意想不到的效果。因此,访谈时可以结合现场环境展开介绍,访谈语言加上现场实景画面,能使访谈者进一步产生现场感,观众也增加参与感,提高访谈效果。

(3) 突出故事

访谈还可以从合理讲述与访谈对象或访谈事件有关的小故事开始,这既符合观众喜欢听故事的心理,也是受访者比较容易接过话题自然接受访谈的有效途径。张越的《半边天》曾经深深地打动过无数的观众。张越善于用朴素的语言讲述平凡人的故事,她访谈的对象包括工人、农民、吸毒者、流浪者、残疾人、离异女人,多是通常意义上的"边缘群体"。但是,张越却善于用真诚的

语言,对受访者予以真诚的人文关怀,引导他们勇敢地将背后的故事说出来,感动了无数观众。但是要注意的是,作为访谈者,用故事开讲,只能点到为止,旨在引出话题和访谈对象,不能喧宾夺主,应该将更多的时间交给受访者本人。

2. 围绕话题,把持话轮

(1) 围绕话题

访谈过程其实是个对话展开与深入的过程,访谈要根据既定目的,紧紧围绕某些话题展开和深入。在整个过程中,主持者主要起到穿针引线的作用,中间也有提问,有插话,目的却只是为了引导受访者将更多的信息、更深沉更真实的思想自然透露出来。因此,访谈时,只能适当引导,要尽可能多地倾听。

(2) 把持话轮

话轮(Turn)一词由美国社会学家 Harvey Sacks 提出,指会话过程中,连续说出一段话,结束语以引起听说转换为目的。为了访谈不偏离中心话题或出现冷场局面,主持者要注意保持好话轮,注意听说转换。访谈要力求每一次的话语都能起到引导作用,引导对方接下来依然能够围绕话题深入谈话或结束访谈。

3. 态度真诚,灵活顺应

(1) 尊重对象

出于工作需要进行的访谈活动,访谈的对象不一定是我们所喜欢的人。无论自己对访谈对象是否喜欢,我们依然要从职责出发,充分尊重被采访的人,掌握好谈话的语气,切忌以傲慢的态度、咄咄逼人的语气或讽刺挖苦的语言进行访谈。例如:冬日娜采访史冬鹏时曾经提了三个问题:① 你觉得和刘翔在同一个时代是不是很悲哀?② 你有没有信心得亚军?因为冠军已经是刘翔了。③ 刚才的比赛你尽力了吗?这些问题提得很不礼貌,引起了广大观众的反感。

(2) 语言诚挚

作为访谈者,要靠真情实意去感染访谈者,要尽量建立起一种和朋友谈心的方式进行访谈,切忌给人在"卖"材料的感觉。特别是对于遭受灾难的人或一些弱者,访谈时一定要友善,有同情心,要尽可能把对访谈对象的伤害减到最小,但同时也要学会引导对方的情绪,使得访谈顺利进行。例如,《艺术人生》主持人张越在采访谢霆锋时,张越说:"我没听过你的歌曲,对于你我只听说过一些不好的新闻,我和你的年纪差比较多,当我听到你的那些消息时,我只觉得,这孩子真可惜。"谢霆锋对张越的话语很意外,当他感受到张越的真诚友善时,情感上也产生了共鸣,于是他们之间的交流也变得更加深入。

(3) 顺应访谈

为了达到一定交际目的和效果,访谈的语言要注意根据对方的谈话而有所

改变或者顺应。顺应理论是由比利时语言学家耶夫·维索尔伦提出的,指的是谈话时,要顺应时间、空间要求,顺应谈话对象的性别、职业、心智,如情感、信仰、性格等特征,灵活改变自己的谈话内容和语言方式,尽可能用幽默的语境,建立轻松平等的谈话关系,促进访谈的展开和深入。

三、话题结束的技巧

访谈如何结束,是访谈主持人的能力与学识水平的综合体现。如果能以适当的方式结束访谈,既能够升华访谈的思想意义,也能让访谈的目的性和针对性得以更加深入的传播,引起观众的共鸣和对访谈的热情。访谈节目的话题结束方式有很多种,主持人应该根据访谈节目的性质不同,选择适宜的话题结束方式。

1. 呼应式

呼应式是一种首尾照应的话题结束方式。这类访谈,主持人往往是以人物或事件开始进入话题,而在话题的结尾,又回到前面提到的人和事上,并由此生发一些议论,深化话题的意义。这样能让受众加深理解,产生完整深刻的印象。

2. 归纳式

如果访谈时间比较长,访谈内容比较复杂,如果不作必要的分类或者总结,受众听了后难以获得清晰明确的印象。这种情况下,访谈者可以借助归纳式结尾,帮助观众得出明确的结论。

3. 评点式

点评式结尾是访谈结束方式中的一种。点评者多是主持人。点评因访谈内容而有感而发,阐述自己对话题内容的一番见解或感想,以议论的方式结束话题,深化话题的意义。

4. 重复式

访谈结束时,重复嘉宾表达过的观点来结束访谈活动。这类结束方式,我们称之为重复式结尾。此类方式的结尾,顺其自然,水到渠成,属于自然式结尾。

5. 联想式

有些访谈的目的是为了引起观众更深刻的思考,访谈结束时可以借助访谈内容,举一反三,加以强调,引导观众产生联想,引发思考,让其得到教育和启迪,达到访谈目的。

示例 1

在节目中的倾诉和抒发对于嘉宾的实际意义究竟有多大?"张越访谈"给出了一个很好的答案,这些镜头前的嘉宾,多半是第一次上电视,而在此之前,几乎没有媒体真正关心过他们的思想、情感、梦想和挣扎。正是这种漠视和隔阂,使那档获得"金话筒"奖的节目《我叫刘小样》播出后引起一片哗然。

刘小样是八百里秦川的一名普通农村妇女,在封闭的小山村里她过着丰衣足食的日子,和丈夫感情很好,并有一儿一女。在乡亲们看来,她拥有一个农村妇女希望拥有的一切,生活幸福无可挑剔。然而,刘小样内心却时刻忍受着煎熬,她不满足于宁静而又单调的生活,想要一个更丰富、更广阔,充满热情与想象的生活。

张:"你在信里这样描述,你说你有钱可以盖房,但不可以买书;可以打牌闲聊,但不可以去逛西安;不可以有交际,不可以太张扬,不可以太个性,不可以太好,不可以太坏。有约定俗成的规矩,你要打破它,你就会觉得无助、无望、孤独;不需要别人阻止你,你会自觉自愿地去遵守这些规矩?"

刘:"我的身体在遵守,我的心却没有遵守。即使我不能出去,我得想好多的事情,我不能做饭的时候我就光想着做饭啊!"

张:"可是你觉得,你这样会痛苦的,你的身体在过着一种日子,你的心里永远在想着另外一种东西,而你想的东西永远不敢跟别人说?"

刘:"这就是我的悲哀。"

张:"这儿的生活你觉得特别平静单调,你向往城市的生活。可是你知道吗?城市的生活压力特别大,节奏特别快。"

刘:"我觉得压力它也是一种快乐,压力就是他的一种追求啊,要不然他就会被淘汰,农村女人没有这个淘汰的压力。"

张:"你尽管向往远处的世界,可是那个世界跟你没关系?"

刘:"就是这样的,现在是看得见、摸不到,离得不远也不近。我觉得人总该有一点向往吧?人向往的时候眼睛会有光泽的。"

张:"这样一直把窗户关着不会痛苦吗?"

刘:"我宁愿痛苦,也不要麻木,我不要我什么都不知道,然后我就这样满足地过一辈子。"(哽咽)

示例 2

《杨澜访谈录·文化的玩家:蔡康永》一期的访谈共由五个部分组成,每个部分又由若干个小问题构成,具体如下:

一、关于蔡康永的最重要事业《康熙来了》

包含五个小问题:①《康熙来了》中与小 S 的合作;② 小沈阳在

《康熙来了》中的表现;③ 台湾电视新闻的娱乐化现象;④ 娱乐大于读书的问题;⑤ 关于《欢乐三国志》。

五个问题是层层递进的关系,杨澜会抓住蔡康永所回答内容中的某一个关键点发表自己的看法并趁机提出下一个问题,使得问题的探讨逐步深入而非停留在表面。蔡康永和小 S 在节目中一庄一谐,使节目既不沉闷也不会触到嘉宾的底线而引起人的反感。正是基于这一特点,杨澜的采访才可以从节目的基础部分深入到台湾电视业,大大增强了节目的深度,而不仅仅是八卦娱乐。

二、蔡康永家庭环境对其的影响,包含三个小问题

先从蔡康永从小的生长环境谈起,杨澜首先问到蔡康永的主持态度与他从小的家庭环境是否有关,其次是他主持风格的变化(从冷淡到少年老成再到带动气氛)。在蔡康永的回答后接着问他关于设计自己葬礼的细节,这个过程一气呵成,两人的互动活泼而有趣。在两人的谈话中我们也了解到一个真实的蔡康永和一个真诚的杨澜。

三、关于蔡康永主持风格的问题

包含和小 S 的关系与其主持底线两个问题。杨澜先打开话匣子,蔡康永侃侃而谈关于小 S 的情况。既然小 S 的风格是这样的,那么蔡康永如何把握底线自然是观众想知道的,杨澜随即便提出这个问题。

四、说话的艺术

蔡康永和杨澜一样同为主持人,都是要靠说话来征服观众的,那么他们两个的共同语言还是很多的,"说话的艺术"自然可算一项。杨澜显然想到了这一点,因此在这一部分的采访中专门提出来。

杨澜问蔡康永在说话时是否希望讨人喜欢,在得到蔡康永的肯定回答后接着问他是否得罪过人,显得顺理成章。而蔡康永给出的回答(自己曾经因为说话不当而遭遇的尴尬)既满足了观众的好奇心,又增进了双方的互动,因为嘉宾生活中的事例总是比干巴巴地说几句话来得有趣。

五、蔡康永喜欢的书《小王子》

在两部分的过渡中,节目先介绍了关于《小王子》的相关内容,然后据此设计问题。《小王子》既然是童话,必然涉及小孩子,所以杨澜先问到蔡康永对于小孩子、对于年轻人的想法。接着联系现实,蔡康永的微博一直保持着很高的关注度,杨澜便以此入手提到蔡康永微博的内容和影响力以及对于别人的帮助。第三个问题则反过来问蔡康永在什么

时候会希望别人帮助自己。

两人的谈话就好像唠家常一般,没有故作深沉和没话找话,所有的问题自然而然,就像平常的聊天一般自然,不会让人觉得做作。当然这与谈话双方的水平有很大的关系。

六、蔡康永最初的梦想——电影

这部分有五个小问题,从电影的内容谈起,接下来的四个问题分别是观众对于电影的期待、自己的时间安排、拍电影面临的压力和自己对于未来的想法。每个谈话节目在结尾的时候总要有个高潮。每个人都会有自己最初的梦想,谈这个问题拉近了主持人和嘉宾、嘉宾和观众的心理距离。从观众的角度来讲,对公众人物总是希望看到他们不同于人前的另一面;对蔡康永来说,可能大多数人只是知道他写书、主持,而提出他拍电影的这个问题可能会带给很多观众惊喜。

总之,这期采访针对性强,符合嘉宾的性格喜好,满足观众的好奇心。节目形态虽然普通,但整个采访过程条理清晰、流畅,是一期很成功的采访。

第五节 通讯语言

在日常生活中,电话、手机已作为人们交往的重要工具,用来进行信息的传递和情感的交流。接打电话的好坏一方面影响沟通是否有效,另一方面也影响到个人甚至集体的形象。因此对每一个现代人来说掌握接打电话的技巧是必需的。本章节中着重介绍如何使用这些通讯手段,如何更好地传递信息和交流情感。

一、接打电话的语言

接打电话一般是一种只闻其声不见其人的沟通方式,语言表达就显得十分重要。那么,对电话中的语言有什么要求呢?

(一)简洁明了

马季先生的《打电话》这一相声中描述了一位年轻人在电话亭里打电话,原本一句话就能说清楚的小事,结果被他东拉西扯、啰里啰唆地说了两个多小时。尽管相声有点夸张,但在生活中这样的例子也不少。这种电话沟通不仅无效,而且有伤身体。

电话沟通如何做到简洁明了呢?

第一,要做好准备,电话是打给谁的,为什么事情打这通电话,打这通电话要解决什么事情,这事情怎么去解决,应该怎么去表达,在沟通中可能会存在哪些问

题,这些问题又如何面对。这些问题在打电话之前一定要做到心中有数,在跟对方必要的简短的问候寒暄之后就要围绕这些问题有针对性地、准确有效地沟通。

第二,表达时观点要鲜明,目的要明确,主题要集中,要点要有条理,叙述事实要简洁。尽量坚持电话"三分钟原则",即尽量在较短时间内把事情交代清楚。

(二) 文明礼貌用语

文明礼貌用语是良好沟通的开端,体现一个人的素养。礼貌用语的原则是慷慨、得体、谦逊、文明。俗话说"礼多人不怪",在电话沟通中运用礼貌用语要慷慨,常用十字礼貌用语——"您好""请""谢谢""对不起""再见",千万不要吝啬。例如,接听电话时,如果是在电话铃声三声接起的,应该先向对方问好"您好";如果是铃声超过3次接起电话,这时首先要表达歉意:"对不起,让您久等了。"如果对方要求你转接电话,你应该说:"麻烦您稍等,我帮您转接,看他在不在。"如果对方找的人不在,你应该说:"对不起,某某某不在,方便的话,可以告诉我您有什么事吗?我一定转告。"如果听不清楚对方讲话时,你可以方法适当地及时进行反问,不要犹豫:"对不起,刚才我没有听清楚,请再说一遍,行吗?"对方定会耐心地重复一遍,丝毫不会责怪;如果别人打错电话时,你不是简单的一句"打错了"就草草挂断电话,而是态度温和地说:"对不起,你可能打错电话了,请问你拨的电话号码是多少?"也可以告诉他你是哪里,切忌粗暴简单;如果要挂断电话,在电话挂断之前应说声"再见"。

示例 1

系办老师:"您好!"

高远:"您好,请问是××大学吗?"

系办老师:"请问您是哪位?"

高远:"我是新生高远。我想找××班班主任王老师"

系办老师:"麻烦您稍等,我帮您转接,看他在不在。"

高远:"谢谢您!您贵姓?"

系办老师:"免贵姓李。高远同学,很抱歉!王老师出去还没回来呢!请问您有什么事需要我转告他。"

高远:"谢谢,我是想了解我们新生的住宿情况。"

系办老师:"哦,你想了解住宿情况,是吧?"

高远:"嗯"

系办老师:"王老师回来的时候,我一定会转告他的,到时让王老师给你一个回电,你的电话是……"

高远:"电话是××××××××。"

系办老师:"你的电话是×××××××。"

高远:"嗯,谢谢李老师!"

系办老师:"不用客气!"

高远:"再见!"

系办老师:"再见!"

点评:大一新生高远在开学前给大学班主任王老师打电话,想了解一下学校住宿的情况,不巧的是王老师不在办公室。首先,双方有礼貌地招呼对方"您好",然后作简短的自我介绍。在知道对方要找的人不在的情况下,主动表示愿意转告。最后及时结束通话,并以"再见"结束。电话中的双方有礼有节,语言简洁明了,无关的话题很少,是比较得体的通话。

文明礼貌用语还要求语言文雅,不要低级。多用褒义色彩的词,少用贬义词。例如,确认对方的姓名,不要顺口而出,比如"您姓孙,是龟孙的孙吗?""您姓冷,是冷淡的冷吗?"这些词会令人不快,如果改成"是炎黄子孙的孙吗?""是冷热的冷吗?"给人的感觉美好、温暖。

二、接打电话的礼仪

接打电话时的礼仪也是电话沟通是否有效的重要因素。电话礼仪涉及哪些方面呢?

(一) 声音

电话中的声音要清晰柔和,因为从声音语调可以感受出人的情绪,能听出对方的真诚、专心。清晰柔和的声音会让听者感到亲切、温馨,能让双方在和谐愉快的氛围中交流,有利于沟通的准确与有效,加大成功的机率。如何使声音清新柔和呢?

1. 适当放缓说话的速度

在电话沟通中我们无法像面对面的交流那样,有些听不明白的东西可以通过视觉来获取,因此电话中的沟通速度不可太快。这样,一方面可以让对方能听清楚你的每一句话,另一方面还可以帮助自己更好地整理思路,清晰表达,避免出现错误。

2. 平稳、自然、舒服的语调语气

语调有平调、降调、升降调和升调。电话中说话的语调一般尽量用平调和升调,给人以舒服的感觉。少用降调和升降调,免得说话显得生硬和怪里怪气,给人以一种压迫感,影响对方情绪,不利于沟通顺利进行。

3. 适中的音量

生活中我们在接听电话时由于对方声音太轻而听不明白,这种声音常常给

人懒散的感觉,感觉对方心不在焉。另外,很多人打电话时还往往旁若无人"喂喂喂"大声喧哗,给人感觉好像在吵架,既不文明也不礼貌。因此在接打电话时,注意话筒的距离,以对方听得清楚的音量为宜。

4. 抑扬顿挫的节奏

要想别人能从你的声音中更好地捕捉到信息和情感,节奏的处理是很重要的。怎样才能有节奏呢?简单点说就是说话时轻重缓急、快慢停连的变化。例如,说话的速度是由说话人的感情控制的,特别重要的词、句,关键的信息就说得慢一些;不太重要的词、句,不重要的信息事说得略快一些。

(二) 态势

尽管电话中看不到对方的表情、眼神、手势、动作,但是对方的态势能感觉得到,接听电话时良好的态势也能有利于双方沟通。良好的态势有哪些呢?

1. 微笑

日常打电话中微笑是别人能感受得到的,是顺畅促进信息传递和情感交流的润滑剂。一般情况下,无论给亲戚还是朋友,无论是私事还是公事,接打电话拿起电话时不要吝啬你的微笑,拉近彼此的距离,把亲切、自然、舒畅的心态传递给对方。

如何让对方感受到你的微笑呢?除了上文中提到接听电话时语言文明、声音柔和之外,还可以强制自己嘴角上扬,讲话时保持笑的嘴形;也可以不妨在打电话时照着镜子,不要阴沉着脸,检查自己的仪态。

2. 姿势

很多人在接听电话时身体躺着或者把双腿搁在桌上,尽管对方看不到,但这种慵懒的姿势对方也能够"听"得出来。如果端正坐姿势,所发出的声音也会亲切好听,充满活力。因此打电话时,即使看不见对方,也要当作对方就在眼前,尽可能注意自己的姿势,保持良好的精神面貌。

(三) 时间

拨打电话的时间是有讲究的,合适的拨打电话时间要考虑对方的工作、生活、学习情况,在没有紧急事情的情况下,尽量避开休息时间。一般来说一天中上午 8 点到 12 点,下午 2 点到晚上 10 点适合打电话。其他时间打电话往往会打扰对方的休息,包括节假日。一周当中周一上午尽量少打电话,周一刚上班,大家相对会比较忙碌,对方往往没有心情和精力接听你的电话。现在手机比较普及,在打电话之前可以先发短信询问对方是否有时间接听电话,在得到对方的允许才可拨打电话。

(四) 倾听

上帝给了我们一张嘴巴,两只耳朵,通过倾听我们可以获取信息,交流情感,倾听也体现对对方的尊重,在电话沟通中更是如此。那么如何做一个合格的倾听者呢?第一,放下你手头的其他事物接起电话机,不要三心二意,不要东张西望;第二,对方讲话时不要随意插话,不要妄加评论;第三,必须在听的过程中加以理解,并积极及时反应,如"嗯""是""后来呢"这些适时的插话。遇到你确实想多知道一些内容的事情时,可以重复对方说的要点,不明白的也可以请对方重复,让对方感觉到你在认真聆听,受到了尊重,乐于说下去。

> **示例 2**
>
> 　　办公室的电话响了起来,经理拿起话筒一听,是孩子的老师打来的,口气硬邦邦的,心想又来告状了,还不是鸡毛蒜皮的事情,小孩嘛,何必管得那么严?经理边这么想,边翻看文件、报表,哼哼哈哈、答非所问地敷衍着。女教师列举了经理孩子近来不交作业、不做值日、打游戏机、几天不到学校上课等种种"劣迹"。快速的表达敲击着经理的耳膜,说到学校将要对其处罚时,经理仍反复地应答着"是的是的""好的好的"。突然,电话中断了,几秒钟后传来女教师激愤的声音:
> 　　"经理先生,您好像有点儿藐视我们教师的工作。您压根儿没听我说话——您去哄您的儿子吧,您不应该糊弄我……"
> 　　经理愕然了。"误会,完全是误会?"正待好言解释,只听对方"叭"的一声,电话已重重地挂上了。　　——张锐、万里《教师口语》

点评:这个案例中的经理是一个不善于倾听的人,在接孩子班主任的电话时一边接听电话,一边顾自己手头上的事,敷衍了事,以至于班主任生气地挂断电话,导致本次沟通失败。

三、接打电话的程序

(一)接电话程序

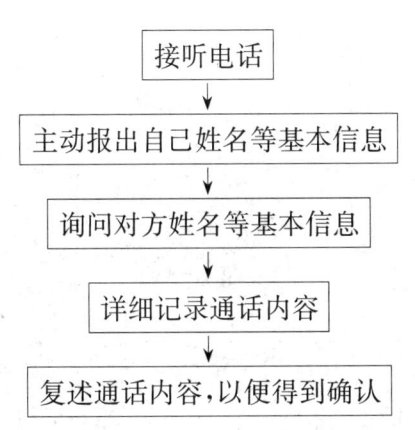

```
接听电话
   ↓
主动报出自己姓名等基本信息
   ↓
询问对方姓名等基本信息
   ↓
详细记录通话内容
   ↓
复述通话内容,以便得到确认
```

1. 接听电话

接听电话时原则上要求铃声响两三声接起。接电话从问候语"您好"开始。不能铃声响一声就着急接听,这样别人会以为你整天候着电话,显得仓促;也不能铃声响了很久才接听,显得很没礼貌。如果铃声响了五声,拿起电话时应该表达歉意:"对不起,让您久等了。"

2. 复述内容

在接电话中有些内容需要复述,以便得到确认,防止双方产生歧义。特别是下列内容:① 对方的电话、手机号码;② 对方约定的时间、地点;③ 对方的解决方案;④ 双方认同的地方,以及仍然存在分歧的地方;⑤ 其他重要的事项。

(二) 拨打电话的流程

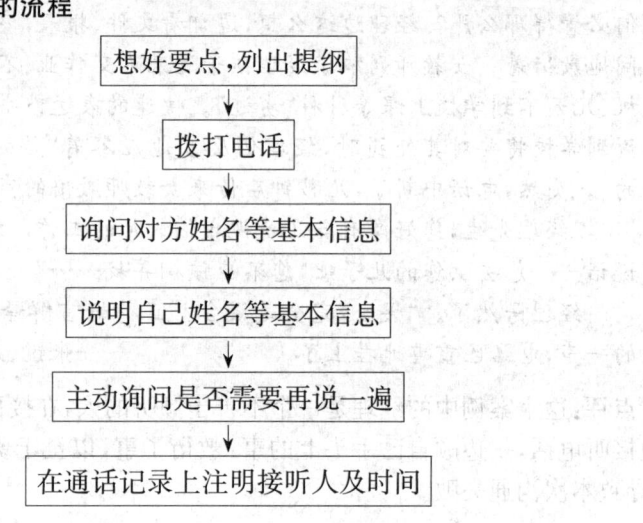

```
想好要点,列出提纲
        ↓
     拨打电话
        ↓
询问对方姓名等基本信息
        ↓
说明自己姓名等基本信息
        ↓
主动询问是否需要再说一遍
        ↓
在通话记录上注明接听人及时间
```

第五章 口语交际艺术

第一节 交际礼仪

在日常生活中,人际交往能力有助于一个人的成功,得体的运用交际礼仪将使我们更具魅力。交际礼仪把握和运营的如何,决定了一个人的自我形象、气质魅力和基本素质,也决定了交际的成败。因此,学习和掌握交际礼仪具有重要意义。

一、交际礼仪的含义

交际,即人与人之间的交往,通常指二人及二人以上通过语言、行为等表达方式交流意见、情感、信息的过程。交际礼仪是指人们在社会交往活动过程中形成的应共同遵守的行为规范和准则,具体表现为礼节、礼貌、仪式、仪表等。在任何国家、场合、人际交往中,人们都必须自觉地遵守礼仪。讲究礼仪,必须采用标准化的表现形式才会获得广泛的认可。在面对各自不同的交往对象,或在不同领域内进行不同类型的人际交往时,往往需要讲究不同类型的礼仪。在具体运用礼仪时,"有所为"与"有所不为"都有各自具体的、明确的、可操作的方式与方法。在社交场合中,如何运用社交礼仪,怎样才能发挥礼仪应有的效应,怎样创造最佳人际关系状态,这同遵守礼仪原则密切相关。

二、交际礼仪的特点

(一)规范性

规范性是交际礼仪的本质特点。它告诉人们应该怎样做,而不应该怎样做;怎样做是对的,怎样做是错的。对此,交际礼仪都有明确的规定。比如在公关礼仪活动中,人们的语言、行为都有一定的规范。

（二）等级性

交际礼仪要根据不同的对象、不同的关系、不同的社交任务和内容，来确定不同的礼仪活动的等级、规格等。不同级别的社交活动有不同的礼仪规范要求。

（三）形式性

交际礼仪有比较稳定的方式和形式。交际礼仪既然是人们交际必须遵守的规范和法则，那么它的形成和发展就具有一定的历史背景。从古至今，每种形式都有基本的运行模式和程序，讲究外在的表现形式，追求一定的形式效应。

三、现代交际礼仪的原则

（一）尊重原则

尊重包括两个方面：自尊和尊重他人。自尊就是在各种场合都要尊重自己，维护自己的尊严，不要自暴自弃。尊重他人就是要尊重别人的生活习惯、兴趣爱好、人格和价值。只有尊重别人才能得到别人的尊重。尊重原则可说是交际之本，也是待人接物的根基所在。

（二）真诚原则

苏格拉底曾言："不要靠馈赠来获得一个朋友，你须贡献你诚挚的爱，学习怎样用正当的方法来赢得一个人的心。"真诚是对人对事的一种实事求是的态度，是待人真心实意的友善表现，只有诚以待人，胸无城府，才能产生感情的共鸣，才能收获真正的友谊。人际交往中要做到真诚，首先要做到说真话，以坦诚的心取信于人，言必信，行必果。其次要做到感情真挚，态度诚恳。

（三）宽容原则

人际交往中，难免会产生一些不愉快的事情，甚至产生一些矛盾冲突。这时候我们就要学会宽容别人。宽容的原则即与人为善的原则。在社交场合，宽容是一种较高的境界，《大英百科全书》对"宽容"下了这样一个定义："宽容即容许别人有行动和判断的自由，对不同于自己或传统观点的见解耐心公正的容忍。"在人际交往中，宽容的思想是创造和谐人际关系的法宝。宽容他人、理解他人、体谅他人，千万不要求全责备、斤斤计较，甚至咄咄逼人。

（四）平等原则

在社交场上，礼仪行为总是表现为双向的。你给对方施礼，自然对方也会相应的还礼于你，这种礼仪施行必须讲究平等的原则。平等是人与人交往时建立情感的基础，是保持良好的人际关系的诀窍。平等在交往中表现为不要骄狂，不要我行我素，不要自以为是，不要厚此薄彼；更不要傲视一切，目空无人；更不能以貌取人，或以职业、地位、权势压人，而是应该处处时时平等谦虚待人。平等原则还要学会将心比心，学会换位思考。只有平等待人，才能得到别人的平等对待。

（五）互利原则

指交往双方的互惠互利。人际交往是一种双向行为,故有"来而不往,非礼也"之说,只有单方获得好处的人际交往是不能长久的。所以要双方都受益,不仅是物质的,还有精神的,所以交往双方都要讲付出和奉献。

四、交际礼仪的基本技巧

（一）表现适度

交往应把握礼仪分寸,根据具体情况、情境而行使相应的礼仪,如在与人交往时,既要彬彬有礼,又不能低三下四;既要热情大方,又不能轻浮诌谀;要自尊却不能自负;要坦诚但不能粗鲁;要信人但不能轻信;要活泼但不能轻浮;要谦虚但不能拘谨;要老练持重,但又不能圆滑世故。要把你的意思恰到好处地表现出来。

（二）充满自信

自信是社交场合中一个心理健康的要求,唯有对自己充满信心,才能如鱼得水,得心应手。自信是社交场合中一种很可贵的心理素质。一个有充分自信心的人,才能在交往中不卑不亢、落落大方,遇到强者不自惭,遇到艰难不气馁,遇到侮辱敢于挺身反击,遇到弱者会伸出援助之手;一个缺乏自信的人,就会处处碰壁。自信但不能自负,自以为了不起、一贯自信的人,往往就会走向自负的极端,凡事自以为是,不尊重他人,甚至强人所难。

（三）注意对象

看对象讲规矩,不同的场合、不同的人物所采取的礼仪和态度是不同的,而且还要注意与人保持适当的距离——就是控制"界域"。所谓界域,即交往中相互距离的确定,它主要受到双方关系状况的决定、制约,同时也受到交往的内容、交往的环境以及不同文化、心理特征、性别差异等因素影响。对于交际主体来说,最重要的是先研究交际对象,根据交际对象的性别、年龄、生活背景、心理特征等因素的差异来选择适当的语言和行为,以求明晰表达自己的思想,达到正常交际的目的。

（四）文明礼貌

在交际过程中,双方都应表现出对对方应有的尊重和坦诚合作的良好意愿。礼貌是对他人尊重的情感外露,是交际双方心心相印的导线。在人际交往中,礼貌待人,才能达到沟通情感的作用。通过文明的行为,礼貌的谈吐,体现出尊重对方的主观意向,从而接近对方,赞美、欣赏对方,使之与交际对象的合作成为可能。

（五）自律自强

那么如何剔除人际交往中自负的劣根性呢? 自律原则正是正确处理好自信

与自负的又一原则。自律乃自我约束的原则。在社会交往过程中,在心中树立起一种内心的道德信念和行为修养准则,以此来约束自己的行为,严于律己,实现自我教育,自我管理,摆正自信的天平,既不必前怕虎后怕狼地缺少信心,又不能凡事自以为是而自负高傲。在日常交际中,应严于律己、宽以待人,对非原则性的问题不要斤斤计较。

五、交际礼仪的类型及案例分析

(一)日常交际礼仪

要塑造良好的交际形象,必须讲究礼貌礼节,为此,就必须注意你的行为举止。举止礼仪是自我心诚的表现,一个人的外在举止行动可直接表明他的态度。做到彬彬有礼,落落大方,遵守一般的进退礼节,尽量避免各种不礼貌、不文明习惯。

示例1

2012年4月,海口市美兰区九村小学附近发生一起离奇案件,一位女子因停放电动车问题和他人发生争执,随后产生冲突,最终致该男子抢救无效死亡。目前,犯罪嫌疑人已经被警方控制。

点评:人际交往中应奉行宽容礼貌的原则,如果二人都互让一步就不会发生这样的惨剧了。现实生活中,还有许多因为不懂礼仪或个人素质低引发的刑事案件,本来是一件小事,却酿成大祸。

示例2

2000年奥运会中国运动健儿的出色表现征服了多国观众,但某些中国人的不文明习惯却给他国运动员、记者留下了不好的印象。有媒体报道,中国记者团几乎每个人都配备了移动电话,铃声是非常特别的音乐,在很嘈杂的场所也可以清楚分辨是不是自己的电话。但在射击馆里,当运动员紧张比赛的时候,这种声音就显得特别刺耳。组委会为了保证运动员发挥出最佳水平,在射击馆门前专门竖有明显标志:请勿吸烟,请关闭手机。也不知是中国的一些记者没看见还是根本不在乎,竟没关机。其实,把手机铃声调到"振动"并不费事。王义夫比赛时,中国记者的手机响了,招来周围人的嘘声和众多不满的目光。有外国人轻轻说:"这是中国人的手机!"在陶璐娜决赛射第七发子弹的关键时刻,中国记者的手机又一次响了……

点评:当前社会人人都使用手机进行交际,使用手机的礼仪有:

遵守秩序,使用手机时不应有意、无意之间破坏公共秩序。具体来说,此项要求主要是指,不允许在公共场合,尤其是楼梯、电梯、路口、人行道等人来人往之处,旁若无人地使用手机。不允许在要求"保持寂静"的公共场所,诸如音乐厅、美术馆、影剧院、歌剧院等大张旗鼓地使用手机,在体育比赛场馆,观看射击等比赛项目,运动员需要安静环境,这时也应注意使手机关机或处于静音状态。不允许在聚会期间,例如开会、会见、上课之时,使用移动通讯工具,从而分散他人注意力。

示例3

小刘和几个外国朋友相约周末一起聚会娱乐,为了表示对朋友的尊重,星期天一大早,小刘就西服革履地打扮好,对照镜子摆正漂亮的领结前去赴约。北京的八月天气酷热,他们来到一家酒店就餐,边吃边聊,大家好不开心快乐!可是不一会儿,小刘已是汗流浃背,不住地用手帕擦汗。饭后,大家到娱乐厅打保龄球,在球场上,小刘不断为朋友鼓掌叫好。在朋友的强烈要求下,小刘勉强站起来整理好服装,拿起球做好投球准备。当他摆好姿势用力把球投出去时,只听到"嚓"的一声,上衣的袖子扯开了一个大口子,弄得小刘十分尴尬。

点评:不同社交场合,对服装的要求是不同的,比如参加宴会、晚会等重要社交活动的服装与交游、运动或居家休息的服装,就有很大区别。为了着装得体,就要了解在什么场合应穿什么衣服,什么服装适合在什么场合穿。要非常注意在不同时间、不同场合、不同环境的服饰穿着和饰物的搭配,使自己的形象更完美。正式服装用于参加婚葬仪式、会客、拜访、社交场合。而这里小刘与朋友们的聚会游乐,应该选择平常穿的便装,重要的是舒适、实用、便于行动。

示例4

王兰是一位爱美的女士,随时随地担心自己的妆容有什么不好,不管是在餐馆就餐后,还是在工作时,经常梳头,磨指甲,涂口红和化妆。不管是不是当着别人的面。久而久之,一些朋友和同事都提出了意见。

点评:人前化妆是男士们最讨厌的女性习惯之一。需要梳头、磨指甲、涂口红和化妆时,或者用毛刷涂口红时,请到化妆室或盥洗室进行。同样,在人前整理头发、衣服,照镜子等行为应该尽量节制。

(二)商务交际礼仪

现代商品经济和市场经济社会中,商务往来是司空见惯的事情,所以,我们每一个人都应该了解和学习一些商务往来中的礼仪知识。但是,商务活动的内

容极其丰富,涉及的范围也十分宽广。商务活动中的礼仪知识是非常多的,并且各个国家也还有各自的特殊礼仪要求。

示例 5

　　李江的口头表达能力不错,人既朴实又勤快,在业务人员中学历又高,领导对他抱有很大期望。可是他做了销售代表半年多了,业绩总是没有得到提升。到底问题出在哪儿?原来,他是个不爱修边幅的人,喜欢留着长指甲,指甲里经常藏着很多"东西"。脖子上的白衣领常常有一圈黑色的痕迹。他喜欢吃大葱、大蒜之类的刺激性的食物。

　　点评:在人际交往中,交往对象对自己发自内心的好恶亲疏,往往都是根据其在见面之初对仪容的基本印象"有感而发"的。这种对他人仪容的观感除了先入为主之外,在一般情况下还往往一成不变,其作用可谓大矣。所以要养成良好的习惯,克服各种不雅举止。

示例 6

　　一天上午,惠利公司前台接待秘书小张匆匆走进办公室,像往常一样进行上班前的准备工作。她先打开窗户,接着,打开饮水机开关,然后,翻看昨天的工作日志。这时,一位事先有约的客人要求会见销售部李经理,小张一看时间,他提前了 30 分钟。小张立刻通知了销售部李经理,李经理说正在接待一位重要的客人,请对方稍等。小张就如实转告客人说:"李经理正在接待一位重要的客人,请您等一会儿。"话音未落,电话铃响了,小张用手指了指一旁的沙发,没顾上对客人说什么,就赶快接电话去了。客人尴尬地坐下……待小张接完电话后,发现客人已经离开了办公室。

　　点评:接待访客时,要微笑着打招呼。如坐着,则应立即起身。确认访客所在单位、姓名、拜访对象、拜访事宜和目的。如果访客找的是本人,则直接带访客到会议室会谈。如果访客找的是其他人,则迅速联系受访对象,告之访客的所在单位、姓名和来意。依受访者的指示行事,可先将客人带到会客室,奉茶或咖啡,告之受访对象何时到。到时间后,将访客带到办公室,将其引导给受访对象后告退。如果受访者不在或没空接待,尽量安排他人接待,不要让访客空手而归。实在无法替代,可以请访客留下名片和资料,代为转交,约定其他时间来访,并表示歉意。最后礼貌送客。小张的做法欠妥,因此客人离去了。

示例7

周小姐有一次代表公司出席一家外国商社的周年庆典活动。正式的庆典活动结束后,那家外国商社为全体来宾安排了丰盛的自助餐。尽管在此之前周小姐并未用过正式的自助餐,但是她在用餐开始之后发现其他用餐者的表现非常随意,便也就"照葫芦画瓢",像别人一样放松自己。

让周小姐开心的是,她在餐台上排队取菜时,竟然见到自己平时最爱吃的北极甜虾。于是,她毫不客气地替自己满满地盛了一大盘。当时她的主要想法是:这东西虽然好吃,可也不便再三再四地来取,否则旁人就会嘲笑自己没见过什么世面了。再说,它这么好吃,这会不多盛一些,保不准一会儿就没有了。

然而令周小姐脸红的是,端着盛满了北极甜虾的盘子从餐台边上离去时,周围的人居然个个都用异样的眼神盯着她。事后打听,周小姐才知道,自己当时的行为是有违自助餐礼仪的。

点评:宴请是商务交往中常见的交际活动形式之一,恰到好处的宴请,会为双方的友谊增添许多色彩。赴宴要准时,赴宴前应修整仪容以及装束,力求整洁大方。在宴请排位时,客人要听从主人的安排。入座后,主人招呼,即可开始进餐。吃东西时要文雅,闭嘴,细嚼,慢咽。不要发出声音。嘴内有食物时,切勿讲话。剔牙时,要用手或餐巾遮住口。当主人起身祝酒时,应暂停进餐,注意倾听。碰杯时,主人和主宾先碰。人多时可同时举杯示意,不一定碰杯。饮酒不要过量,可敬酒,但不要硬劝强灌。吃西式自助餐时要遵循的礼仪是原则上按照生菜、色拉、主食、甜点、水果顺序取菜,一次取2至3样。盘子如果堆得太满,既不雅观,又混淆原味。选用牛排、猪排、鱼排等食物时,须遵照西餐的礼仪食用。不要混用专用菜夹。用过的餐盘不可再用。既不可浪费,又不可抱着"捞本"和"不吃白不吃"的心态,暴饮暴食。

示例8

一次,有位老师带着三个毕业生同时应聘一家公司做业务员,面试前老师怕学生面试时紧张,同人事部主任商量让三个同学一起面试。三位同学进入人事部主任办公室时,主任上前请三位同学入座。当主任回到办公桌前,抬头一看,欲言又止,只见两位同学坐在沙发上,一个架起二郎腿,而且两腿不停颤抖,另一个身子松懈地斜靠在沙发一角,两手攥握,手指咯咯作响,只有一个同学端坐在椅子上等候面试。人事部主任起身非常客气地对两位坐在沙发上的同学说:"对不起,你们二

位的面试已经结束了,请退出。"两位同学四目相对,不知何故,面试怎么什么都没问,就结束了。

点评:面试时,男士得穿上整洁的服装,但不必刻意打扮。女士应穿得整洁,明亮,大方。守时是职业道德的基本要求,提前10—15分钟到达面试地点效果最佳。提前半小时以上到达会被视为没有时间观念,但在面试时迟到或是匆匆忙忙赶到却是致命的。交流中目光要注视对方,但万万不可死盯着别人看。如果不止一个人在场,要经常用目光扫视一下其他人,以示尊重和平等。坐姿不要紧贴着椅背坐,不要坐满,坐下后身体要略向前倾。一般以坐满椅子的三分之二为宜。这既可以让你腾出精力轻松应对考官的提问,也不至让你过于放松。在面试时不可以做小动作,比如折纸、转笔,这样会显得很不严肃。这里的两位同学,忽略了胜过有声语言的形体语言。仪态坐姿不礼貌,表现出对人事部主任的不尊重,因此遭到淘汰。

拓展练习

1. 请为王技术员想一个两全其美的办法,既能不得罪客户,为企业争取到客户,又能对公司的技术保密。

  作为一个技术员,需要对公司的技术保密。王技术员接到一个客户的电话,询问他们公司电缆的技术参数,同时又问了一些属于技术机密的问题。王技术员直接回答说:"我们有规定,这些属于商业秘密不能外传。"结果客户电话里传来的是"嘀、嘀……"的声音,对方挂断了电话。后来听说这位客户买了其他企业的电缆。

2. 以下场合见面过程中有什么不符合礼仪的地方?请指出,并说明正确的做法是什么。

  王小峰在大学读书时学习非常刻苦,成绩也非常优秀,几乎年年拿奖学金,为此同学们给他起了一个绰号"超人"。大学毕业后他顺利进入一家跨国公司,一晃八年过去了,他现在已经成为公司的部门经理。

  去年国庆节,王小峰带着妻子回国探亲。一天,在大剧院观看音乐剧,刚刚落座,就发现有3个人向他们走来,其中一个人边走边伸出手大声地叫:"喂!这不是超人吗?你怎么回来了?"这时,王小峰才认出说话的正是他的老同学李平。李平毕业后跑到南方做生意,赚了些钱,如今在上海注册公司当起了老板。今天正好陪着两位从香港来的生意伙伴一起来观看音乐剧。这对生意伙伴是他交往多年的较年长的香港夫妇。

　　此时,王小峰和李平彼此都既高兴又激动。李平大声寒暄了好一阵子,才想起王小峰身边还站着一位女士,就问王小峰身边的女士是谁。王小峰这时才想起向李平介绍自己的妻子,李平高兴地走上去,给王小峰妻子一个拥抱礼。这时李平也才想起该向老同学介绍他的生意伙伴了。

3. 请分析小 A 在打电话的过程中,有哪些不合礼仪的地方?打电话都有哪些礼仪?

　　A:"请问王老师在吗?"
　　王老师:"我是王老师,请问您是哪位?"
　　A:"王老师,您猜呢?"
　　王老师:"是李敏吗?"
　　A:"不是!"
　　王老师:"是王霞吗?"
　　A:"不是!老师您都忘了我的声音了。"
　　王老师:"你到底是谁?没事情的话我要挂电话了。"

课后任务

1. 微笑使人感到亲切、友好,如果"微笑服务"成为一种"包装"和无奈,甚至"伪装",你对此有些什么看法?

2. 我国十分讲究"礼尚往来",遇到下列情况,你如何处理?并说明这样做的道理。

　　朋友之间关系不错,你请他吃一次饭,他总要找机会回报你,而且档次明显提高了,那么下次你再请他吃饭,该怎么办?是加码再提高,还是与他相当?还是降低水平?还是怕不断高攀,干脆到此为止,不再请吃饭了?

第二节　朗诵艺术

　　人们将书面文字的内容转换成口头语言形式表现出来,通常有念读、朗读和朗诵三种基本形式。其中朗诵是一种艺术化的有声朗读,材料通常局限为文学作品,以诗歌、散文为主。朗诵除了要求正确认读作品内容,注意语音规范以外,

更加注重语气语调的丰富多样性、情感形象表达的细腻生动性,朗诵是个性化、艺术化的声音表现形式。

一、朗诵的含义和作用

(一) 什么是朗诵?

朗诵,是艺术化的有声诵读。朗诵是把文字作品转化为有声语言的创作活动,是朗诵者在理解作品的基础上用自己的语音塑造形象,反映生活,说明道理,再现作者思想感情的再创造过程。优秀的朗诵应该是一种极具语言感染力的艺术表现。

(二) 朗诵的作用

朗诵是口语表达的重要表现形式之一。朗诵不仅可以帮助提高一个人的阅读能力,增强其艺术鉴赏水平。更为重要的是,通过朗诵,从大的说,可以达到陶冶性情,开阔胸怀,文明言行,增强理解的作用;从小的说,可以有效地培养一个人对语言词汇细致入微的体悟能力,确立最佳口语表述方式的自我鉴别能力。因此,想成为口语表述与交际的高手,就应学习朗诵技巧,提高朗诵水平。

1. 有利于深入体味文字作品

文字作品,诉诸人的视觉,有其自身的优势。看书可以一目十行地看,进行粗略阅读,也可以细细品味,反复揣摩文中情味。总体说来,单一地通过视觉,传递信息到大脑,给人留下的印象,远不如多渠道进行信息传递的效果来得更好。因此,能够对文字作品进行反复阅读,细加品味,认真领会文章精神,准确表达语词涵义,并转化为有声语言,进行艺术化地诵读,可以增加信息传入大脑皮层的刺激渠道,增强对文章的接受效果。朗诵对文字的体味要求更高,通过诵读,可以发现自己读得"对味儿"或"不对味儿","贴切"或"不贴切",然后再看再体味,并反复揣摩,进一步加深对文字作品的理解和感受,然后再借助声音去表现。好的朗诵,因为融入了诵读者对作品更加深刻的体悟,有了诵读者的再创作,往往能引导听者更加深入体味文字作品,走向作品的更深处。

2. 有利于提高语言表达能力

对文字作品的深入体悟,为朗诵者更好地用有声语言去表现文字作品的思想性、艺术性提供了依据。然而,只有当朗读者同时具有一定的语言表现力时,他才能够将自己对作品的理解与感受用声音艺术表现出来。因此,朗诵对朗读者的要求,包含对他的语言表现力的要求。这种语言表现力既包括了思想情感的丰富生动性,也包括了内容涵义的逻辑层次性。为了准确表现体悟到的深刻内涵、丰富情感和逻辑层次,朗诵者必须学习和运用各种诵读技巧,以便能尽可能完美地演绎作品的美妙动人之处。自觉学习和提高对语言表现力的要求,长期的诵读实践训练能对朗诵者起到潜移默化的影响,使得朗诵者的听说读写能力综合提高,相得益彰,从而使他无论是从事文字写作,还是用有声语言表达,都能提高语言表现力。

3. 朗诵有利于陶冶人的情操

朗诵是文字作品转化为有声语言的艺术,是了解作者、丰富自己、吸引听者的有力纽带。好的朗诵能使作品具有更强的语言感染力,诵读者在朗诵作品时,需要将自己对作品的深刻体会、独特感受,借助声音表达技巧,使作品更具感染力。这就迫使朗诵者要不断丰富自己的想象力、增强内心的感受力,并提高自己的语言表现力。同时,朗诵得越好,文字作品的语言感染力就越强。优秀的朗诵无疑能更好地带动听众去感受文字作品中丰富的思想情感,体会作品语言的优美佳境。因此,艺术化的朗诵,无论是对于朗诵者,还是听众,都是一种高尚的精神享受,能培养人们的人文精神,有利于陶冶人的情操。

4. 朗诵有利于语言的规范化

《中华人民共和国宪法》第一总纲第十九条明确规定:"国家推广全国通用的普通话。"由于方言的影响,普通话的学习并不容易。说话时,语速快,又没有文字依托,容易受方言影响,语言不规范现象更容易出现。文学作品在语汇语法等方面都较为规范,朗诵依托作品进行朗诵,朗诵前对作品中的字音、词义和句法都要认真斟酌,准确诵读,这将有效促进普通话的学习。朗诵是学习语言、驾驭语言、运用语言的重要方法,是推广普通话的重要形式,是达到语言规范化的有效途径。

二、朗诵的要求与准备

1. 明确身份

朗诵者的任务是将文字作品的精神实质通过自己的有声语言,创造性地传播给听者,是将作品内容准确生动地诵读出来,使听众能深入了解作品内涵,并从中受到启发,得到美感享受。朗诵的过程,实质是朗诵者对作者以及作品中人物的理解与有声演绎。因此,朗诵者的身份,既不完全是文字作品的传播者,也不是作者的替身或作品中人物的扮演者,朗诵者的身份是自己,是一个传播者。朗诵者要尊重原作,将作品中所表达的思想情感发挥到极致,使听众能更加了解、喜欢和接受这个作品。但是,朗诵者毕竟不等同于作者,朗诵者将自己所理解的作品创造性地用声音形式呈现给听众,他既是作品内容的驾驭者,也是现场的组织者、气氛的烘托者。

(1) 朗诵不同于朗读

朗诵不同于朗读,朗读是用清晰、响亮的声音把文章读出来,以传达文章的

思想内容。朗诵则是用清晰、响亮的声音把文章背出来,以传达文章的思想内容。可见,朗诵的要求比朗读要高,它要求不看作品,面对观众,除运用声音外,还要借助眼神、手势等体态语帮助表达作品感情,引起听众共鸣。

(2) 朗诵不同于演戏

朗诵常常伴随手势、姿态等体态语,但朗诵时的姿态或手势不能过多、过火。毕竟,朗诵不同于演戏。演戏时,演员不直接和观众交流,他扮演剧中人物,模仿剧中人物的语言、动作,他只和同台的演员进行交流;而朗诵者直接交流的对象是听众,他主要是通过声音把感情传达给听众,引起听众共鸣,手势、姿态等只不过是帮助表达感情的辅助性工具,不宜过多、过火。

2. 了解对象

"优秀的朗诵不是在朗读过程中'忘我',而是在'有我'的前提下,进入'无我'之境。"[①]朗诵者既不能将自己的身份与作者混同,忘却现场,忽视听众,也不能高高在上,以恩赐者的姿态高踞听众之上,而应该成为作者与听众共同的知音,将自己对作品的理解和感受,用心借助声音将作品演绎出来。因此,朗诵者要了解朗诵对象,做到心中有人,有的放矢。不同的听众,由于其文化修养、年龄阅历等差异,他们对朗诵者的要求是不一样的。朗诵时,要注意根据不同朗诵对象的特点,注意与朗诵对象进行交流,并及时根据听众反馈的信息,调整自己的诵读方法,使听者能随着朗诵者的诵读,真正进入作品,引起听者情感上的共鸣。

3. 把握内容

把握作品内容是对朗诵者的最基本要求。朗诵者对所朗诵的作品要反复阅读,理清作品脉络结构,深入理解作品的思想内涵。既要掌握作品中的字词句的声、韵、调以及语流音变等读音问题,也要认真分析文章的结构层次,仔细揣摩和体味语句之间的逻辑关系和文章所表达的思想情感,要在准确把握语音、词义、句法和结构层次基础上,找出深层次表达思想情感的关键性词句,为朗诵时语音轻重、语速快慢及语气语调等的变化处理做好准备。

4. 确定基调

基调是指作品的基本情调,是作品总的思想态度、情感色彩和分量的综合体现。朗诵基调类型丰富,有庄重严肃的,有清新活泼的,有热情奔放的,有沉抑凝重的,有舒缓从容的,有悲切哀婉的等等。作品的基调是由其内容所决定的,只有深入理解作品,才能总体把握作品的情感态度,定下朗读的基调。对于整个作品而言,基调是统一和谐的,这并不影响其内部不同段落层次和语句处理的丰富性。如陆游的《钗头凤》是低沉型基调,表现出哀怨、无奈的情绪。

---

① 张颂:《朗读学》,北京广播学院出版社 1999 年版,第 132 页。

5. 调整状态

朗诵者在朗诵时要调整好自己的状态。朗诵状态的调整包括生理状态和心理状态,其中心理状态占主导。在深入理解作品内容后,朗诵者应当以饱满的精神状态,自觉驾驭作品,积极地朗诵,做到既积极自信,又心情放松。这样,朗诵时才能做到用声自如。心情过于紧张或过于放松,都会影响声音的调控,将不利于朗诵。

三、朗诵基本技巧

朗诵者的语言表达是实现朗诵目的最重要的手段。朗诵者语言表达效果离不开其对内部心理状态的把握和外部表达技巧的运用。内部心理状态和外部表达技巧两者相辅相成,互为依赖。内部心理状态具有支配声音的作用,没有强烈丰富的内部感受,只注意外部技巧变化,朗诵就难以打动听众,引起听众情感的共鸣。反之,内部感受再丰富,如果没有完善的声音形式,内部思想情感也就不能很好地表达出来。

(一)内部心理状态的把握

优秀的朗诵要有朗诵者对作品的具体感受。这种感受包括形象性感受和逻辑性感受。

1. 形象性感受的运用

形象性感受是人们对外界事物的感受,是由于客观事物刺激而产生的内心反应,是因"感之于外,受之于心"而形成。形象性感受可以包括视觉、听觉、嗅觉、味觉、触觉、时间觉、空间觉、运动觉等各种知觉,也可以是不同知觉的综合感受。通过语言文字,朗诵者感知作品所表达的事物情状,再借助自身经验,发挥想象,间接地形成自己的具体感受,又通过语气语调的变化,创造性地再现文中所描绘的情景场面,表达作者或文中人物的思想情感,从而感染听众,使之能有"如闻其声""如见其人""如临其境"的效果。形象性感受的运用是提高朗诵者语言表现力,增强情感渲染的有效途径。

获得形象性感受的关键,是要抓住文字作品中那些表达事物形象的"实词",同时也要善于结合自己生活经验,通过联想性记忆,发挥自己想象。作品中的实词,是表达思想、传递感情的关键性词汇,它们最具有形象性。通过这些实词,朗诵者借助生活经验,就可以从中看到、听到、嗅到、触到文字所代表的客观事物的情状,也可以从中感受到时间的变化、空间的转移或事物的运动。

例如,《少年闰土》中"深蓝的天空中挂着一轮金黄的圆月,月亮底下,海边沙地上,是一望无际的碧绿碧绿的西瓜地。夜深人静,田野静悄悄,就在这碧绿的瓜地里,一个十一二岁的少年项戴银圈,手捏一柄钢叉,向一匹偷西瓜的猹尽力

地刺去……"这段文字生动地将少年闰土月下用钢叉刺猹的形象描绘了出来,其中"深蓝""金黄""碧绿"等词汇极具视觉冲击力,"月亮底下""海边沙地""夜深人静"和"田野静悄悄"等词汇,则营造出了静谧空旷的氛围,而"手捏一柄钢叉""尽力地刺去"中,"捏""刺"两个动词则使得刺猹少年的形象更加生动鲜活。朗诵者如果能充分调动自己的想象力,抓住这些关键词,就能将内在获得的形象性感受通过声音形式很好地传递给听众。

2. 逻辑感受的运用

优秀的作品,其层次结构、段落语句之间往往有着严密的逻辑关系。逻辑关系,既表现为语言本质的清楚准确性,也表现为语言链条的条理性和连贯性。听众对作品内在逻辑关系的把握,要仰仗朗诵者的逻辑感受与表达来获得。朗诵者在分析理解作品过程中,除了获得形象感受,也要注意形成逻辑感受。这种逻辑感受包括作品的主次感、并列感、递进感、总括感、对比感和转折感等。朗诵时要根据诵读内容与目的,将作品的逻辑感受,通过语音的轻重、语速的快慢、语调的高低和节奏的变化等语音技巧准确表现出来,传递给听众。逻辑感受运用要善于抓住表现作品内容之间逻辑关系的一些词,如表现时空并列关系的"早、中、晚""东、南、西、北",表现转折或递进关系的"然而""但是"或"甚至""而且",表示总括关系的"总之"等词语,都是表现逻辑感受的关键词。

(二) 外部声音表达技巧

1. 语气

朗诵时,作品内在的思想情感的色彩和分量要通过外在的高低、强弱、快慢、虚实等声音形式表现出来。有什么样的感情,就会产生什么样的气息;有什么样的气息,就会有什么样的声音状态。语气是内在思想情感与具体声音形式(包括声音和气息)的综合表现。一般说来,语气表现为:爱则气徐声柔,恨则气足声重,喜则气满声高,怒则气促声重,悲则气沉声缓,急则气短声促,冷则气少声淡,惧则气提声抖,疑则气细声粘,静则气舒声平。在具体的朗诵中,语气不是单一的,它随作品思想情感的变化而变化,情感越复杂,语气变化也就越丰富。反之,语气变化越丰富,也就越能体现思想情感的复杂性。

因为语气的不同声音会相应地发生升降变化就形成了语调。人们通常将语调分为平直调、上升调、降抑调和曲折调四种类型。通常人们用声音表达时,语调会侧重表现为其中的某一类型,却不会只表现为其中一种类型。语调的表现是曲折的,曲折性是语调的根本性特征。实际应用中,不能简单机械地将语调的处理为以上四种类型,语调的曲折性是通过声音的高低、强弱、长短、音色综合表现的。

2. 重音

朗诵时,为了实现诵读目的,会强调突出语句中的一些词或短语,这种朗诵技巧就是重音。重音有语法重音和强调重音(逻辑强调、情感强调)两种。

在不表示什么特殊的思想和感情的情况下,根据语法结构的特点,而把句子的某些部分重读的,叫语法重音。语法重音常见规律为:① 一般短句子里的谓语部分常重读;② 动词或形容词前的状语常重读;③ 动词后面由形容词、动词及部分词组充当的补语常重读;④ 名词前的定语常重读;⑤ 有些代词也常重读。如果一句话里成分较多,重读也就不止一处,往往优先重读定语、状语、补语等连带成分。如:① 我们是怎样度过这惊涛骇浪的瞬息! ② 快把那炉火烧得通红。值得注意的是,语法重音的强度并不十分强,只是同语句的其他部分相比较,读得比较重一些罢了。

强调重音指的是为了表示某种特殊的感情和强调某种特殊意义而故意说得重一些的音,旨在引起听者注意自己所要强调的某个部分。强调重音可能与语法重音重叠或有冲突时,这时语法重音服从于强调重音。如:我去过上海。这句话在回答"谁去过上海""你去没去过上海""北京、上海等地,你去过哪儿"等不同问题时,强调内容不同,重音落实处也就不一样。

重音是实现语句强调目的的重要手段,重音表示方式不能简单理解为加重声音,只要能起到强调作用,重音处理可以是重音重读,也可以是重音轻读,还可以通过虚实转换、快慢变化、高低转换或前后顿歇等方式来实现。重音在句子中的位置并不固定,重音处理不宜过多,要有主次之分。一般一个完整独立的句子只有一个重音。朗诵时,要将次重音和非重音带过去。

3. 停连

因作品表达思想感情的需要和气息调整需要,朗诵时语流会有中断或延续的处理,这种朗诵技巧被称为停连。停连技巧的运用必须以思想情感的表达需要为前提,气息调整需要服从思想内容的表达需要,不能破坏整体情意的表达。文字作品的结构层次是通过自然段划分和标点符号来区别,标点符号是朗诵者做停连处理的重要参考。朗诵时,停连处理要参考标点符号提示,但同时又不能完全受标点符号的制约。当标点符号需要与思想情感表达需要相冲突时,朗诵者要服从后者需要决定是否采取相应的停连处理。朗诵中的停顿不是思想的空白、情感的中断,停连处理要注意气息的调控,做到声断气连,以达到前后一致、情意相通的效果。

4. 节奏

思想情感的跌宕起伏,在朗诵中显示为快慢、轻重、虚实、抑扬等各种有规律的回环往复的声音形式,就是节奏。声音的高低、轻重、快慢、长短和音色都是形

成节奏的要素,语音对立因素的周期性组合是形成节奏的必要条件。通常节奏转换方式表现为:欲扬先抑,欲抑先扬;欲快先慢,欲慢先快;欲轻先重,欲重先轻。节奏变化以内在思想情感运动为根本性决定因素,速度、抑扬都是节奏形成的重要部分,但不等同于节奏。优美的节奏不是单调的重复,它要求朗诵者立足于作品整体,全面把握作品段落、层次的区别和联系,注意语气的衔接和转换,除了有抑扬顿挫、轻重缓急等声音形式的变化,还要体现声音行进过程中语言流动时回环往复的特点,在段落、层次、语句之间既注意前后内容的承续性,又注意类似语气与相近态势之间的相互转换。

节奏有以下几种类型:

  A. 往复型 AB—AB ABC—DEC
    上有天堂,下有苏杭。(平仄、声韵)
  B. 回环型 ABC—CBA ABC—CDE
    我为人人,人人为我。(声韵)
  C. 对立型 ABB—BAA ABA—BAB
    好好学习↗,天天向上。↘(升降)

朗诵中运用节奏应注意的两个问题:

① 对称是表现音律美的法宝,要努力挖掘表现对称要素,对先天不足的语句要利用对称原则尽力弥补。

示例 1

挤油

  铃声一响,↗学生们蜂拥而出,↗跑进干冷的阳光里,↘站在教室前,↗跺跺脚,↗脚暖了,↘就沿墙根一字排开,↗中间站个大个,↘两边人数相等,↘一齐往中间挤,↗咬牙、弓腿,喊号子,↘挤掉了帽子↗是顾不及捡的,↗绷断了线做的腰带,↘也只能硬撑着,↗一来二去,↘身体↗就暖和起来,↘甚至↘冒出汗来。↗

示例 2

家乡的桥

  每天,→不管是 鸡鸣晓月,↗日丽中天,↗还是 月华↘泻地↘,小桥都印下 串串足迹,↘洒下 串串汗珠。↗

② 运用节奏规律要注意周期的量要适度,否则会感到单调。相同节奏运用以两项最常见,三项往复为极限,如有四项及以上,要作适当处理,避免单调。

示例 3

可爱的小鸟

没有 一片绿叶,↗没有 一缕炊烟,↘没有 一～粒泥土,↗没有 一～丝花香,↘只有 水的世界,↗云的海洋。↗

示例 4

朋友及其他

一锅小米稀饭,↗一碟大头菜,↘一盘～ 自家酿制的泡菜,↘一只～ 巷口买回的烤鸭,↗简简单单,↗不像请客,↘倒像家人↗团聚。↘

作品中主要语句、语段中,某一节奏要素回环往复,不断出现并强化,构成作品的基本语势,与语流中其他语势相辅相成或相反相成,构成节奏的不同类别。常见节奏类型分为:

(1) 轻快型。多扬少抑,多轻少重,音步包含的字词密度大,基本语势偏于轻快,重点句段更为明显。如《小蝌蚪找妈妈》。

(2) 高亢型。语势为涨潮型,一浪高于一浪,峰峰相连,扬而更扬,势不可遏,基本语势高昂或爽朗,重点句段更为明显。如《海燕》。

(3) 紧张型。多扬少抑,多重少轻,音步内密度大,气较促,音较短,基本语势为急促紧张,重点句段更为明显。如《最后一次演讲》《董存瑞炸碉堡》。

(4) 舒缓型。语势多扬而少坠,声较高而不着力,音步内疏而少顿,气流长而声轻,基本语势较为舒展,重点句段更为明显。如《月光曲》。

(5) 凝重型。语势平稳,音强而着力,多抑少扬,音步较短,基本语势显得凝重,重点句段更为明显。如《最后一课》。

(6) 低沉型。语势为落潮类,句尾落点多显沉重,延音较多,声音偏暗,基本语势带有沉缓的感受,重点句段更为明显。如《卖火柴的小女孩》。

在实际朗诵中,声音的运用通常不是简单地只表现为这六种类型中的一种,而经常是几种节奏类型的相互渗透与转换。节奏的丰富多变,有利于进一步引导听众深入作品,并引起情感共鸣,诵读也就更具魅力。

总体来说,语气、停连、重音、节奏四种朗诵技巧在运用时不是单一独立运用的,它们都服从于思想情感的表达需要,相互融合,彼此制约。其中语气是各种技巧的核心,是实现朗诵目的最基本的落脚点,它支配了停连、重音、节奏的处理方式,停连、重音、节奏等技巧都要以语气为基础展开。

四、不同体裁作品的诵读训练

不同体裁的作品,其结构与内容都有自己的特点。抒情性作品重在抒发情感,叙事性作品以叙述故事、表现人物性格特征为主,议论性作品则旨在论证观点。朗诵者要把握不同体裁作品的朗诵规律,掌握作品的表达特色,才能准确掌握朗诵方法,取得更好的朗诵效果。

(一)抒情性作品的诵读

抒情性作品主要包括散文和诗歌,这类作品以抒情为主,取材自由,结构松散,人们普遍比较喜欢选择此类作品进行朗诵。抒情性作品诵读的关键在于找出情感线索,把握其主题和情感基调,了解抒情重点。抒情性文章的基调有高亢的、低沉的、哀婉的、清新的、缠绵的等等。朗诵时候,把握了作品的基调,再恰当地综合运用朗诵技巧,效果就会事半功倍。

1. 把握结构,注意设计

抒情性作品从表面看,结构一般比较松散,不容易把握。它是通过情感的起伏变化来起承转合的,不仔细体会,较难把握。诵读前,既需要对作品有整体认识,把握作品基调,也要仔细研究其内部情感的万千变化,然后设计细致具体的朗诵方案。作品各部分之间的关系怎样?情感层次如何变化?抒情的重点在哪里?哪些是关键性词句?关键性词句如何处理?这些问题在朗诵前都要心中有数。抒情性作品往往容易给人造成处处在抒情的感觉,初学者如果不注意研究设计,就有可能出现抒情重点不突出,感情处理不细腻等问题。只有真正明确了作品情感的整体走向与变化,懂得了情感内部的细微变化的点与处理方法,朗诵时就能做到气息连贯,声情并茂有感染力。

2. 感情真挚,收放自如

情感是抒情性作品的灵魂,只有将作品中的感情处理妥帖,诵读才能收到好的效果。朗诵时,首先要置身于作品情境,深刻理解所表达的对象,充分体会其中感情,引起自己情感上的共鸣;然后要结合自身经历,发挥想象,积极调动情感,综合运用各种技巧进行诵读。诵读时感情一定要自然真挚,切忌虚假做作,情感抒发要有度,收放自如。

3. 虚实结合,明暗互补

抒情性作品朗诵,必须注意意境氛围的营造和情感的渲染,声音的虚实与明暗对于抒情性作品营造氛围、生成意境、渲染情感都起着极其重要的作用。

与其他体裁作品相比较,抒情性作品因为作品情感性强,情节性弱,各部分之间的逻辑联系也不十分紧密,诵读时特别要注意声音的虚实变化,刚柔相济。声音的虚实变化主要是通过气息的调控来实现的,它与声音的高低、强弱有关联,却并不是简单的对应关系。一般柔情的声音表现是虚多实少,刚性情感的声音则往往表现为实多虚少。

不同情感的音色明暗也不一样。每个人在高兴愉快轻松时,声音就会明亮些;郁闷苦恼哀伤时,声音就会变得暗淡。声音的明暗主要是指音色的亮度,它通常是心境、情绪的一种显露。明亮的声音是上行走向,声音渐强,发声时气息集中,可以通过颧肌上提、打开共鸣腔和提高声音等方式来表现。反之,声音就会偏暗。声音明暗分寸的把握也要与作品的情感色彩相和谐。

示例 5

轻轻的我走了,
正如我轻轻的来;
我轻轻地招手,
作别西天的云彩。

那河畔的金柳,
是夕阳中的新娘;
波光里的艳影,
在我的心头荡漾。

软泥上的青荇,
油油的在水底招摇;
在康河的柔波里,
我甘心做一条水草!

那榆荫下的一潭,
不是清泉,是天上的虹,
揉碎在浮藻间,
沉淀着彩虹似的梦。

寻梦?撑一支长篙,
向青草更青处漫溯,
满载一船星辉,
在星辉斑斓里放歌。

但我不能放歌,

悄悄是别离的笙箫;

夏虫也为我沉默,

沉默是今晚的康桥!

悄悄的我走了,

正如我悄悄的来;

我挥一挥衣袖,

不带走一片云彩。

——徐志摩《再别康桥》

朗读提示:徐志摩的这首诗,以"但"为转折点,前后情感变化明显。前半部分诗歌色彩比较明亮,表现了幸福甜蜜之感,"满载一船星辉,在星辉斑斓里放歌"是诗歌的高潮处;后半首,诗人回到现实,情感沉抑,色彩黯淡,诵读时候要注意前后声音的变化。

(二)叙事性作品的诵读

叙事作品无论是写人、记事,还是写景状物,目的都在于因事明理。因此,此类作品的诵读,叙述要清楚,节奏要舒缓,要给人以启迪。

1. 理清线索,分出主次

叙事性作品情节性强,只要搞清楚故事发展线索,就能理清其结构层次。叙事性作品一般以人、物、景为脉络,作者思想感情由此展开。朗读前要明确作品主题,分出主次轻重,然后设计整体朗读方案,朗读时再有针对性地运用各种技巧,把握好作者思想感情与叙事线索的关系,准确表达作品的思想感情。

2. 起承转合,衔接自然

叙事性作品,通常一波三折,有很强的故事性。朗读时要注意内部上下前后关系的处理。特别是转承起合时,要注意语气语调的衔接与转换,不割裂内部联系。

3. 综合技巧,有机融合

叙事性作品通常会综合运用各种表现手法,或叙述,或描写,或抒情,或议论。朗诵时,要注意将这些不同的表现手法有机融合,做到叙述时平实从容,清楚自然;描写时生动形象,如临其境;抒情时情感真挚细腻,饱满有激情;议论时沉着大气,娓娓道来。

示例6

一天,爸爸下班回到家已经很晚了,他很累也有点儿烦,他发现五岁的儿子靠在门旁正等着他。

"爸,我可以问您一个问题吗?"

"什么问题?"

"爸,您一小时可以赚多少钱?"

"这与你无关,你为什么问这个问题?"父亲生气地说。

"我只是想知道,请告诉我,您一小时赚多少钱?"小孩儿哀求道。

"假如你一定要知道的话,我一小时赚二十美金。"

"哦,"小孩儿低下了头,接着又说,"爸,可以借我十美金吗?"

父亲发怒了:"如果你只是要借钱去买毫无意义的玩具的话,给我回到你的房间睡觉去。好好想想为什么你会那么自私。我每天辛苦工作,没时间和你玩儿小孩子的游戏。"

小孩儿默默地回到自己的房间关上门。

父亲坐下来还在生气。后来,他平静下来了。心想他可能对孩子太凶了——或许孩子真的很想买什么东西,再说他平时很少要过钱。

父亲走进孩子的房间:"你睡了吗?"

"爸,还没有,我还醒着。"孩子回答。

"我刚才可能对你太凶了,"父亲说,"我不应该发那么大的火儿——这是你要的十美金。"

"爸,谢谢您。"孩子高兴地从枕头下拿出一些被弄皱的钞票,慢慢地数着。

"为什么你已经有钱了还要?"父亲不解地问。

"因为原来不够,但现在凑够了。"孩子回答:"爸我现在有二十美金了,我可以向您买一个小时的时间吗?明天请早一点儿回家——我想和您一起吃晚餐。"

——节选自唐继柳编译《二十美金的价值》

朗读提示:这篇文章的诵读,要注意区分前后不同心情下,父子语气语调的细微变化。

(三)议论性作品的诵读

议论性作品目的是为了说理,通常论点鲜明、论据充分、论证严密。此类作品的诵读一定要准确把握和表现其内在的逻辑关系,达到寓情于理、以理服人的目的。

1. 论点鲜明,论据确凿

论点是议论性作品的题旨所在,所有论据和论证过程都围绕论点展开。诵读前,要仔细研究作品,明确作品论点;诵读时,态度明朗,观点要明确表明。论点的提出,不同的作品有不同的方式,但无不例外的是,诵读时,必须运用各种技

巧,将论点加以充分表现和强调。当然,对于不同论点,诵读处理方法上要注意变化。如一般开宗明义直接揭示论点的文章,可以采用上扬语调加以突出。处在文中的论点可以用重音、强音等方式加以表现,结尾处出现的总结式的论点可以采用下抑语调加以强调。

论据是议论性作品的支柱,是论证的依据。论点是否让人信服,很大程度上要看论据是否具有说服力。论据类型各式各样,论据内容丰富多彩。诵读时,要根据论证要求和论据自身特点,综合运用诵读技巧,或清楚叙述,事实清楚;或声情并茂,渲染有加……总之要将论据诵读得清楚确凿又不失分寸,不要因为诵读处理不当而削弱论说分量。

2. 态度明朗,语气肯定

诵读议论性作品,态度必须明朗。对待是非曲直,一定要有明确的态度,或批评或表扬,或肯定或否定,绝不能模棱两可、含糊其辞或犹犹豫豫、吞吞吐吐。同时,诵读过程中,还要注意态度的转换。议论性作品本身在论证过程中,面对不同的论据,会有不同的态度表现。同一作品中,可能会同时兼有对恶的抨击和对善的赞誉,或同时兼有对敌人的斗争和对友人的支持,诵读时要随着作者态度的转变而转换。

明朗的态度在声音方式上要求诵读者诵读时要语气肯定,声音落实。论点也好,论据也好,诵读时候,都要用肯定的语气。议论性作品中,哪怕是反问句、质问句或设问句,因为往往是明知故问。因此,诵读时候语气也是肯定的,不能飘忽不定。

3. 逻辑严密,感情含蓄

与其他体裁作品相比较,议论性作品更注重逻辑严密性。诵读时候,要善于通过形象化的语言去感受其内在的逻辑关系,要遵循逻辑语言的表达规律,将作品内在的各种逻辑关系表达清楚。议论性作品结构比较复杂,内在各部分之间逻辑层次丰富,诵读中,要综合运用各种朗读技巧,将各部分之间的逻辑层次表现清楚。

议论性作品中,感情虽不像抒情性作品外显,却也十分重要。只有客观介绍的议论文是不足取的。古往今来的优秀议论文,通常都有自己的情感倾向,但这些文章都不是直抒胸臆,而是寓情于理,表达委婉含蓄。诵读过程中,要注意运用诵读技巧,控制好感情,表现得平静客观,沉稳大气。

示例 7

中国人失掉自信力了吗
鲁迅

从公开的文字上看起来：两年以前，我们总自夸着"地大物博"，是事实；不久就不再自夸了，只希望着国联，也是事实；现在是既不夸自己，也不信国联，改为一味求神拜佛，怀古伤今了——却也是事实。

于是有人慨叹曰：中国人失掉自信力了。

如果单据这一点现象而论，自信其实是早就失掉了的。先前信"地"，信"物"，后来信"国联"，都没有相信过"自己"。假使这也算一种"信"，那也只能说中国人曾经有过"他信力"，自从对国联失望之后，便把这他信力都失掉了。

失掉了他信力，就会疑，一个转身，也许能够只相信了自己，倒是一条新生路，但不幸的是逐渐玄虚起来了。信"地"和"物"，还是切实的东西，国联就渺茫，不过这还可以令人不久就省悟到依赖它的不可靠。一到求神拜佛，可就玄虚之至了，有益或是有害，一时就找不出分明的结果来，它可以令人更长久的麻醉着自己。

中国人现在是在发展着"自欺力"。

"自欺"也并非现在的新东西，现在只不过日见其明显，笼罩了一切罢了。然而，在这笼罩之下，我们有并不失掉自信力的中国人在。

我们从古以来，就有埋头苦干的人，有拼命硬干的人，有为民请命的人，有舍身求法的人，……虽是等于为帝王将相作家谱的所谓"正史"，也往往掩不住他们的光耀，这就是中国的脊梁。

这一类的人们，就是现在也何尝少呢？他们有确信，不自欺；他们在前仆后继的战斗，不过一面总在被摧残，被抹杀，消灭于黑暗中，不能为大家所知道罢了。说中国人失掉了自信力，用以指一部分人则可，倘若加于全体，那简直是诬蔑。

要论中国人，必须不被搽在表面的自欺欺人的脂粉所诳骗，却看看他的筋骨和脊梁。自信力的有无，状元宰相的文章是不足为据的，要自己去看地底下。

九月二十五日。

朗读提示：除了要读好一般性议论文的论点、论据、论证过程及论述层次，本文的朗读还要特别注意读出作者的态度。

拓展练习

1. 分析并朗诵：

(1)
我爱这土地
艾青

假如我是一只鸟，
我也应该用嘶哑的喉咙歌唱：
这被暴风雨所打击着的土地，
这永远汹涌着我们的悲愤的河流，
这无止息地吹刮着的激怒的风，
和那来自林间的无比温柔的黎明……
——然后我死了，
连羽毛也腐烂在土地里面。

为什么我的眼里常含泪水？
因为我对这土地爱的深沉

(2)
朋友和其他
杏林子

朋友即将远行。暮春时节，又邀了几位朋友在家小聚。虽然都是极熟的朋友，却是终年难得一见，偶尔电话里相遇，也无非是几句寻常话。一锅小米稀饭，一碟大头菜，一盘自家酿制的泡菜，一只巷口买回的烤鸭，简简单单，不像请客，倒像家人团聚。

其实，友情也好，爱情也好，久而久之都会转化成亲情。

说也奇怪，和新朋友会谈文学、谈哲学、谈人生道理等等，和老朋友却只话家常，柴米油盐，细细碎碎，种种琐事。很多时候，心灵的契合已经不需要太多的言语来表达。

朋友新烫了个头，不敢回家见母亲，恐怕惊骇了老人家，却欢喜地来见我们，老朋友颇能以一种趣味性的眼光欣赏这个改变。

年少的时候，我们差不多都在为别人而活，为苦口婆心的父母活，为循循善诱的师长活，为许多观念、许多传统的约束力而活。年岁逐增，渐渐挣脱外在的限制与束缚，开始懂得为自己活，照自己的方式做一些自己喜欢的事，不在乎别人的批评意见，不在乎别人的诋毁流言。

只在乎那一分随心所欲的舒坦自然。偶尔，也能够纵容自己放浪一下，并且有种恶作剧的窃喜。

也越来越觉得，人生一世，无非是尽心。对自己尽心，对所爱的人尽心,对生活的这块土地尽心。既然尽心了,便无所谓得失,无所谓成败荣辱。很多事情便舍得下,放得开,包括人事的是非恩怨,金钱与感情的纠葛。懂得舍,懂得放,自然春风和煦,月明风清。

就让生命顺其自然,水到渠成吧。犹如窗前的乌桕,自生自落之间,自有一分圆融丰满的喜悦。春雨轻轻落着,没有诗,没有酒,有的只是一分相知相属的自在自得。

夜色在笑语中渐渐沉落,朋友起身告辞,没有挽留,没有送别,甚至也没有问归期。

已经过了大喜大悲的岁月,已经过了伤感流泪的年华,知道了聚散原来是这样的自然和顺理成章,懂得这点,便懂得珍惜每一次相聚的温馨,离别便也欢喜。

2. 欣赏:
(1) 濮存昕朗诵视频《长征》。
(2) 殷之光朗诵视频《我是中国人》。

课后任务

1. 朗诵艾青诗歌《大堰河——我的保姆》。
2. 朗诵徐志摩诗歌《再别康桥》。

第三节　演讲艺术

演讲,作为一种以语言为工具进行宣传的社会活动,可谓源远流长。早在古代的希腊、埃及、巴比伦、印度和中国,演讲就已经有了高度的发展,成为一种相当普遍的社会活动。在古希腊,演讲的作用很大,无论是对国家事务的决定,或是对社会思想和人的情感影响都很强烈,因此,演讲被誉为"艺术之女王"。

演讲既是一门科学,又是一门艺术,同时也是一件无比锐利的武器。在演讲过程中,若能充分发挥口才的魅力,便具有宣传真理、捍卫真理、力斥谬误、抨击腐恶、揭露黑暗、割治毒瘤、唤醒民众的力量。古今中外,有人运用演讲这个武器,展示口语的才华,建树了许多为后人传颂的不朽丰碑。现在,在物质文明和精神文明建设的各项社会活动中,人们又运用演讲口才,进行宣传鼓动、传授知识和信息、搞好经营管理、开展社会交际,取得了一个又一个丰硕成果。

一、演讲的含义和特征

(一) 演讲的含义

"演讲"在中国古代有人称之为"言辞",或称之为"谈说"。《说文》中讲:"演,长流也。"段玉裁《说文解字》认为:"演之言,引也。故为长远之流。"转义与语言,是语流之意。《说文》上称:"说,释也,从言,兑声。一曰谈说。"段注云:"说释者,开解之意。"此处演说为释疑解惑之意。可见"演说"即是通过语流进行铺陈解释发挥。对于"讲",《说文》中解释为"和解"。段注云:"不合者调和之,纠纷者解释之,是曰讲。"[1]而今天"演说"与"演讲"词义相同。其中"演"字已引申有推衍、发挥、演绎、演化、表演等多种含义。《现代汉语词典》解释为演说、讲演,指就某个问题对听众说明事理,发表见解。《辞海》解释为:在听众面前就某一问题发表自己的意见,或阐明某一事理。演讲一词中,"讲"是中心,"演"是起修饰、限制作用的。演讲是以"讲"为主,以"演"为辅,是"讲"与"演"的统一。因此演讲既不能等同于一般性说话、交谈,也不可望文生义地简单理解为"表演+讲话"。

所谓演讲,就是指演讲者在特定的时空环境中,以有声语言和无声语言等表达手段,公开向听众传递信息,表述见解,阐明事理,抒发情感,从而影响和感召听众的一种信息交流活动。

从系统论的角度认识演讲,演讲应包括演讲者、演讲内容、演讲方式、演讲目的和演讲接受者(听众)、演讲环境这六类要素。演讲者在整个演讲中起决定作用,是演讲动作的发出者和演讲活动的主体;演讲内容是演讲者在演说过程中所说的话语,是整个演讲的载体;演讲方式是以有声语言加上态势语言用说话的形式表达演讲内容;演讲目的是演讲者希望在这次演讲中达到的效果;演讲接受者演讲的对象,也就是听众。演讲环境指的是演讲者和听众都处在特定的时空环境中。

(二) 演讲的特征

1. 目的性

演讲有着明确的目的性。古今中外,任何人的演讲都有明确的目的,或使人知,或使人信,或使人感,或使人动,针对具体听众,欲达一定的现实目的。

2. 艺术性

演讲属于精神实用艺术的范畴,是一门运用有声语言为主、态势语言为辅的表达艺术。它不是对材料内容的平铺直叙,而是要将演讲的每一个环节进行艺术处理,使其内容、语言、声音、形象都给人以艺术的美感,从而才能更吸引听众。

---

[1] 李元授、白丁:《口才训练》(第二版)[M],武汉:华中科技大学出版社,2006年版,第208页。

3. 综合性

演讲是说与写、说与思的综合,是讲与演的综合,也是演讲技巧与各种表达方法的综合,还是演讲者素质与各种知识的综合,更是演讲者与听众思想的综合。

4. 鼓舞性

演讲的目的就在于要影响与感召听众直至行动起来,因此演讲必须具有鼓舞性,以引起听众和演讲者的心灵共鸣。演讲者所演讲内容上的"真、善、美",情感表达上的炽热真诚性,有声语言和态势语言艺术表现手段上的赏心悦目性,演讲者与听众间思想感情交流上的临场直观性,这些都能极大地激发、鼓动听众。

二、演讲的类型和功能

(一) 演讲的类型

在生活中,演讲行为所涉及的内容广泛、形式多样,按表达形式可分为命题演讲、即兴演讲、辩论演讲等。命题演讲是演讲者根据指定的题目或指定的主题范围进行的演讲。这种演讲,演讲者一般都有一个相当长的思考、准备过程,演讲的内容、听众等相对稳定。即兴演讲也叫即席演讲,是指演讲者应别人的要求或是根据现场的具体情况主动进行的演讲。相对于命题演讲,它对演讲者的思维灵活性和思维速度要求较高,要求演讲者对现场有较强的观察能力和应变能力,并能迅速地将观察到的情况组织到自己的演讲中。辩论演讲,它是指由参加辩论的双方或多方,就同一论题,站在不同的立场上,进行针锋相对的立论和反驳。

此外,演讲还按内容可分为政治演讲、学术演讲、诉讼演讲、宗教演讲、军事演讲、社会生活演讲等;按目的可分为"使人知"的信息式演讲、"使人信"的论证式演讲、"使人激"的共鸣式演讲、"使人动"的鼓动式演讲、"使人乐"的娱乐式演讲等;按场所可分为集会演讲、视播演讲、议会演讲、课堂演讲、战地演讲、街头演讲、宴会演讲等;按体裁可分为说明式演讲、叙述式演讲、议论式演讲、辩论式演讲等;按风格可分为激昂型演讲、深沉型演讲、严谨型演讲、活泼型演讲等。

(二) 演讲的功能

1. 传播知识

演讲是高级的、完美的口语表达形式,能最大限度地发挥语言在传授知识、探讨学问、宣传成果、交流经验方面的作用。作为直接运用语言进行交际的演讲,能对现场听众感官作多重的综合刺激,高度调动人们的注意力,促进思维活动,并且使听众在情绪、情感、意志等方面同时受到影响,从而加深对演讲所传播的科学知识的理解,增强学习效果,因而始终是传播科学文化知识、提高文化素

养的有效途径。

2. 宣传教育

演讲具有的"晓之以理,动之以情"的强烈鼓动性特点,是政治家发表政见、阐明观点、批驳论敌、争取盟友的有力武器,在宣传党和政府政策和开展人民群众的思想政治教育工作上同样发挥着巨大的作用。对群众,特别是对青年一代进行前途、理想、道德、纪律的宣传教育,演讲是最理想的形式。

3. 改善管理

演讲是经营管理的重要途径。管理者经常需要通过演讲的途径向上级汇报工作、反映情况,向同级介绍经验、交流信息,向本部门和下级传达计划、布置工作。新上任领导干部的就职演讲,鼓舞人心、充满热情,就可以赢得群众的尊敬和信赖;领导干部布置工作,晓之以理、动之以情,就可以激发群众勇往直前,出色地完成任务。

4. 人际沟通

现代化社会中人际间的横向联系大大加强了演讲这种思想交流、信息传播沟通的语言艺术,使之成为社会交际中一种不可缺少的技能。社交中的演讲不仅使人在社会生活中可以更好地传达思想、交换意见,同时也是沟通感情、增进友谊的纽带。

三、演讲的各种艺术技巧

(一)演讲稿撰写的艺术技巧

"巧妇难为无米之炊",好的演讲必然需要上乘的演讲稿。演讲稿是演讲者在演讲之前,根据口头表达需要写出的文稿,是演讲的依据。写好演讲稿是演讲最为可靠的准备、最为充足的前提条件。即使是即兴演讲,演讲者也还是需提前酝酿出"腹稿"的。无论中外,人们普遍认为演讲稿对于演讲活动起着至关重要的作用。

具体来讲,对于演讲稿应达到以下基本要求:主题明确、结构严谨、口语化语言、适度弹性。演讲稿与其他大多数文体在基本结构上是大致相同的,即开头、主体、结尾三部分构成。但其因要适应口语表达的需要,因此整体风格上更要具有针对性、可讲性、鼓动性等特点。

1. 演讲稿的结构技巧

演讲稿的开头是给听众的"第一印象",要"精彩出场"而不能平淡无奇。要具有新颖、出奇、巧趣、智慧之美,在瞬间抓住和吸引听众。通常演讲稿的开头有名言警句式、故事式、悬念式、提问式、即景生题式、提纲挈领式、幽默式、托物言志式、自我介绍式等。

示例1

　　生命的意义是什么？是像某女生那样为恋人的背叛而纵身一跳？还是像马加爵为同窗的争执而手刃数命？还是像某大学毕业生那样为出人头地而贪污公款？还是虚度年华，今朝有酒今朝醉？

　　点评：这是一篇名为《珍惜生命，把握今天》的演讲稿开篇，采用提问式开头，一连串的问句一气呵成，加强语气，一开始就把演讲推向高潮。

　　主体部分是演讲稿的重点，既要内容充实、主旨鲜明，又要逻辑结构严谨，承前启后衔接流畅，而且也要讲究波澜起伏，适时设置演讲高潮。主体的结构安排上可以是平衡并列式、正反对比式或层层深入式等。主体在写作手法上要善用多种表达方式，要叙述则要平中出奇，说理则应充分信服，抒情则须自然真挚，同时可以综合运用比喻、排比、反问等多种修辞手法，或烘托气势或增强感染力。在主题的渲染升华上可以是由点及面的扩展、由表及里的深化、由此及彼的引申、由陈及新的点化、由境及情的交融、由抑及扬的反衬等技巧。

示例2

　　在采访北大教授季羡林的时候，我听到一个关于他的真实故事。有一个秋天，北大新学期开始了，一个外地来的学子背着大包小包走进了校园，实在太累了，就把包放在路边。这时正好一位老人走来，年轻学子就拜托老人替自己看一下包，而自己则轻装去办入学手续。老人爽快地答应。近一个小时过去，学子归来，老人还在尽职尽责地看守。谢过老人，两人分别！

　　几日后是北大的开学典礼，这位年轻的学子惊讶地发现，主席台上就座的北大副校长季羡林正是那一天替自己看行李的老人。

　　我不知道这位学子当时是一种怎样的心情，但在我听过这个故事之后却强烈地感觉到：人格才是最高的学位。

　　这之后我又在医院采访了世纪老人冰心。我问先生，您现在最关心的是什么？老人的回答简单而感人：是年老病人的状况。

　　当时的冰心已接近人生的终点，而这位在"五四"爆发那一天开始走上文学创作之路的老人心中对芸芸众生的关爱之情历经近80年的岁月而依然未老。这又该是怎样的一种传统！

　　冰心的身躯并不强壮，即使年轻时也少有飒爽英姿的模样，然而她这一生却用自己当笔，拿岁月当稿纸，写下了一篇关于爱是一种力量的文章，然后在离去之后给我留下了一个伟大的背影。

　　今天我们纪念"五四"，80年前那场运动中的呐喊、呼号、血泪都已

变成一种文字留在典籍中,每当我们这些后人翻阅的时候,历史都是平静地看着我们,这个时候,我们觉得80年前的事已经距今太久了。

然而,当你有机会和经过"五四"或受过"五四"影响的老人接触后,你就知道,历史和传统其实一直离我们很近。

世纪老人在陆续地离去,他们留下的爱国心和高深的学问却一直在我们心中不老。但在今天,我还想加上一条,这些世纪老人所独具的人格魅力是不是也该作为一种传统被我们向后代延续?

前几天我在北大听到一个新故事,清新而感人。一批刚刚走进校园的年轻人,相约去看季美林先生,走到门口,却开始犹豫,他们怕冒失地打扰了先生。最后决定,每人用竹子在季老家门口的土地上留下问候的话语。然后才满意地离去。

这该是怎样美丽的一幅画面!在季老家不远,是北大的博雅塔在未名湖中留下的投影,而在季老家门口的问候语中,是不是也有先生的人格魅力在学子心中留下的投影呢?只是在生活中,这样的人格投影在我们的心中还是太少。

点评: 这是白岩松的《人格是最高的学位》中的正文,采取了平衡并列式的结构安排,作者通过季羡林、冰心的故事来阐述人格魅力的影响,让听众共同感受,接受洗礼,如涓涓细流,轻柔动人。

示例3

孙中山先生在一次演讲中讲道:

南洋爪哇有一个财产超过千万的华侨富翁。一次他外出访友,因未带夜间通行证怕被荷兰巡捕查获,只得花钱请一个日本妓女送自己回家。

日本妓女虽然很穷,但是她的祖国很强盛,所以她的地位高,行动也自由。这个中国人虽然很富,但他的祖国却不强盛,所以他的地位还不如日本的一个妓女。"如果国家灭亡了,我们到处都要受气,不但自己受气,子子孙孙都要受气啊!"

点评: 孙中山先生在这里对一个典型材料进行了由表及里的剖析,揭示出国家贫弱,人民必受欺凌,"落后就要挨打"的道理,升华了演讲的主题,唤起了听众强烈的爱国之心。

结尾也是演讲稿的最关键部位,它常常影响演讲的最终效果。好的结尾应给听众以余音绕梁、意犹未尽之感。常见的结尾方式有涌唱式、总结式、感召式和抒情式。

示例 4

白岩松的《人格是最高的学位》中的结尾这样讲道:

于是,"渴望年老"四个字对于我就不再是幻想中的白发苍苍或身份证上改成60岁,而是如何在自己还年轻的时候,便能吸取优秀老人身上所具有的种种优秀品质。

于是,我也更加知道了卡萨尔斯回答中所具有的深意。怎样才能成为一个优秀的主持人呢?心中有个声音在回答:先成为一个优秀的人,然后成为一个优秀的新闻人,再然后是自然地成为一名优秀的节目主持人。

我知道,这条路很长,但我将执著地前行。

点评:这种结尾采取总结式,即用明确的言词总结内容,点化主旨,给听众留下完整的总体印象,既照应到了开头中卡萨尔斯的故事,又概括了演讲内容,提升了主题,使演讲稿有了灵气。

2. 演讲稿的语言技巧

如果说演讲稿的结构是"骨骼",那么语言就是演讲稿的"血肉",二者缺一不可,同样需要精彩。只有这样才能达到形神俱佳的效果。首先,演讲稿的语言使用要做到口语化,要通俗易懂、明白流畅,适应听众听觉上的信息输入。因此演讲稿的语言以朗朗上口的短句为主,要杜绝复杂冗长的长句。其次,演讲词应做到准确精练、简明扼要,要杜绝故弄玄虚、晦涩难懂的语言。再次,演讲词还要生动形象。唯此才能酣畅淋漓地抒发内心情感,才能深入浅出地诠释哲理真谛,才能真正达到演讲者与听众心理上的"琴瑟和鸣"!

示例 5

易中天在讲三国中孙策、周瑜娶大小"二乔"的情节时说道:

那时候江东的老百姓都称孙策为"孙郎",称周瑜为"周郎"。郎,就是小伙子,有赞美的意思。所以,"孙郎"就是"孙帅哥","周郎"就是"周帅哥"……帅哥都是喜欢美眉的,所以孙策和周瑜分别娶到了当时最漂亮的两个女孩子……可以说这时的周瑜是战场、官场、情场,场场得意……反正我是很羡慕!

点评:易中天在这里用现代年轻人所用的口头流行语"帅哥"和网络流行语"美眉",将古代故事演绎出现代味道,一下拉近听众的时空距离感,语言通俗易懂、幽默诙谐。

示例6

爱因斯坦发现相对论以后,有一次,群众包围了从德国移居美国的科学家爱因斯坦的住宅,要他用"最简单的话"解释清楚他的"相对论"。当时,据说全世界只有几个高明的科学家看得懂他关于"相对论"的著作。

爱因斯坦走出住宅,对大家说:

"比方这么说——你同你最亲的人坐在火炉边,一个钟头过去了,你觉得好像只过了5分钟!反过来,你一个人孤孤单单地坐在热气逼人的火炉边,只过了5分钟,你却像坐了一个小时。——唔,这就是相对论!"

点评:"相对论"是一个非常深奥的学术问题,面对广大群众,设想爱因斯坦如果用学术语言去加以解释,那么他讲上两个钟头也未必有人能理解什么是相对论。而爱因斯坦却用了形象生动的话语,结果人人都听得懂。形象生动的语言是最富有表现力的语言,在演讲中应多使用这类语言,在让听众获得美感体验中使演讲获得成功。

(二)演讲有声语言的艺术技巧

有声语言是演讲者与听众交流信息的最重要渠道。演讲的有声语言在表达上的基本要求是发音标准、吐字清晰、词句流畅、准确易懂、语调贴切、抑扬顿挫。在有声语言的使用技巧上,要注重语调、语速的变化,这里包括了停顿、重音、升降、快慢等方面。

首先要善用停顿,停顿既是一种语言标志,也是一种修辞手段。停顿既有自然换气的生理停顿,也有语法上和感情上的停顿。适当的停顿,不仅可以传情达意,还可以调节演讲的节奏,给听众留下回味的余地。其次要善用重音技巧,重音有强调语义和重点、突出情感的作用。重音同样有语法重音、逻辑重音和感情重音。再次还要善于使用抑扬的技巧以表达不同感情。语调高低抑扬的变化有四种:平直调(语势平稳舒缓)、高升调(语势由低到高)、降抑调(语势由高到低)和曲折调(语势起伏多变)。平直调一般用于表达庄重、严肃、冷淡等心理感情;高升调用于表达疑问、惊讶、感叹、愤怒、呼唤与号召等语气;降抑调一般用于表达祈求命令、肯定自信、沉重悲痛等情绪;曲折调一般用于表达幽默、讽刺、夸张的感情。

(三)演讲态势语言的艺术技巧

态势语言是演讲者通过面部表情、仪表体态、手势等手段进行思想感情和信息传播,也可称体态语言或无声语言。它是对口头表达的必要补充和辅助,能够反映演讲者的真实感受和内心需求,弥补有声语言的不足。运用态势语言如果恰到好处,可以起到"此时无声胜有声"的效果。态势语言主要包括眼神、面部表情、手势动作和仪表体态等。

1. 眼神

俗话说眼睛是心灵的窗户。在演讲时,演讲者主要依靠眼神与听众进行情感上的交流和互动。首先,演讲者可以用眼神的变化来准确表达内心的丰富情感。目光神采可以暗淡,也可以锐利如电,可以懈怠,也可以饱满充沛,都可以表达出不同的感情。眼神经常与双眉同时活动,以实现"眉目传情"的效果。其次,演讲者可以利用目光注视方位的变化来吸引听众的注意力和控制现场。采取目光专注法重点观察某一个方位可以拉近这个方位的听众与演讲者的心理距离;采取全场环顾法既可以观察全场听众的动态和反应,又可以增强听众参与感。

2. 面部表情

面部表情是人的内心思想情感在面部形象上的表现,在演讲中发挥着传情达意的重要作用。古今中外的演讲家们,大都非常注重表情的运用,以此传达丰富的内心情感世界,从而深深地感染听众。美国听众曾这样评价罗斯福总统:"他满脸都是动人的表情。"

人的表情包括了脸面表情、口唇表情和眉目表情。如心情愁苦时,脸色则阴沉无光;心情愉快时,脸色会如沐春风;如口角向上表示愉快、高兴;口角向下嘴唇紧闭,表示不满、不快;嘴唇微开时,表示平安、谦逊;嘴唇大张时,表示惊愕、诧异;愤怒时双眉竖起,忧愁时眉头紧锁。总之,演讲者将高兴、悲哀、痛苦、畏惧、愤怒、失望、忧虑、疑惑等种种内心情感"写在"脸上,用最迅速、最直观、最充分的方式表达展现给听众。

3. 手势动作

在演讲中,手势的交流作用和表情达意作用比较突出。手势不仅可以极大地有助于思想情感的表达,而且可以持续保持演讲者的兴奋度,还可以调动听众的视觉感官,极大地活跃演讲现场的气氛。古希腊的演讲家们曾经深刻指出:"没有手势,就不能有雄辩。"演讲者的手势种类很多,包括了手势的活动范围、手掌的运用、攥拳的运用等方面。当然在运用手势时,也要注意遵循一定的规则,如不可滥用手势,手势也要准确、适度、协调等。

4. 仪表体态

俗话说:"站有站相,坐有坐相。"演讲活动中,对演讲者同样有体态上的要求。仪表是演讲者的外表及衣着穿戴,应做到整洁、美观、大方。美的仪表体现着对他人和社会的尊重,是自爱、自信、热爱生活和他人的表现;同时也能衬托出演讲者的精神面貌,自然产生吸引和信任的力量。体态指演讲者展示出的整个身体形态,演讲者体态好坏会直接影响听众兴趣和积极性,最终影响整个演讲的效果。演讲活动中的体态有头部姿态、躯干姿态、足部姿态,通常这些不同身体部位的姿态综合展示出整体效果。挺胸抬头的体态展现出演讲者的精神饱满,低头躬身的体态显出演讲者的精神萎靡;躯干微向前倾,表示关注和谦逊,躯干轻微转动,表示热烈、激扬。站姿演讲时,脚向前迈步,表示勇敢、爱戴等亲近之意;向后退步,则表示避让、疏远之意。要注意的是,优美、自然、有变化是身体姿态的基本要求。

(四)演讲过程的临场艺术技巧

1. 演讲前的准备技巧

古语云:"凡事预则立,不预则废。"对演讲来讲,准备的重要性同样决定了演讲的成败。英国前首相丘吉尔说过,如果讲一小时,要准备一天;要讲一分钟,则要准备七天。只有经过精心充分准备了的演讲,才能使演讲时思路清晰,重点突出,独具匠心。演讲者在事前通常要从主题、材料、精神等几个方面进行准备。

首先主题要满足"正确、鲜明、新颖、深刻"的基本原则。在主题的选择上既要紧扣现实性,又要找出新颖性;既要富有时代感,又要实现深刻性;既要听众所喜闻乐见,又是切合自身实际。

其次,要精心组织搜集材料,要做到材料的精雕细琢。在选材方法上,要始终围绕主题选材,选真实可信之材、典型代表之材、鲜活新颖之材、感动震撼之材。再次,还要确定好演讲的主基调。从内容上讲,演讲的风格基调有颂扬型、批判型、反思型三种类型;而从演讲节奏上讲,演讲又有慷慨激昂式、深沉凝重式、潺潺细语式三种风格。演讲者要根据内容需要、演讲情境和自身特点来综合选择,而不能生搬硬套。

最后,演讲者还要做好思想、心理、态度上的充足准备。精神上要充满自信,只有"自信"了,才能在台上挥洒自如,让听众"他信"。登台前要调整好情绪,以最佳情绪来感染听众。除此之外,当然还要对演讲内容充分熟悉,准备时间充裕的话,可以台下反复演练或背诵演讲稿。

2. 演讲的过程技巧

在演讲中有几个关键环节是特别要精心处理的,即开场白、中场和结尾三个阶段。

首先开场白要引人入胜。"好的开始是成功的一半。"开场白即演讲的开头语,是演讲者与听众之间建立起的第一座情感桥梁,是演讲者留给听众的第一印象。高尔基说:"最难的是开场白,就是第一句话。"历来著名的演讲家都在演讲的开场白上费尽思量、精雕细琢,希望能在演讲开头就牢牢吸引住听众,好为自己演讲奠定成功基础。

常见的开场白有以下几种方式——以演讲题目开场,以演讲缘由(背景)开场,以具体事例开场,以幽默诙谐开场,以名言警句(或诗歌散文)开场,以悬念设问开场,以自报家门开场,以实物道具开场等,以上均属于常规式开场白。也可以采取开门见山、直奔主题,没有任何旁枝末节的零开场白方式。一般来说,比较严肃、庄重、正式类的演讲多采用这种开场方式。当然,演讲者若能跳出常规、创新思路、另辟蹊径,采取不属上述套路的非常规式开场白,则很可能会收到出其不意的好效果。不论采取何种开场白,都应尽可能做到形式上新颖别致,内容上新意出奇,容量上深广兼备,声势上先声夺人。

"欢迎大家扔鞋,但最好是两只,请记得我的鞋号是43号。"

这是白岩松在美国耶鲁大学演讲《我的故事及背后的中国梦》时的开场白,他的幽默赢得了全场师生的掌声和笑声,并向美国人展现了中国人的豁达与务实。

这种以幽默诙谐的方式开场,有助于营造一个和谐轻松的演讲氛围,实现演讲者与听众的无障碍沟通,让听众对演讲者产生好感,同时也能大大缓解演讲者开场时的紧张情绪。

其次,中场环节演讲者就需要把预先准备好的各种"十八般武艺"一一施展出来,运用各种展开入戏的艺术技巧来引导、掌握演讲节奏。这里可用以理服人、以情感人、以趣动人、以曲激人这几种技巧。所谓以理服人强调要摆事实、讲道理,论证逻辑严密合理;以情感人,则是讲在晓之以理的同时要动之以情,如演讲者用真诚的态度打动听众,靠个性化的艺术语言表达真情实感使听众动情,以具体事实细节和营造真实情境来"潜移默化"地感染听众;以趣动人是注重语言的幽默风趣,寓庄于谐,借助生动活泼的语言来增强演讲的表现力和感染力;以曲激人是注重演讲旋律的变化、起伏。"曲"是强调演讲过程中应有起伏跌宕、曲折变化,要在不同阶段巧妙设置兴奋点和高潮点。有了"曲"的加入,整场演讲就如同听众在看一场精彩的戏剧一样,随着作为"导演"的演讲者设计的"故事情节"一起同悲同喜,与演讲者同呼吸、共命运,演讲就肯定获得巨大成功。

示例7

1994年在新加坡全国华语演讲大赛中,一位印度姑娘在题为《宜将寸草报春晖》的演讲中,叙述了发生在中国内地的两件事,她说:

每个人都有自己的母亲,不论是富有还是贫穷,是伟岸,还是矮小;是博学多才,还是目不识丁,母亲都会为我们的生活含辛茹苦,为我们的成长呕心沥血,甚至不惜牺牲自己换取我们生命的延续。有这样一位母亲,她的女儿不幸患上了白血病,必须抽掉身上坏死的血液而换上新鲜的、健康的血液。这位母亲什么也没说,毅然把自己的血液一滴一

滴地输给了女儿。女儿的面色由惨白转为红润,而母亲的面色却由红润转为惨白。为了让女儿能多留几声笑语给这个世界,能多收获一段美丽的人生,这位极其平凡的母亲,整整地输了八年!还有一位母亲,她的两个孩子在水边玩耍,不小心一同掉进了水中,母亲闻讯赶来,看到在水中挣扎的孩子,她一头扎进了水里,奋力把两个孩子顶出水面,孩子得救了,可她永远沉入了水底。她从来也没游过泳,也从来不会游泳,为什么会有着如此惊天地、泣鬼神的壮举呢?那就是博大而庄严的母爱!

点评:这段讲述融情于事,演讲者不仅怀着对两位母亲极其崇敬的真挚情感在叙述这两件事,而且通过这种"情景再现"使听众有如身临其境。设身处地,将心比心,怎能不使人为之动容呢?

最后,结尾环节是演讲的"点睛之笔",是演讲最终能否成功的最后一步。在一场演讲中优雅地进场最后又能全身而退,都需要技巧。美国作家约翰·沃尔夫说:"演讲最好在听众兴趣到高潮时果断收束,未尽事宜戛然而止。"好的结尾应该满足以下原则:简短有力,言简意赅;总结陈词,达成共识;印象深刻,余音绕梁;饱含感情,前后呼应。常见的结尾方式有总结式、号召式、赞扬式、幽默式、余味式、抒情式、名言式、高潮式等。

示例8

郭沫若的《科学的春天》的演讲,即采取抒情式结尾方式:

春分刚刚过去,清明即将到来。"日出江花红胜火,春来江水绿如蓝。"这是革命的春天,这是人民的春天,这是科学的春天!让我们张开双臂,热烈地拥抱这个春天吧!

点评:这样结尾,热情奔放,以诗一般的抒情语言激励人们向科学进军,拥抱科学的春天,具有很强的鼓动性。

示例9

1993年国际大专辩论赛上,复旦大学队的四辩蒋昌建在总结陈词时的结尾是这样说的:

谈到这里,我不由得想起一百多年前生活在哥尼斯堡的一位叫康德的老人说过的一句话:这个世界唯有两样东西能让我们的心灵感到深深的震撼,一是我们头顶上灿烂的星空,一是我们内心崇高的道德法则!谢谢各位!(长时间掌声)

点评:这种借助于名言警句式的结尾,意犹未尽,回味无穷。

言简意赅、余音绕梁的结尾能够使听众精神振奋,并促使听众不断地思考和回味。相反,松散拖沓、枯燥无味的结尾只能使听众感到厌倦,并很快被听众遗忘。因此,演讲结尾忌讳的是:草草了事、虎头蛇尾、拖泥带水、画蛇添足、故作谦虚、言不由衷这几类现象。

拓展练习

1. 即兴演讲训练:一家化妆品公司准备举行一场集体生日会,为几名过生日的员工送上祝福。在生日会开始之前,公司行政部的张丽女士突然被告知也要上台讲话。可轮到自己讲话时,她发现自己想说的话已经被别人说过了。如果你是张丽女士,该怎么办?

2. 演讲话题训练:题目是《竞选班长的演讲》。准备素材:为什么要竞选班长,我的条件,我的目标,我的希望。训练方法:可按上述思路准备即兴演讲,然后扩展到其他方面,甚至竞选团支书、系学生会主席之类。

3. 在班上组织一次集体命题的演讲比赛,要求准备演讲稿,设以"最佳开头""最佳结尾""最佳演讲稿""最佳口才""最佳表现"等奖项,并评出综合名次。

课后任务

1. 什么是演讲?演讲的基本构成要素有什么?
2. 演讲艺术活动具有何种特征?何种功能?
3. 结合实例,谈谈如何使用演讲的各种艺术技巧。

第四节 辩论艺术

辩论是"舌尖上的战斗",是口才艺术的精华,它以深邃的思想给人启迪,以妙语连珠、唇枪舌剑的激烈对抗,献给听众一场听觉与视觉上的"盛宴",给人以高层次美的享受。纵观历史,人类社会每前进一步,几乎都要伴随着一场大的辩论。从我国的春秋战国直至"五四"运动,乃至当代的改革开放,从古希腊、罗马直至欧洲文艺复兴,乃至资产阶级大革命,都概莫能外。辩论促进了对真理、对社会、对人生的深刻认识,促进了科学文化的大发展。人类社会在为真理、为正义的雄辩声中呼啸前进。辩论是对现有文化的批判继承,是对人类前途命运的深沉思考,是对新思想、新文化、新事物的开拓创新。辩论是语言的艺术,是智慧的结晶,它演绎着人类文化的精髓并将其发扬光大。辩论如同智慧燧石与智慧燧石之间的相撞,必将放射出更加璀璨夺目的光芒。①

一、辩论的含义和作用

(一) 辩论的含义

辩论,或称论辩。我国古代先秦时期的墨家对辩论有过精确的定义,《墨子·经说上》说:"辩,争彼也,辩胜,当也。"意即,辩论就是相互讨论,正确者为胜。《墨子·经下说》说:"俱无胜,是不辩也,辩也者,或谓之是,或谓之非。当者,胜也。"大意是说,如果没有是非就不会有辩论,之所以有辩论,是因为有的人认为对,有的人认为不对,对的一方是胜利者。"当"者指符合客观事实,与客观规律及其发展变化规律相一致的一方得胜,否则为败。《墨子·小取》说:"夫辩者,将以明是非之分,审治乱之纪,明同异之处,察名实之理,处利害,决嫌疑。"辩论的作用在于划清是非界线,探查治乱的标准,弄清事物的同异,考察名实的道理,权衡利害和断决疑惑。

今天一般认为,辩论是参加辩论的双方,就同一个问题,进行针锋相对的论争,力求证明自己的观点正确,或说服或战胜对方而相互论争的过程。也就是用语言明辨是非、批驳谬误和探求真理的过程。辩论一般是由论题、立论者、驳论者三个要素组成。论题是辩论的主题,立论者是在辩论中针对论题首先提出或坚持某个观点的一方,驳论者是反驳立论者观点的另一方。

对辩论的内涵要把握以下几层含义:① 辩论各方围绕这一个主题即论题而展开。如果论题都不集中,则无法开展辩论。② 辩论存在着观点互为对立的双方或多方,倘若只有一方是辩论不起来的。而且各方观点也要有明显差异,各方的观点取得"共识",搞"一团和气",同样也无法展开辩论。③ 辩论所用的媒介是语言,可分为口头语言和书面语言两种形态。在辩论时,可采用其中的任何一种,也可以两种同时采用。在日常生活中,最常见的是运用口语进行辩论。④ 辩论是一整套行为过程。任何辩论都包括准备、开始、展开、终结四个阶段,缺少任何一个阶段都不是完整的辩论。⑤ 辩论的根本目的是区别真伪、明辨是非、批驳谬误、揭示真理。辩论的过程就是一个使谬误得到揭露、批驳,使真理得到阐明、昭彰的过程。

(二) 辩论的作用

辩论是我们日常工作、生活、学习中经常发生的行为,它不仅仅是我们看到的正式的辩论比赛。平时只要我们和他人在某一问题上的观点、见解不一致,就会发生争论和论辩。小到个人、团体、单位的行动决策,大到国家政治事务、公共

---

① 李元授、夏松瑜、李鹏:《辩论训练》.武汉:武汉大学出版社,2003年版.第1页。

政策的制定,都免不了通过辩论的方式去解决。议会辩论、商务谈判、外交谈判、法庭辩论、竞选答辩、毕业答辩等都属于辩论的范畴。

辩论对人类社会发展的作用是巨大的。自古以来,人们在社会生活中就长期广泛地把辩论作为一种传播交流活动,它已经成为人际交往的重要方式之一。在人类历史上,辩论的传统源远流长。在古代,无论是东方还是西方,物质文明发展到一定程度存在适合于辩论活动发展的条件,都曾出现过辩论的辉煌时代。我国古代春秋战国时期诸子百家的兴学论战、纵横游说,形成我国思想文化史上百家争鸣的鼎盛时期。《墨子》《孟子》《庄子》等书中,都记载了这些雄辩家们的言论。那些辩论言辞逻辑严密,谈锋犀利,文采郁郁,已成为流传千古的佳话。在西方古希腊时期,苏格拉底、柏拉图、亚里士多德、普罗塔哥拉、安提丰等众多学者兴学授课,教人辩论术和演讲术,帮助人们在参与各种法庭诉讼、公共事务中获胜。古希腊、古罗马时期,不仅辩论盛行,雄辩家辈出,而且对辩论的研究也异常活跃,出现了一些有影响的辩论著作,如柏拉图的《对话篇》、亚里士多德的《辩论篇》等。

在现代社会,由于经济日益发展,民主生活日益加强,人们的交往活动日益频繁,人们的价值观念、价值取向、思想意识日益多元化,作为信息传播、人际交往的重要手段,辩论日益受到人们的普遍重视。辩论作为社会活动的一种,已经广泛地渗透到政治、经济、文化、社会交往及家庭个人生活的各个领域,发挥着重要的作用。概括来说,辩论的社会功能体现在:能有助于认识真理、捍卫真理、弘扬真理;有助于沟通人际关系;有助于教育公众关注社会生活,激发社会责任心和促进民主意识发展;有助于培养竞争意识;有利于推进社会改革等。对辩论者个人来说的作用有:丰富与整合多元知识体系;开发智力、培养科学思维能力;锻炼与提升人际交往能力和语言表达能力;彰显个人口才魅力;用以自卫,排除他人攻击和维护自身利益等。

三、辩论的类型和特点

(一)辩论的类型

辩论作为一种广泛存在的人类社会活动,可根据不同的标准加以分类。例如,根据语言媒介形式的不同,可分为口头辩论与书面辩论;根据辩论是预先安排还是随机引发的,可分为有意识辩论与随机性辩论;根据辩论事先是否有所准备,可分为有准备辩论与无准备辩论;根据参与辩论者思想观点的不同方面,可分为双方辩论与多方辩论;根据辩论的目的不同,可分为应用辩论与赛场辩论等。

常见的辩论形式有以下三类:日常辩论、专题辩论和赛场辩论。

1. 日常辩论

日常辩论是指人们在日常生活中随时随地发生的争辩。这种辩论往往是非正式的，不一定有什么准备和约定，也不需要什么特定的场合，随意性大，突发性强。这种辩论仅仅是对某一问题看法不一致而引发的观点不同罢了，多数不涉及大是大非的原则问题。对日常辩论要认识到它的随机性、分寸性、宽容性和礼貌性，切忌对鸡毛蒜皮的非原则问题作无谓的争论，甚至争吵、感情用事和言语攻击。

2. 专题辩论

专题辩论是指在专门场合下进行的有特定议题的辩论，包括法庭辩论、外交辩论、谈判辩论、学术答辩、毕业答辩、会议决策辩论、竞选就职辩论等。专题辩论的特定性，决定了这其中不同类型的专题辩论又有各自特点。如法庭辩论的客观性、公正性和对抗性；外交辩论的政治性、原则性、灵活性、含蓄性和礼节性；谈判辩论的功利目的性、利益对抗性、参与自愿性、论辩机智性；学术答辩的科学性、严谨性、互补性、探究性；毕业答辩的准备充分性、客观务实性、礼貌性；会议决策辩论的集体性、选择性和预测性；就职竞选辩论的强烈竞争性、严肃性、优雅性等等。这种专题辩论对参与者提出了极强的"专业性"要求，即辩论者要具备专门的知识、特殊的职业身份及专业能力。

3. 赛场辩论

赛场辩论，也称为模拟辩论、表演辩论，是将辩论作为一种比赛项目来进行的语言交锋竞赛活动，它是一种有组织的、非功利性的辩论竞赛活动，带有训练、竞技、教育和游戏的性质。赛场辩论并不十分强调辩论的立场、观点正确与否，而是突出辩论的技能、技艺、技法、技巧的竞赛，是一种升华了的智力游戏，是对参赛者的素质、思想、修养、知识、能力、言语等进行全面考核的综合性竞赛项目。它有主办的单位，有固定的辩题，有特定的目的，有一定的规则，对参赛单位人员的各方面条件有明确的要求。还有竞赛评委会，最后对参赛者要评定出胜负。赛场辩论的主要特点有：演练性、竞争性、规则性、技巧性、公正性等。

(二) 辩论的特点

1. 对抗性

辩论区别于其他口语形式的最大特点是对立双方不同观点的辩驳，表现出强烈的对抗性。参与辩论的双方都力求用最鲜明的论题、最充分的论据、最有利的论证，来树立己方的论点而驳倒对方的论点，表现出唇枪舌剑、针锋相对的特点。而这些最终也是辩论双方知识储备的对抗、思维能力的对抗、智谋策略的对抗和心理及意志的对抗。

2. 逻辑性

辩论双方为了在论战中形成自己强大的说服力和辩论优势，都必须诉诸逻辑思维技巧。故比较、分析、综合、概括、归纳、演绎等经常成为辩论的方法，而阐释概念、限制观点、推理引申、反驳归谬等也经常成为辩论的手段。理论充足、富有逻辑力量的辩论语言才能使对方心悦诚服。

3. 论争性

辩论是不同思想、不同观点、不同主张的交锋。辩论双方通过诘难辩驳，据理力争，使不同的思想、观点、主张交锋和碰撞。辩论的本质特性是论争性的竞争，即"以论争胜"，不是庸俗无聊的"斗嘴"，更不是出口伤人和人身攻击。辩论是一种理性、高雅的口语交流活动，辩论双方都要注重摆事实，讲道理，以理服人。

4. 严密性

辩论者事先对论题应精心准备，构建起一个比较严密的论证体系，论点、论据、论证应相互配合，严丝合缝，浑然一体。辩论中，无论是立论还是驳论，都应做到论证过程严密性、逻辑性强，语言表达严谨准确，这样才能具有说服对方的论证力量。

5. 目的性

辩论是一种明辨是非曲直、追求真理、批驳谬误的语言交流活动。辩论双方自身没有是非对错、美丑善恶之分。辩论中，要善于针对对方暴露出的漏洞、谬误，有目的性准备论证手段和材料反戈一击，使己方观点得以确立。

三、辩论的原则

辩论的原则是参与辩论的各方在整个辩论过程中都必须遵循的法则和规矩，它可以起到规范和约束辩论的作用，使辩论具有积极、健康的格调，能正常、顺利地开展，真正达到探求真理、匡正谬误的目的。辩论的原则主要有实事求是原则、公平性原则、同一性原则和充足理由原则。

（一）实事求是原则

在辩论中遵循实事求是的原则，就是要尊重事实、尊重规律、服从真理。辩论的过程就是摆事实、讲道理、辨是非的过程。辩论的最终目的是为了探求真理，匡正谬误，因而在辩论中就应该尊重真理，追求真理，维护真理，捍卫真理。

（二）公平性原则

公平性原则又称平等性原则，指在正常的辩论中，构成辩论主体的所有参辩者，在整个辩论过程中，始终要坚持公平性原则，保持平等的地位；否则，辩论就无法正常、顺利地进行。公平性原则的具体内容包括：人格平等、辩护和反驳的权利平等、真理面前人人平等。

(三)同一性原则

同一性原则是对辩论者思维的逻辑要求,它要求辩论者在辩论时思想要有确定性、一贯性和明确性,从而使各自的思想在整个辩论过程中始终保持同一。否则就会产生逻辑上的矛盾、混乱和破绽,最终导致漏洞百出,被对方轻易驳倒。同一性原则的具体内容包括:概念同一、论题同一、思想同一。

(四)充足理由原则

充足理由原则要求辩论者在辩论中为自己的观点提供充足的理由。辩论者的观点、思想、见解和看法即使再正确,但拿不出真实充足的理由,也不能使人信服。充足理由原则在逻辑上要求:首先,理由必须是真实充分的;其次,理由与判断之间有必然的联系。

四、辩论的各种艺术技巧

辩论,即有辩有论。辩与论,就是破与立的关系,有破有立,破中有立,立中有破。辩与论、破与立是辩证的统一。因此,辩论技巧包括了立论与驳论的技巧。

(一)立论技巧

立论就是对自己的观点、主张、意见、措施进行充分的论证。立论时,必须观点鲜明、立场坚定、理由充足、论证严密,这是辩论获胜的先决条件。在辩论赛中,立论就是确立起己方统一的基本观点、立场和严密的逻辑框架,也叫底线,这是至关重要的。

在1993年首届华语大专辩论赛决赛中,正方台湾大学的观点是"人性本善",反方复旦大学的观点是"人性本恶"。复旦大学代表队一辩同学姜丰在陈词立论时为证明"人性本恶",首先把人性划分为自然属性与社会属性两个方面,并把自然属性界定为"无节制的本能与欲望",是本性,是与生俱来的。接着再界定"恶"是"本能与欲望的无节制的扩张"。最后推定"恶"是"本"。这是一个严密的逻辑过程,有大前提、小前提、结论(观点)。用同样的方法,推论结论的另一方面:善"是"对本能的合理节制"。然而,若只一味强调"人性本恶",那么善又从何而来呢?接着,一辩同学姜丰依据大前提的另一方面,即"社会属性则是通过社会生活、社会教化所获得的,它是后天属性",顺理成章地将"善"与社会属性联结起来,得出"人性是可以通过后天教化加以改造的",善是教化的结果。至此,反方立论观点表述十分鲜明、完整,逻辑十分严密、滴水不漏。在辩论开场时已胸有成竹、站稳脚跟,既理直气壮,又可攻可守,已成稳操胜券之势。

立论中的论点、论据、论证是三位一体的,要形成严密的逻辑框架,其中三者的关键又当属论点的确立。首先论点要具有鲜明性、针对性、严密性,表述上要鲜明、简练;概括要恰当适中,太大证明不了,太小则无法展开。论点既要符合客观实际,又要有一定的理论深度,切忌露出破绽,其次论据要充分。既有现实生活的,又有古代公认的;既有正面的,又有反面的;既有事实论据,又有理论论据。旁征博引,无所不及。论据要满足真实、典型、生动、有针对性的要求。最后,论证要具有逻辑性。要按照一定逻辑方式围绕观点进行严密论证。这里的论证方法可以是多种多样、不拘一格的。运用大量的事实进行证明,是归纳的方法;依据原理、法则、定理、经典表述层层推演,这是演绎的方法;此外还可使用比较、类比、比喻、反证等方法论证。

(二) 驳论技巧

驳论,即反驳,就是依据本方的立论及时发现对方的破绽与谬误给予最简洁、最有杀伤力的批驳。驳论要在激烈的言语交锋中马上做出,其对辩论者的现场智慧、机敏反应能力提出非常高的要求,因此也是辩论中最具智慧、最精彩的部分。驳论一般分为强辩、巧辩和情态反驳三种形态。

1. 强辩

针锋相对地反驳对方,是则是,非则非,毫不含糊,证据确凿,理由充分,义正词严,有无可争辩之势。

> **示例 1**
>
> 冯玉祥将军任陕西督军时有两个外国人擅自到终南山打猎,打死了两头珍贵的野牛。冯玉祥把他们召到西安质问:
> "你们到终南山行猎,和谁打过招呼?领到许可证吗?"
> "我们打的无主野牛,用不着通知任何人。"
> "终南山是陕西的辖地,野牛是中国领土的东西,怎么会是无主的呢?你们不经批准私自行猎,就是犯法行为,你们还不知罪吗?"
> "这次到陕西,贵国外交部发给的护照上,不是准许携带猎枪吗?可见我们行猎已得到贵国政府的准许,怎么是私自行猎呢?"
> "准许你们携带猎枪,就是准许你们行猎吗?若准许你们携带手枪,难道就可以在中国境内随意杀人吗?"
> "我在中国十五年,所到的地方没有不准许外国人在境内打猎的条文。"
> "没有不准许外国人打猎的条文,不错。但难道有准许外国人打猎的条文吗?你十五年没有遇到官府的禁止,那是他们睡着了。现在我身为陕西的地方官,我却没有睡着。我负有国家人民交托的护土卫权

之责,就非禁止不可。"

在冯将军强有力的驳斥下,两个外国人只好低头认罪。[①]

2. 巧辩

即机密、巧妙的辩驳,以巧取胜。或者辩论双方势均力敌,旗鼓相当;或者敌强我弱,处于劣势;或者迫于情势,不便强攻;或者就算有理,但求有礼有节,等等,都需要巧辩。常见的巧辩技巧有:巧藏问机、归谬反驳、两难反驳、间接反驳、预期反驳等。

(1) 巧藏问机

就是机智的发问,可以把对方问住,又可以迫使对方就范,陷入自相矛盾、进退维谷的境地。这种发问,具有一定的威慑力。例如,1993年新加坡亚洲大专辩论赛,反方复旦大学队六次向正方台湾大学队发问:"善花是如何结出恶果的?"弄得正方很狼狈,充分暴露出正方立论的破绽。发问,有逼问、套问、诱问几种。上例就是逼问。

(2) 归谬反驳

这是一种以退为进的反驳技巧。依据对方的逻辑,将对方的论点或论据加以引申,推出一个荒谬的结论,从中显现对方的论点或论据的荒谬。

例如前例中,冯玉祥驳斥外国人的时候,外国人以护照上准许带猎枪为由,声称行猎是得到我国政府批准的,不是私自行猎。冯将军当即反驳道:"准许你们携带猎枪就是准许你们行猎吗? 若准许你们携带手枪,难道就可以在中国境内随意杀人吗?"这种反驳是"以子之矛攻子之盾",既省力,又颇具杀伤力。

(3) 两难反驳

这种反驳的方式就是选言推理,先穷尽前提,再依据前提分别推出结论,不管是哪种结论,都是对方所不愿意不能接受的,但逻辑又限定了不能再做别的选择,只能接受。这就是左右为难、进退两难("二难")。

> **示例 2**

有位领导干部年事已高,组织上决定让他退居二线,他很有一些牢骚。奉命前来做思想工作的同志除了充分肯定他几十年来的成绩之外,还特地针对他当时的态度说了这么几句话:

"恕我直言,在我们领导下的这些人,如果至今还没有人能胜任我们的工作,那就说明,我们是不称职的;如果有人能胜任我们的工作而且比我们做得更好,那我们还有什么必要去争这份热情呢?"

[①] 邵守义、谢盛圻、高振远:《演讲学教程》,北京:高等教育出版社1993年版,第212页。

这位领导终于无话可说了。

点评：这次辩论中，结论是什么呢？或者不称职，或者没有必要去争这份热情，二者必居其一，他都必须接受他所不愿意的退居二线的结论。

（4）间接反驳

辩论中，迫于某种情势，常常会遇到不宜正面出击的难题，而此时只能迂回出击，或者以退为进。

示例 3

《艺文类聚》中载有一则故事。晋文公有一次吃烤肉，发现烤肉外边缠有一根头发，大怒，指斥厨师失职。厨师面对杀头的危险，连忙认罪："臣罪有三：其一，我切肉的刀锋利如宝剑干将一般，肉被切断，可是没有切断头发；其二，我用铁锥串起来烤肉，反复翻动，却没有发现头发；其三，肉被烤得赤红、烤熟，可是肉外边的头发却不焦。"文公听了这番话，猛然醒悟，才免了他一死。事后调查，原来是有人要陷害厨师，把头发缠在烤肉上。

点评：这是一段很巧妙的反驳，表面上不动声色，实则采取欲抑先扬、以退为进的手法。厨师口头上认罪，表面上顺从，以满足对方的自尊。陈述三条"罪行"的事实证明却是无罪。巧就巧在用证明的方式达到了反驳的目的。使用这种反驳方法，常常可以避其锋芒，把一种纠缠不清的问题辩清楚。

（5）预期反驳

辩论中设想对方将会提出什么问题，将会持何种态度或理由，找出什么借口，为堵住对方的"嘴"，不等对方开口就先下"嘴"为强，一一摆出来并加以驳斥。通常的表述方法是"我知道，你将会说……""不难设想，你一定会说……""你肯定会认为，这是……""站在你们的立场，你们会觉得……"等等。预期反驳不仅可以事先设防，堵住对方的进击，而且可以从反面加强自己的立论。

除了上述一些巧辩的技巧外，还有很多方法，譬如运用巧妙的解释，开拓新的反驳战场；用揭露对方短处的手法，回击对方的揭短；用答非所问、装糊涂的方式，回避不好对付的追问或难堪的局面，以幽默的方式甚至还可以用适当的诡辩，等等。当然这些方法无助于人们对真理的探究，然而可以缓解气氛，避开锋芒，摆脱困境，开拓思路，变被动为主动，保证辩论的顺利进行，因而同样可以视为巧辩。

示例 4

在一次中外记者招待会上，一位西方国家的新闻记者向国务院副总理兼外交部长陈毅提出这样一个问题：

"最近，中国打下了美U-2型高空侦察机，请问，是用的什么武器？是导弹吗？"

对于这个涉及国防机密的问题，陈毅并没有以"无可奉告"顶回去，而是风趣幽默地举起双手在空中做了一个动作，然后带有几分俏皮地说：

"记者先生，我们是用竹竿把它捅下来的呀！"

这句幽默的话，引起一阵哄堂大笑。

点评：陈毅并没有顺着记者思路回答，而是用幽默的语言巧妙作答，转换了思路，缓解了气氛，避免了尴尬。

3. 情态反驳

辩论者的体态、表情、手势等，也是构成反驳的重要态势语言手段。这种无声语言运用得好，常常可以起到有声语言不可替代的作用。一丝友好的微笑，自然可以缓解对方的对立情绪；一副鄙夷的神态，反而能煞住对方嚣张气焰；一个有力的手势，显然会促使对方从中掂出分量；一个出其不意的举动，给予对方的往往是一个无可抗拒的反击。但是注意，情态反驳切忌粗鲁、蛮横、失态失礼。

拓展练习

模拟赛场辩论：就下列辩题进行一对一或多对多辩论。

（1）大学生打工利（弊）大于弊（利）。

（2）当代社会，通才（专才）比专才（通才）更吃得开。

（3）大学毕业后，应先就业（择业）再择业（就业）。

（4）"手机控"对大学生利（弊）大于弊（利）。

（5）金钱追求与道德追求能（不能）统一。

（6）机遇（奋斗）比奋斗（机遇）更重要。

课后任务

1. 什么是辩论？辩论的作用有哪些？
2. 辩论艺术活动具有哪些特征？遵循哪些基本原则？
3. 结合实例，谈谈如何使用辩论的各种艺术技巧。

附录：口语交际经典与赏析

一、经典赏析

经典赏析1

美国人曾说他"一个人抵得上5个海军陆战师"，毛泽东在接见他的时候，伸出五个手指头说："我看呀，对我们说来，你比5个师的力量大多啦！"他，就是被誉为"中国航天之父""中国导弹之父"和"火箭之王"的钱学森。他不仅是一位享誉海内外的杰出科学家，还是一个伟大的说服家。

1955年10月，钱学森冲破种种阻力回国后，即刻投入到中国的导弹事业。工作中，钱学森发现一些刚转行过来的大学生总是念念不忘自己原来所学的专业，感到从事火箭导弹事业是大改行，所学非所用，搞不出什么名堂来，白白贻误了青春，原想搞本行当个"大科学家""大人物"的梦想破灭了，因而，不安心学习研究。

一次，钱学森专门找他们谈心，说："其实，少数大人物的存在，首先是因为有千千万万不显眼的小人物的衬托而存在的。时常是小人物成就着那些大人物。小人物就像池塘里的水，大人物就像浮出水面香气袭人、亭亭玉立的荷花。试想，没有水，荷花何以生存！人们往往只看到少数大人物的作用。实际上，在日常生活和平凡的事业中，小人物比大人物更不可少。虽说不想当元帅的士兵不是好士兵，但是，如果一个个士兵都想当元帅的话，那么，这支军队肯定是无法打仗的。拿破仑再厉害，真正动刀枪的还是成千上万的士兵。"

钱学森这一番饱含深情、富有哲理的话，使得这些大学生深受启发，他们的思想态度从此日趋端正，学习研究热情愈发高涨，最后成长为新中国卓越的火箭、导弹技术人才。

面对一些大学生中存在的好高骛远、眼高手低的问题，钱学森没有

直接指责和批驳,而是善于立意,集中话题,循循善诱。他从"大人物的存在"谈起,意在透过小人物与大人物的关系,引导大家认识小人物的地位和作用,树立甘当小人物,做无名英雄的奉献思想。为了达到谈话目的,钱学森把小人物喻为"池塘里的水"、大人物喻为"亭亭玉立的荷花",从而极其形象生动地说明了小人物的重要作用。而后,他又引用拿破仑的一句名言,解读新意,进一步肯定了小人物,同时暗含着一味想做大人物是不切合实际的忠告。钱学森的一番话,由于目的明确,说理透彻,循循善诱,因而能够浸入大学生的心田,起到了很好的劝导效果。

20世纪60年代,钱学森来到中国西北部人迹罕见的大沙漠中,进行导弹试验的准备工作。钱学森住下来以后,经常和工程技术人员一道劳动、娱乐和聊天。有一天,他听到一位新分配来的大学毕业生埋怨说:"真是想象不到这个鬼地方是这么荒凉!来前觉得这里一定很浪漫,来后才知道,这里是鬼门关。自己的青春年华就要埋葬到这沙石堆里了!"

钱学森感到,这位大学生来前的思想准备不足,自己有必要和他谈谈。于是,一天晚饭后,钱学森邀他散步。他们边走边聊,不觉来到一个古城堡的遗址前面。

钱学森指着城堡遗址旁生长的一丛丛沙棘树说:"你看,这些沙棘树,是多么令人敬仰。它们不怕风沙吹打,也不怕烈日灼烤。它在贫瘠、干旱的荒漠里扎根,能吸取的养分,仅仅可以维系它的生命。可是,它不仅顽强地生存,还结出一串串小而涩的果实。这沙棘树比起城市阳台上的盆花,它的生命力不知道强出多少倍。因此,我要对你说,要挺起胸膛,面对现实生活,面对你今天的工作岗位——大漠荒原。要承认,这里的生活比不上繁华的大都市,但在这里生活的意义,不是生存,而是创造,是开创崭新的事业,为祖国建起一座现代化的航天城堡!"

面对钱学森鞭辟入里而又充满强烈爱国热忱的话语,这位大学生深受感染,当面向钱学森表示,不怕苦累,要立志在大漠荒原干出一番事业。

钱学森借助于眼前所见的沙棘树,借题发挥,以树喻人,寓理于物,通过赞扬沙棘树不畏艰苦环境顽强生长结果的品质,形象生动地说明了只有艰辛砥砺磨难才能成就人生的道理。进而,钱学森深刻道出了"生活的意义"——"不是生存,而是创造",让人醍醐灌顶,茅塞顿开,使得这位大学生廓清了思想上的迷茫,坚定了在大漠荒原创造出一番事业的人生理想。

经典赏析 2

有一次,一群年轻的航天人围着钱学森,想听他在美国的故事,钱学森思寻了片刻,说道:"我在美国的故事没有什么意思,我给大家讲一个我们的祖先搞科学发明的故事吧!"

明代初期,有一位叫万虎的青年。他不爱官位,热爱科学。他最感兴趣的,是中国古人发明的火药和火箭,并想利用这两种具有巨大推力的东西,将人送上蓝天,去亲眼观察高空的景象。于是,他制作了两个大风筝,将一把椅子固定在两只风筝之间的构架上,并在构架上捆绑了47支特制的大火箭。一切就绪之后,万虎坐在椅子上,令众人用火把同时点燃47支火箭。

只听"轰!"的一声巨响,万虎所坐的飞车已经离开地面,徐徐升向半空。正当地面的人群发出欢呼的时候,蓝天上的飞车变成了一团火,万虎从燃烧着的飞车上跌落下来,手中还紧紧握着两支着了火的巨大风筝,摔在万家山上,献出了宝贵的生命。

讲完故事,钱学森感慨万分地说:"万虎的实验虽然失败了,但是,万虎开创的飞天事业,却得到了世界的公认。美国一位叫詹姆斯·麦克唐纳的火箭专家,称中国的万虎为青年火箭专家,是人类第一位进行载人火箭飞行尝试的先驱。我们都应该为中华民族有万虎这样的科技先驱而自豪,在现代火箭面前,我们作为他们的子孙,能永远落在洋人的后面吗?"

"不能!""绝不能!""我们不能给祖先丢脸,一定要赶上去!"在场的年轻人听完钱学森这席话,无不热血沸腾,满腔豪情,纷纷表示了自己的决心和信心。

钱学森的故事有三个特点:一是新鲜,故事不为人们熟知,大家爱听;二是贴切,事关航天,十分有利于激发大家献身火箭事业的热情;三是曲折,故事开头创设了悬念,不讲自己在美国的故事,而讲祖先搞科学发明的故事,委婉地说明了这个故事"有意思",使人很想听下去。由于这三点,钱学森的"巧借故事法"就用活了,起到了很大的说服、激励的作用。假如他枯燥乏味地讲一通爱国的大道理,就收不到强烈感染听众的效果。

说服是一种技巧,是一门艺术,是一种智慧。在所有的口语交际中,说服可以说是最难的一种。而钱学森却从不空讲大道理,而是通过"循循善诱、借题发挥、巧借故事"等方法和技巧,达到了"劝导人、感染人、激励人"的良好说服效果。他高超的言语说服艺术,值得我们好好学习借鉴。

经典赏析3

李鸿章37岁那年,处境不妙,十分落魄,便来投靠老师曾国藩。

寒暄几句后,李鸿章说:"门生想成就一番功业。门生自信有能力独领一军,为湘军锦上添花!"

曾国藩看出他投奔是假,想被举荐做官是真。17年前,他就发现李鸿章睥睨万夫,目中无人,这样的人若不加以磨研锤炼,终究是一块废物而已。今日一见,李鸿章长了才干,目中无人的骄矜之气却仍未减少。

曾国藩沉吟片刻,说:"我早晚会派你独领一军。只是你初来乍到,不如先在我幕下做个幕僚,拟写公牍。"

李鸿章一听,失望至极:"老师,您不是让我做个舞文弄墨的书办胥吏吧?"

曾国藩哑然失笑:"你先干几小月,若觉得委屈,可以随时离去;若想干下去,我会举荐你做军务参赞。另外,军费有限,你走进士出身,只能暂时每月六两。你带来的随从,要么当兵,要么打发回家。"

李鸿章别无出路,只好做了幕僚。

十几天后,李鸿章渐渐流露出不满来。以前他都吃小灶,在这里却吃大伙房,饭菜极其简单。更难以容忍的是,他讨厌辣椒,偏偏每道菜里都有辣椒。每次用餐后,幕僚都要开个集体讨论会,时间一长,就流于形式。对此,李鸿章颇为不屑,他满腹的才华得不到施展,不免郁郁寡欢。

有一天,李鸿章不愿意吃早饭,托病卧床。曾国藩有个规矩,必须等所有幕僚到齐后才开饭,便派人去催李鸿章。不料,李鸿章仍然称病不起。曾国藩勃然大怒,命人再去叫他。李鸿章听说大帅发怒,来不及穿戴整齐,就跑进大伙房。只见大家正襟危坐,木着脸等着他,面前的稀粥早就凉了。李鸿章辩解说:"门生的确有些不舒服……"

曾国藩打断他:"你既然做我幕僚,我就送你一句忠告,你还缺少一个'诚'字。"说罢拂袖而去,李鸿章尴尬极了。

吃过饭,李鸿章收拾行李,打算走人。恰巧同僚郭嵩焘来看他,拦住他说:"这就受不了了?你是大帅的得意门生,他怎能不希望你封侯拜相?有机会他就会举荐你。不过,要想成大事,必须洗俗骨除娇气,亲用道苦用功。军队有军队的纪律,你若是视规矩为儿戏,不懂得随机应变,不能与上司、下属和谐相处同舟共济,怎么能做大官成大事?大帅这么做,就是锤炼你的性子,千万别辜负了大帅的一番苦心啊!"

李鸿章恍然大悟，冷静下来，主动向曾国藩道歉。曾国藩颔首微笑，开始锤炼他的品性。数年后，李鸿章果真成了栋梁之才。

俗话说，人在世上练，刀在石上磨。李鸿章颇有才干，却目中无人，曾国藩屡次"打压"他，就是为了磨掉他身上的毛病，帮助他尽快成才。交往中，面对长辈、老师的批评与"打压"，应当了解其初衷与苦心，对"打压"带来的不快与尴尬少一些计较，对自身存在的问题多一些警醒，并努力改正，这样才能不辜负他们的苦心，才能在锤炼中不断成长。

经典赏析 4

2009年7月28日，在美国华盛顿举行的首轮中美战略与经济对话闭幕晚宴上，中国国务院副总理王岐山在阐述中美关系时的即兴演讲，令在座的中外嘉宾无不叹服。那么，王岐山当晚的演讲，究竟魅力何在呢？

在演讲中，王岐山首先提到了自己曾就读的中国西北大学的老校长张伯声先生：

张老师说，他们那时候坐船去美国留学，在海上要一个多月的时间。他就天天坐在甲板上，除了睡觉就坐在甲板上想论文，想他所学的知识，想他对地壳构造的认识。他天天看着海浪，看着大江大洋大海的"涌"。突然他有一个灵感，就是这个浪它为什么不是直上直下的，而是涌动的。最后他突然发现，根据力学的知识，发现大自然万事万物，应该是以最省力的方式运动。海浪这种涌动的方式，从力学上讲是最省力的。他就想，大自然地壳的构造，它一定是以最省力的方式在运动，后来，他的这个学说为国际学术界所接受，并被命名为"地壳波浪镶嵌学说"。

当时我在学校学历史，他让我感受到历史的潮流，人类历史潮流的问题，其实和大自然是一样的。那就是"顺历史潮流者昌"，或者叫赢；"逆历史潮流者亡"，或者叫败。我看中美关系发展到今天，就是顺应了历史的潮流。而这个历史潮流是中美两国人民的需要，是中美两国人民的共同利益，而又为中美两国政治家所逐渐认识。

即兴演讲要求演讲者在事前并无精心准备的情况下，用极短的时间临场发挥好"说什么"和"怎样说"这两个问题。在"说什么"的问题上，王岐山高屋建瓴，想到了"中美关系顺应历史潮流"这样一个重大命题。在"怎么说"的问题上，王岐山没有空谈大道理，而是先从张伯声老师的"波浪学说"谈起，进而从自然中的"波浪"现象引申到人类历史潮流上来，告诫人们"顺历史潮流者昌、逆历史潮流者亡",从而借以妙论中美关系,说明了中美关系顺应历史潮流的重要性和必要性。他这一番演讲,构思缜密,一气呵成,把一个重大命题谈得透言得巧,既说得亲切又不乏味腻烦,中外嘉宾叹服他的高超演讲技巧,也在情理之中了。

在演讲中,比美国财政部长盖特纳大13岁的王岐山还笑侃自己是他的"叔叔":

在座的很多朋友在不同阶段都见证了改革开放,包括盖特纳财长1981年骑着自行车在北京学习,也包括他的令尊大人。我跟盖特纳的关系,在网上有人说我应该是他的叔叔。因为他的父亲老皮特是原福特基金会首任驻华代表。在20世纪80年代,我曾经跟他父亲去申请福特基金会的资金,做研究项目,所以工作上有联系。按照中国人讲,这工作上发生联系了,孩子就得叫对方叔叔,或者叫伯伯。

有了这层关系,我以为中美关系的潮流,两国人民在决定着,两国人民的共同利益在决定着。两国的政治家和所有各界的朋友们,只能顺乎,也必须顺乎这个潮流。

即兴演讲,演讲者还应结合现场,摄取那些与演讲主题有关的人或物,进而展开话题,借题发挥,才能增强演讲的现实感和针对性,紧紧抓住听众的注意力。王岐山在演讲中,对准了现场的美国财长盖特纳,并选取了一个非常生活化的角度,和他拉起了家常,通过讲述自己和他的父亲早年在中国亲密接触的关系,与他论起了辈分,从而在风趣幽默中凝聚了共识和友谊,寓意深刻地表达了中美两国人民要友好、要顺乎历史潮流的演讲主题。

经典赏析5

现任中共中央政治局委员、副总理汪洋,作风平易近人,从不以高级领导自居。正因心态平和,他喜欢在讲话中运用幽默,因此一言一行、一举一动都充满魅力,令人愉悦,深受媒体和民众的好评。

2008年9月24日,在广东省文联第六次、省作协第七次代表大会上,时任广东省委书记汪洋在讲话中鼓励文艺家们要创作出"经得起实践检验的经典之作"时,他向文艺工作者打起了比方:"大家坐在台下,大都穿着T恤衫,你们看着我坐在台上穿着很厚的西服,坐在台下肯定想,要么是汪洋同志还没有适应广东的气候,要么是身体可能有问题。你们绝对想不到,我头上有一个空调出风口……有时候你以为坐在宾馆里搞创作的时候已经掌握了全部事实,其实没有。你到创作对象那里体验一下就掌握了。"说到这里,全场笑声掌声一片。

这里,汪洋为了说明只有"深入生活"才能创作出"经得起实践检验的经典之作",幽默地用"西服"打比方,卖起了"关子"。先是替大家分析"穿得厚"的原因:"要么不适应气候""要么身体有问题"。进而道出"真相":"头上有空调出风口"。当大家恍然大悟之际,他又顺势讲出了"要走出宾馆去亲身体验才能掌握创作对象的全部事实"的道理。汪洋的一番话,不仅通俗明白,而且幽默诙谐,令人耳目一新,深受启迪。

2009年10月15日,汪洋来到中山大学,为师生作形势报告。当谈到金融危机带来的压力时,他说:"广东在金融危机中的表现深受中央高层的关注。胡锦涛总书记多次关心过问广东的经济形势,并在今年3月全国人大会议期间专门到广东代表团为广东鼓劲、加油。温家宝总理在2008年7月到2009年4月不到一年的时间里,先后三次到广东考察指导工作。"然后,汪洋话锋一转,幽默地对大学生们说:"如果中大的党委书记、校长在诸位同学期末考试前,三番几次到你们宿舍里去'慰问',相信大家考试的压力也不小吧!"同学们都会心地笑了,并报以热烈的掌声。

应对金融危机,保持经济快速发展,作为省委书记的汪洋,工作压力恐怕是最大的。但汪洋没有直陈压力,也没有大打官腔,而是以中央总书记和国务院总理对广东多次关心过问、考察指导为由头,假设了学校党委书记、校长去宿舍"慰问"的情景,从而幽默生动地阐释了自己身上的压力和此时的心态,让人感同身受,最终赢得了听众的理解。他平易近人的作风也在这一番话中显露无遗,可谓妙哉!

2009年3月19日,广东省人口计生工作电视电话会议上,当在主会场出席会议的汪洋发现各分会场有人缺席、有人睡觉时,便以他特有的幽默口吻批评起个别地市领导来:"我本以为今天的会议很重要,但会场一些同志显然不这样想。有些该来的不来。你说你不来,干吗还要摆(姓名)牌子给我看?有的人来了,坐一会儿就走,有的人似乎一直在睡觉。这些同志我都记下了,今年我重点找你茬,看你是不是搞得好人口工作。"

面对会场个别地市领导"缺席""睡觉"的现象,汪洋没有大发雷霆,高声训斥,而是以诙谐的语言加以调侃,一句"摆姓名牌"的质疑让人捧腹,接着用充满生活化色彩的词语"找茬"来表明自己的态度,既显示出幽默本色,又不失严肃地达到了批评的目的。这显然比居高临下地使用那些充满火药味的批评语言,效果要好得多。

一次，美联社常驻广州记者傅维廉公开向汪洋提了一个"尖刻"的问题："我听说您与黄省长看待经济发展的角度不同。您希望企业用创新赢得竞争力，但黄省长更倾向保护珠三角的劳动密集型产业。听说黄省长认为您走得过快了一点。"汪洋听了，微微一笑，回答说："你的问题很坦率，我也坦率地告诉你，这是你在广州听到的'马路消息'。"汪洋幽默的回答，立即在现场引发了大家的笑声。汪洋接着细心地给这位外国记者解释了在中国党政是怎么分工的……傅维廉连连点头称是。

当傅维廉质疑"省委书记和省长有分歧"时，汪洋没有板起面孔教训人家一通，或是着急忙慌地发表声明，而是"秀"起了自己的幽默。他将傅维廉的消息归类为可信性极差的"马路消息"，可谓道听途说，进而向对方解释清楚了"不是分歧而是中国党政分工不同"的问题。汪洋的幽默回答，不仅彰显了自己的亲和力，拉近了问答双方的距离，而且很好地达到了辟谣的效果。

2008年全国"两代会"广东代表团的讨论会上，全国人大代表、湛江市徐闻县龙塘镇东角村委会党支部书记陈雪荣快人快语："村委主任月工资只有300块！现在农村基层干部压力大，收入低，物价还在看涨，300元根本没法维持基本生活开支。"此言一出，广东省人大常委会主任欧广源和省长黄华华窃窃私语，一旁的汪洋幽默地说："人大主任和省长在商量，该不该给你加钱呢。"汪洋一句话引得现场气氛活跃，大家讨论得更加热烈了。

2009年7月30日，来自美、英、法、德等8个国家和地区的境外主流媒体41名记者在广州珠岛宾馆红棉厅里架起了"长枪短炮"，他们此次到广东参加"世界主流媒体看广东"采访活动，有一个共同的"要求"——"要见广东省委书记汪洋"。下午3时，汪洋和省里有关领导准时来到了采访现场。一落座，汪洋说道："客人来了，提出要见'主人'，作为广东这个大家庭的'主人'，如果我不见诸位，似乎不太礼貌。我愿意和我的同事们一起回答大家的问题，但希望你们的问题不要让我们太为难。"汪洋的开场白，让记者们拘谨的表情放松了，采访很成功。

汪洋不愧为用幽默活跃气氛的高手，不论是在和人大代表一起讨论的场合，还是在众多国外记者面前，他都能用恰到好处的幽默把现场气氛活跃起来，从而为大家创造了一个平等交流、畅所欲言的环境。他的一句"该不该给你加钱呢"的话，不仅幽默，而且充分表达了政府愿意听取基层代表的意见的态度；一句"'主人'不见客人，似乎不太礼貌"，比喻通俗有趣，营造出轻松自然的气氛，力图让记者们有宾至如归的感觉；一句"愿意回答问题但希望不要太难"，诙谐俏皮，记者们在忍俊不禁的同时,更感受到了他平和的魅力和一腔真性情。

有人曾说过:"没有美貌,莫怕,你有幽默;没有金钱,莫怕,你有幽默;没有事业,莫怕,你有幽默。幽默是调味剂,幽默是万能胶……"一句幽默的话会使得拒绝、回避、报忧、抱怨等等"负能量"的语言变得不再逆耳,就像在苦涩的良药外面裹上了一层糖衣。

美国国务卿希拉里几年前在加利福尼亚州科莫斯城,竞选民主党总统候选人。演讲之后,按照惯例,她需要即席回答听众们的提问,一位男子突然向希拉里大声喊:"希拉里,亲爱的,嫁给我吧!"女性政治家们时常会遭遇男性崇拜者们的示爱、拥抱和亲吻,她们中不少人为此相当尴尬。菲律宾总统阿罗约就因为经常被男性"强吻"而苦恼,但聪明的希拉里没有被这种"求爱"吓住,她微笑着回应说:"这是我听到的最友善的示意,我十分感谢您的欣赏。感谢您当众表达您的爱,这是对我最高的褒奖。但很抱歉,我不敢答应您,我会因重婚罪被捕的。这也是您所不希望看到的吧?"观众中爆发出笑声和掌声。

希拉里一句"重婚罪"就将尴尬的局面打破,既保全了自己面子,又保全了选民的面子。这就是幽默将拒绝变得温馨的成功范例。所以说,当我们面对无法答应的请求时,不妨动动脑筋,思考一下如何给自己的拒绝话语穿上"糖衣",可以顺着对方的话语说,慢慢将对方引入我们的语境中,只要我们多开动脑筋就不再使拒绝生硬,甚至显得温馨。

2012年12月份,深圳卫视蛇年跨年晚会开始了节目终审,白凯南将搭配韩磊演绎新节目。这一消息传开,引起了广大观众和媒体的热议。一次,在白凯南参加一个大型节目录制时,现场主持人借机套白凯南的话:"白老师,您的终审情况怎么样?给我们透露一点。"白凯南笑笑说:"我的终身大事早就解决了,我很幸福,谢谢关心!"现场一阵笑声。在此之前的报道中,说白凯南和贾玲这对老搭档因为没有共同演出节目,有些不愉快,甚至产生了裂痕,主持人试图从这个角度找到突破口,问出些猛料来:"白老师,今年还是和贾玲合作一段相声吗?"白凯南明白主持人的"险恶用心",他假装没听懂问题,答非所问地说:"我先是和贾玲演一段芭蕾舞,然后跟韩磊老师唱一段高音,在年三十晚上的地球卫视的春晚上,奉献给大家。"白凯南说着说着就笑了,现场也是一片笑声。

白凯南面对刺探的主持人,如果生硬拒绝,就会造成场面上的难堪。聪明的他"另辟蹊径",用幽默的语言回避问题,保护了自己,还不失风度。有时我们也

会遇到类似的问题,有些问题我们不能回答,无法回答,这时就需要在语言上进行回避,如果我们调整思路,运用装傻充愣、答非所问等办法,利用幽默的语言巧妙地避开敏感问题,一定会比干巴巴的"无可奉告"四个字要柔和、精彩得多。

  2012年4月,"股神"巴菲特被确诊患有盆腔癌。这个爆炸性消息一经传开,股市发生了震荡。一些与之相关的股票更是应声暴跌。但这位老人却没有受到多大的影响。一次,他在机场举行的记者见面会上被问到了身后事的问题,他指着自己的飞机(一架名为"无可辩解"的公务机)笑着说:"我已经深深爱上我的飞机,我死的时候要用这架飞机来陪葬。"巴菲特喜欢可口可乐,而且持有这家公司的股票,他继续说:"我死之后,有些股票可能会下跌,但可口可乐的股票会短期大涨。"他看着人们渴望得到答案的目光说:"因为我要把我的公务机装满可口可乐,给我陪葬。销量大涨会引起股票上扬,所以我建议大家现在加持可口可乐的股票。我用生命来保证这个消息的真实度,否则你可以去天堂找我算账!"现场的人们都笑了起来。人们更爱这位智慧老人了。

  生离死别是最令人伤感的话题,但巴菲特直面死亡,用幽默的方式来解说它,变得轻松起来,感染了身边的每个人。生活中,我们难免要谈到"生、老、病、死"这些很痛苦很严肃的问题,如果能够用豁达的态度、幽默的语言包装它,一定会使"离别"等催人泪下的局面变得美丽起来。那样的话,别人看到的是豁达与从容,感受到的是积极的生活态度。

  一对老夫妻一起搭乘火车旅行,可是沿途上,妻子一直嘀嘀咕咕地说话,一会儿抱怨火车开得太慢,一会儿埋怨冷气太冷,不然就是噪音太大或服务员态度不友好,甚至沿途风景不优美都影响了她的情绪……而她的丈夫,虽然闭目养神,耳朵却不得清闲,必须忍受妻子唠唠叨叨地嫌东嫌西,但他又不想与妻子发生冲突。后来,丈夫有个机会转个头,礼貌地跟旁边的旅客打招呼。当别的旅客问到他们从事的职业时,丈夫回答说:"我经营着一个小公司,我太太却是有名的制造家!非常出名!"是吗?制造家?制造什么产品?"旅客好奇地问道。先生一本正经地说:"专门制造唠叨话儿!""哈哈!"旅客会心地笑了。妻子明白了丈夫的意思,不好意思地闭上了嘴巴。

  如果丈夫直言抱怨妻子的唠叨,那样一定会引发争吵,旅行会因此变得更加不愉快,他用"制造家"一词营造了幽默的氛围,使得抱怨变得愉快。生活中的抱怨大多是消极的,是制造不愉快的因素,其根源就是没有找到抱怨的合理方式。我们不妨用一些奇思妙想的语言来幽默地创造一种轻松的方式,那样不但达到了抱怨的目的，而且少了火气，减了攻击力，还能赢得大家莞尔一笑，变得愉快起来。

短篇小说巨匠契诃夫说过："不懂得幽默的人是没有希望的。"所以，生活中的我们都应当学会幽默，多一点幽默感，为"负能量"的话语穿上"糖衣"，那样会让交谈变得更为愉悦，我们的心情也会更畅快。

经典赏析6

2009年，39岁的孙红雷凭借电视剧《潜伏》，一举拿下了第15届上海国际电视节"白玉兰"奖最佳男演员和第27届中国电视剧"飞天奖"最佳男演员桂冠，证明了他超群的演技实力。而荧屏下的他，与人沟通起来，也能侃侃而谈，妙语连珠，充分表现了他聪明睿智、幽默诙谐的口才魅力。

1997年从中央戏剧学院表演系毕业到现在，孙红雷从一个男配角到男主角并成为目前中国最火的男演员。面对媒体"孙红雷年""孙红雷热""内地一线一哥"的广泛赞誉，名利双收的孙红雷总是在公众场合自称"不敢当"。一次，他在接受记者采访时说："我是一个简单的演员，演戏之外是普通人的生活。一部我自己参与的戏能火，当然很高兴，毕竟付出了很多心血。我在演《潜伏》前，也不知道自己会火。从我1999年入行到现在，我只是有些小聪明，这个小聪明就是我不去想出名、获奖、名利双收这些事，不让这些干扰我的情绪，专心演戏。获奖是对我的鼓励，我会老老实实接受一切。表演对我来说是最重要的，对我来说'戏'大于天。今天我还和十年前一样，得奖我很高兴，不得奖我也高兴。我一直告诫自己，不要骄傲，我不过是塑造了一个大家喜欢的角色，大家只是喜欢我演的戏而已。我很幸运能够碰到这么多好导演，他们或许喜欢我这种没有杂念的演员，导演们会说'孙红雷是一个挺努力的演员，我们给他个机会吧'，于是我就有戏了。"

黑皮肤，小眼睛，一笑起来两只眼睛就眯成一条缝的孙红雷，经过十年打拼，终于取得了令人艳羡的成就。但成名后的他依然低调，头脑十分清醒，态度极为谦虚。面对铺天盖地的赞誉，他却轻描淡写地把自己称之为"一个简单的演员、一个挺努力的演员"，却将功劳归于导演们的提携和观众们的支持。他的这一番话，虽然直白，却意味深长，表达了他"戏大于天"的优秀品质。

2009年9月24日，在该片首映发布会上，针对人们关心的"为何要开始尝试喜剧"的问题，孙红雷娓娓道来："其实从我进入中戏起，就在尝试塑造各种各样不同的角色，不能演一千个角色出来都是一张脸。

不过，烂戏我绝对不演，我说的烂戏是不负责任的戏。我不是卖笑的，挑片子绝对谨慎。所以第一次跟导演接触，我就对他说我只会演正剧，不演闹剧，而且我觉得好好演正剧才是最大的喜剧。没想到，导演因此更坚定让我演。看了剧本后，我不禁被细致入微的故事深深打动了，故事接地气，来源于生活，有生活基础，所以我有信心演好这个角色。现在的生活节奏越来越快，人们压力太大了，我们不能总是拍一些纠结的电影。这部电影也许没有那么震撼，没有那么深刻，但它轻快、温馨，让人有幸福感！"

对于这部"转型之作"，孙红雷自我感觉还不错，但又十分谦虚，笑称："我愿意给自己打'61'分，多出的那一分是观众给的。"当有记者提出"观众并不完全接受你的喜剧表演"时，孙红雷睿智地回答道："一个角色不好只是人生一个逗号，不可能部部作品都好，就像一个好记者也不能保证每篇都是好稿子。人的一生很短，我就剩下那么几年，很想尝试不同的角色，不怕演不好。"

对于人们关心的演喜剧"转型"的话题，特别是记者提出的不被一部分观众接受的问题，无疑是一个"烫手山芋"，但孙红雷却以自己的镇静和真诚坦率，巧妙化解了。孙红雷先是以"理"服人，不仅以"不能演一千个角色出来都是一张脸"的通俗话语，说明了一个演员塑造各种各样角色的重要性，而且以"我不是卖笑的"这一诙谐语，道出了自己扮演角色谨慎和负责任的演戏原则。接着，他不仅说明了对《窈窕绅士》中"曾天高"这个角色的热爱和在表演上的自信，而且还特别以"61"分的特殊分数，既谦虚地评价了自己，又不忘感谢观众，从而表达了他对观众的一片真诚、真情。对于一些观众的反对态度和意见，孙红雷丝毫没有批评指责观众，而是十分坦诚地从自身谈起，并运用形象比喻，说明"不可能部部作品都好"，同时也表达了自己愿从"逗号"做起，只争朝夕，勇往直前的探索精神。

男大当婚，女大当嫁，明星的感情生活更是引人注目，自从孙红雷承认有了一个圈外女友后，他所到之处必被问到这个问题。显然，这是一个欲说还羞的问题，因为需要替对方考虑，不便过早公开。所以，当不可避免地要回答时，孙红雷都是很风趣幽默地说："关于感情生活的问题，我是一个演员，我是一个正经的演员，很怕招致炒作的嫌疑。再加上她是圈外人，不喜欢娱乐圈，也不想招惹娱乐圈。所以，我不能回答关于'她'的问题，我怕回家跪搓衣板。"此话惹得现场一片笑声。不过，孙红雷也坦言："我没有结过婚，但我父母、我哥哥都结过，我知道两个人的关系中除了爱情、激情,两个人在一起一定要宽容、沟通、理解。这是最重要的。因为两个人一起要过几十年,必须培养起大家共同的乐趣。对于演员来说,平时在外都是鲜花加掌声,但晚上回家就普通了。这一感觉犹如天上掉到地下,如果回家后和身边人有幸福感,那这个人就是合适的。"

面对感情生活的问题,如果一概避而不谈,恐怕也会招致别人的反感,或者更多的猜测和非议。懂得其中利害关系的孙红雷善于大大方方地去谈论。他先是很"庄重"地指出自己是一个"正经"的演员,说明自己不会拿感情或女友去炒作。随后,孙红雷展现出了他幽默诙谐的一面,他把自己不能回答女友问题的原因,十分形象地戏谑为"怕回家跪搓衣板",真是风趣幽默,令人忍俊不禁。进而,他又以自己的父母和哥哥的感情生活为榜样事例,阐明了他对爱情、婚姻与家庭的生活态度。

作为演员,孙红雷的魅力不仅在于他扎实的演技和表现力,更在于他一言一语的非凡口才,即便是最普通的话语,他也能舌绽莲花,说出自己的特色,让人听得舒服,感受到他的亲切可爱。

经典赏析 7

同学间有了矛盾,如果任其发展,很可能会越闹越僵,不可收拾。这时,就需要有人充当"调解员"的角色,从中调解。那么,怎样才能说好调解矛盾的话呢?

蔡康永在台北再兴中学读书时,带领同学拔河,顺利杀入半决赛。中午吃饭,阿陈打了个大喷嚏。旁边的周子龙生气了:"这么大的地方,你远点不行啊?说不定唾液都喷我菜盘里了,没教养!"阿陈也不示弱:"这么远,碍着你什么了?没茬找茬,有病啊?"就这样,两人话赶话,越吵越凶。

蔡康永把他俩分开,说:"吵吧,有人正嫌我们班不乱呢,下午半决赛输得一塌糊涂才好。"双方仍气鼓鼓地对峙着。蔡康永对周子龙说:"离这么远,打个喷嚏怕啥?把你的菜给我,大不了有点唾沫星子,我吃。"他又转身笑着对阿陈说:"打喷嚏也不瞧着点,想给我们免费'添油加醋'也要征得我们同意嘛。你那盘菜离你那么近,里面不光有唾沫星子吧?还是你吃吧,我可不跟你换。"餐桌一片爆笑,两人的争端也云消雾散了。

拔河比赛回来,周子龙和阿陈因打喷嚏发生口角。蔡康永设身处地说"圆场"话——"有点唾沫星子?我吃!"——让很是不满的周子龙无话可说。之后,他又和阿陈打趣,说他是给人"添油加醋",笑翻了一桌子人,矛盾也解决了。同学闹闹矛盾,你从中打圆场,来点小幽默,迅速拉近双方的心理距离,让双边都满意,不再相背,再大的矛盾也会迎刃而解。

小 S 一向伶牙俐齿,说话犀利大胆是人人皆知,因此也得罪了不少人。一次访谈中,作家李敖批评其姐姐大 S 的婆婆张兰,引起小 S 的不满,她爆料李敖是"吃不到葡萄说葡萄酸"。李敖一怒之下,扬言要状告小 S 诽谤罪。

虽说一个巴掌拍不响,但大 S 知道此事后,打电话给小 S 一顿狂训:"你怎么可以这样说话?大师(李敖)再怎么说,也是长辈,即使换了其他人,针锋相对从来都不是解决问题的最好方法。"

听姐姐这么说,小 S 也自觉说话太冲动。

俗话说:拿得起,放得下。但实际上,唯有放得下,才能够拿得起。这说明,生活中想得开,放得下,是一种洒脱的人生态度。说话时,我们如果能放下一些消极的思想,如幽怨、偏见、高傲、报复甚至是算计,对事不对人,更能把话说开。大 S 的婆婆遭到李敖的批评,小 S 看不惯就与其发生争执,但是大 S 放下私情,向理不向人,话语更具说服力。可见,放得下,更能说得开。

经典赏析 8

布莱切特是法国里昂市的一名职业漫画家,他的漫画着眼于民生,构思巧妙,被市民称为"拿画笔的思想家"。这天,一位市民向他提供了一条注水猪的新闻,希望他能用漫画的形式抨击奸商。布莱切特很乐意接受了,并连夜创作出了十几幅关于注水猪的漫画,有的犀利夸张,有的形象逼真。这位提供新闻的市民高兴地欣赏着,忽然,他发现了一个问题,这些漫画上并没有注明那家奸商的店牌名。他就走到布莱切特身边说道:"敬爱的布莱切特先生,我觉得我们应该狠狠地教训一下这个家伙,让他身败名裂。可是,您并没有标明是哪个混蛋奸商的店牌名,是不是便宜他了?"

布莱切特欠了欠身说:"从你的言语中,我能感觉出你是个很有正义感的人。但是漫画既有针对性,也有广义的警告作用。我用漫画告诉人们这么做是可耻的就足够了,我们已经丑化了这个事件,就没必要再去具体丑化某个人了。我们应该对事不对人,因为发生这个事情,很多人都有相应的责任。"

市民听罢,激动地握着他的手说:"布莱切特先生,您的成就不仅仅是这些发人深省的作品,更在于您有博大的胸怀。"

不难看出,布莱切特的话语中透露出其"对事不对人"的原则,他的画纵然辛辣如匕首,讽刺的却是某种思想或某种作风,而不是具体针对某一个人。把一种错误思想画出来,但不去丑化具体的人。生活中,有些人因一时糊涂犯了错误,我们在挑人错误时,应该放下"拆人台面"的偏执看法,不应该将一个人一棒子打死,应该给他改过自新的机会。

经典赏析 9

安徽亳州,是中国的四大药都之一,各路药商云集于此。几年前,王丰与同窗好友刘瑞生,决心在此开办药店。王丰负责拓展业务、药品采购,刘瑞生负责店面直销。两人苦苦经营了十年,药店有了起色,财源滚滚而来。然而这时,有人鬼鬼祟祟找到刘瑞生说:"你可真实在啊,王丰在外面联系业务,他把业务链掌握得一清二楚。说不好听的,假如有一天,他截断业务链,另起炉灶,那时候你哭都来不及。还有,你对采购不管不问,还不知道他从中有没有获取利润呢。"

"你不要挑拨离间,"刘瑞生对来者毫不客气地训斥道,"我们药店之所以经营得力,正是因为王丰懂得鉴定药材,有优质药材的货源。如果他想独立门户地单干,早就单干了,何必要等十年?"

这时,王丰从外面跑业务回来,听到药店里有争吵,弄清事情原委的王丰深情地对刘瑞生说:"谢谢你的信任,我浑身是铁能打几根钉?唯有我们牢牢抱成团,才能把生意做大做强。"此时,挑事的人尴尬地站在一旁。

遭人离间,我们最常见的就是当事人兵戎相见、针锋相对,最终是鱼死网破,得不偿失。我们往往讨厌和憎恨挑拨者的别有用心,但如果当事人能放下猜忌,说话不带偏见,才能心往一处想,力往一处使,避免不必要的损失。刘瑞生在遭人离间后,却能抑制住内心的愤怒,理性分析,不偏听偏信,放下对王丰的猜忌,说出体谅和理解王丰的话语。正是这种想得开、放得下的优良心态,不仅让王丰感动不已,也让挑唆者自讨没趣。

经典赏析 10

在《贫嘴张大民的幸福生活》中,男友甩了李云芳,去了美国。李云芳想不开,一天不吃饭。见李云芳蒙着一块被面,张大民过来开导说:"你就像个变魔术的,不是台上的,而是天黑了马路边的那种。我帮你算一笔账,一顿饭省8块钱,你已经省了24块钱了。再这么省下去,你顶多饿成皮包骨,也成不了烈士。就算成了烈士,人家顶多从美国发个唁电。快把被面扔了吧,充什么大花蛾子,你换一个花样儿行不行?你头上顶个脸盆行不行?不顶脸盆顶个酱油瓶子行不行?我们烦你这个破被面了。"李云芳露出头来。张大民欠欠身子,扯下一条毛巾给她:"得了,我拿你一点办法都没有了,你把这块白毛巾蒙上,冒充敌后武工队,我领你去偷地雷吧。你知道哪儿有地雷吗?"

李云芳"哇"的一声哭了出来,大哭一场过后,吃了一大碗面条,后来死心塌地地爱上了善良的张大民。

李云芳失恋,为男友的背信弃义而伤心不已。此时,她满脑子都是"伤痕",失却了自我疗救的能力。张大民用幽默法开导,转移她的注意力,让她把被面换成"脸盆""酱油瓶子"等物件,描绘出一幅幅荒诞的场景,让李云芳跳出来,痛哭一场,不再自寻烦恼。对于受挫者,开导时不妨转移对方的注意力,并加点幽默的色彩和善意的嘲讽,以达到曲径通幽的开导效果。

经典赏析 11

一名大学生问俞敏洪:"为什么你总是能得到命运的眷顾,而我连一次像样的机遇都没有呢?"俞敏洪笑着说:"给你讲个故事吧。在大学的最后一年,我发现自己就快悲惨地度过 5 年没有爱情的大学生活了,内心极度不甘。于是,我背着书包满校追女生。最后,终于被我看上了一个。我跟踪了她,三个多月她都没有发现,原因是我每次都离她 200 多米。在图书馆,她在那儿专心地看书,我在图书馆的另一头专心地看她,但整整三个月不敢走上前一步……终于有一天晚上图书馆突然停电了,趁着黑,我有了勇气,我上前帮她找书包,而且搭上了话。后来我约她,到渤海划船,再后来她约我参加她的生日会,现在她已是我老婆了。"

"俞老师,您的这个故事与我们的话题有关吗?"大学生很疑惑地问。

"怎么没有关系呢?"俞敏洪笑着继续说道,"你想想啊,如果我没有那三个月锲而不舍的跟踪,我怎么能知道她的作息规律呢?如果我不知道她的作息规律,怎么能有图书馆三个月的守望呢?如果没有图书馆里的守望,我怎么能碰上那次熄灯的机会呢?很多人看到的都是我好运气,遇到了图书馆停电熄灯的机遇和抱得佳人归的喜悦,却不知我那三个多月的苦苦追寻和等待!上天不会白白给一个人机遇的,机遇都是在漫长追求和等待之后……机遇怎么遇到?每一个谈过恋爱的人该会有统一的答案——你不偷懒、不抱怨地跟在她后面,总有一天她回头看见了你!"

大学生听后幡然醒悟。

现在的人太想一夜成名或者一夜暴富了,一件事坚持几个月看不到结果,就开始抱怨上天不公、命运不济。只是从没有注意到,那些被"机遇"缠身的成功达人是从何年何月开始奋斗的。俞敏洪通过自己的故事,将这个道理明明白白地阐述出来,而且他的话语又通俗易懂,实在巧妙。

经典赏析 12

范冰冰每当走戛纳红毯时,总会在国内引起一片热议。有一年,范冰冰穿上"中国风"再秀戛纳,一身"花瓶装"引来不少争议。有记者问她:"你怎样看待走红毯?很多人都说你是花瓶,你怎么看?"范冰冰微微一笑,回答:"我不会太把走红毯当一个什么事儿,就是出门、上场、微笑、定住、转身、走人……至于'花瓶论',花瓶是没有生命的,你放水它就是水瓶,你储物它就是个罐子,什么瓶不重要,重要的是瓶中之物,那才是生命力。"

既然争议不断,范冰冰干脆借题发挥,巧妙地阐释自己对"走红毯""花瓶论"的看法,轻松化解争议。借题发挥,往往借着某件事作为由头,以表达自己真正的看法,以达到有效解决问题的目的。

范冰冰出道以来,负面新闻不断,她被媒体称为"话题女王"。但她一直很淡定,有记者不解,她解释说:"一直有人问我为何如此淡定,十几年来,我的心里一直有段话,昔日寒山问拾得曰:'世间谤我、欺我、辱我、笑我、贱我、恶我、骗我,如何处治?'拾得云:'只是忍他、让他、由他、避他、耐他、敬他、不要理他,再待几年你且看他。'在有限的生命里,不需要理会和多言,只要在乎爱我们和我们爱的人,就足矣。万箭穿心,习惯就好。"

范冰冰借用拾得和尚的妙语阐明自己对待负面新闻的态度,既显坦然乐观,又见知识功力。名言或俗语,往往寓意深刻,蕴含丰富的哲理。说话时,巧妙引用,既能增强话语的"含金量",还能使话语更具说服力,并起到画龙点睛的作用。

经典赏析 13

明朝,王龙溪生性豪爽,却嗜酒好赌。王阳明看好他潜质,很想将其收至门下,但遭到拒绝。王阳明叫擅长此道的弟子找王龙溪赌钱、斗酒,结果赢了他很多钱,把他灌得烂醉。

次日,王阳明去拜访王龙溪,说:"听说您不但赌技高明,而且海量,

真是英雄豪杰啊。"王龙溪得意地道:"那是当然,我愿意和天下的英雄结识。"

王阳明笑着问:"难道我不值得你结交吗?"王龙溪不屑地道:"文弱书生,不赌钱不喝酒,算不上真英雄。"王阳明反驳道:"我门下倒有几个学生,曾是赌钱、饮酒的好手。只是现在,他们想明白了,与其独自享受生活,不如潜心治学,为苍生造福。你昨天和人赌钱、斗酒,都输了。赢你的那个人正是我的学生。"

一招手,弟子从门外走来。王龙溪大吃一惊,改变了对王阳明的看法,并拜其为师。

论辩中,面对固执的对手,我们可采取投其所好的方式,扮猪吃虎,趁其忘乎所以之际,直击其观点偏执之处,一举获胜。怎样才能把自以为是的王龙溪收入门下? 王阳明针对他的个人所好,先是大赞特赞,使其飘飘然地坚信自己就是英雄。这时,他忽然抛出杀手锏,以自己的门人为例,指出真正的英雄和赌钱饮酒并没有必然关系,从而使其认识到自己的狭隘。

二、典型案例

案例1

2001年11月,亚利桑那大学中国留学生杨建庆、陈玉云夫妇在当地家中遇害。他们6岁的小女孩醒来,走出二楼的卧室,突然看到父亲赤裸着上身,只穿着一条短裤,倒在底楼至二楼的楼梯上,身下一大片鲜血。孩子急忙拼命呼唤母亲,可是也没有回应,她根本想不到,母亲已经被杀死在底楼的厨房里了。极度恐惧中小女孩拨通了"911"电话报警。

下面是根据电话录音整理的通话过程。

接警员(以下简称警):这里是"911"紧急中心。

孩子(以下简称孩):对不起……(哭声)

接警员:你在哪儿?

孩子:……(哭声)

接警员:(迅速根据来电显示系统找到登记的地址)你是在北郊俱乐部2575号吗?

孩子:……(哭声)

接警员:好,平静些,我能给你一些帮助吗?

孩子:我想他已经被打死了。

接警员:发生了什么事?

孩子:我看见他倒在楼梯上。

接警员:现在你在哪儿?告诉我你的地址好吗?

孩子:我在家里。

接警员:你是在北郊俱乐部2575号吗?是,还是不是?

孩子:我不知道。

接警员:你不知道?你几岁了?

孩子:六岁。

接警员:好。你的爸妈在吗?

孩子:爸爸……(哭声)死了。

接警员:他死了?

孩子:是的。我需要帮助。(哭声)

接警员:你镇静一些。你看爸爸还在呼吸吗?

孩子:我不知道。

接警员:我马上派人来,你不要挂电话,好吗?

孩子:……

接警员:你叫什么姓名?

孩子:艾丽。

接警员:你知道你的公寓号码吗?

孩子:不知道。

接警员:你看看周围有信件吗?上面有地址。

孩子:G4。

接警员:是G4?

孩子:G4。

接警员:你知道你的街名吗?

孩子:……

接警员:是北郊俱乐部吗?

孩子:是的。

接警员:你知道你的公寓门牌号吗?

孩子:不知道。

接警员:你爸爸几岁了?

孩子:不知道。

接警员:他发生什么事?

孩子:他全身都是血。

接警员:他在什么地方?
孩子:在楼梯中间。
接警员:楼梯在屋里还是在屋外?
孩子:在屋里。
接警员:有没有其他人和你在一起?
孩子:我不知道妈妈在不在楼下,我想喊一下。
接警员:好。
孩子:妈妈! 妈妈!
接警员:有回答吗?
孩子:没有。
接警员:你有祖父和祖母吗?
孩子:我的祖父和祖母在中国。只有爸爸妈妈和我在一起。
接警员:好。你能做两次深呼吸吗?……好……做得很好。你能为了父亲勇敢些吗? 你看看他醒着吗?
孩子:没有。
接警员:你知道发生什么事吗?
孩子:我不知道。我在睡觉。
接警员:好。他没有醒着,他不能和你讲话吗?
孩子:不能。
接警员:你知道妈妈在哪里吗?
孩子:不知道。
接警员:她会到外面去工作吗?
孩子:不知道。
接警员:好。艾丽,你不要挂断电话。你能看看你家门锁住吗? 你能为我打开门锁吗?
孩子:我害怕去楼下。
接警员:好,那你等在楼上。你能听到警报声吗?
孩子:我没有听到。
接警员:你继续和我讲话好吗? 不要挂断好吗?
孩子:好的。
接警员:你做得很好。救援人员马上就要到了,他们是来帮助你父亲的。不要害怕,好吗?
孩子:好的。
接警员:你听到有人敲门吗?

孩子:我听到了。
接警员:如果你听到很响的撞门声,不要害怕,好吗?
孩子:好的。
接警员:他们来帮助你爸爸了,他们是救援人员。
孩子:我听到他们在底下开门。
接警员:他们想打开门进来,如果你听到很响的"嘭"的声音,不要害怕,是他们在撞门。
孩子:好的。……他们进来了!
接警员:不要害怕,他们来帮助你的。
孩子:我知道了。
陌生人:有人吗?
孩子:有的。
陌生人:你在哪儿?
孩子:我在上面。
陌生人:只有你一个人吗?
孩子:是的。
陌生人:我们是消防队员。
孩子:好的。
接警员:艾丽,你做得好棒,你怎么学会打"911"的?
孩子:我妈妈教的。
接警员:你妈妈教你的?
孩子:爸爸妈妈都教过我。
接警员:艾丽,你做得真好,我真为你骄傲。你是个聪明的女孩。
消防队员:你受伤吗?
接警员:你受过伤害吗?
孩子:没有。
接警员:现在有人和你在一起了。
孩子:是的。
接警员:他们是消防队员吗?
孩子:是的。
接警员:你做得真好。任何时候你看见有人受伤害或者遇到危险,你就给我们打"911"电话,好吗?
孩子:好的。
接警员:你读几年级了。

孩子:一年级。

接警员:我儿子也是一年级。哦!不,我想今年是二年级了。(笑声)

孩子:我快过生日了。12月22日是我的生日。

接警员:那就在圣诞节前。你会收到两份礼物。一份是生日礼物,一份是圣诞礼物。

孩子:我不知道。

接警员:会的,你会收到的。你感觉好些了吗?

孩子:是的。

接警员:好。你做得真好。

消防队员:喂!我是消防队。

接警员:你与孩子在一起吗?……这就好了。

消防队员:警察到了!让警察和你讲话吧。

警察:我是警官哈利根。

接警员:这里是"911"紧急中心。

警察:我已到现场。

接警员:好了,谢谢。

警察:再见。

案例2

近代著名教育家蒋梦麟就任北京大学校长期间,常常以北平文化界领袖的身份冲锋在前,被日本军方列上逮捕的黑名单。1935年11月29日下午,日本宪兵径直来到北大校长室,"邀请"蒋梦麟到日本驻防军司令部"解释"其反对日本的事情。蒋梦麟认为,"临难毋苟免",答应在一个小时以后就去。当时很多人劝他不要去,但蒋梦麟考虑再三,还是在天黑之前赶到了设在东交民巷的日军司令部。他从容地走进日军司令部的办公室后,就听到门"咔嚓"一声锁上了。这时蒋梦麟发现一个日本士官拔出手枪站在门口。

蒋梦麟的独自前往,显然出乎日本人的意料。看到蒋梦麟进屋,屋内的一个日本大佐呆了半晌,过了好长时间才拉过一张凳子,强自镇定地对蒋梦麟说:"请坐。"接着,他居高临下地开始"审讯"蒋梦麟。

他说:"我们司令请你到这里来,是想知道你为什么要进行大规模的反日宣传?"

"你说什么?我进行反日宣传?绝无此事!我所做的一切,都是作为一个有良知的中国人应该做的。"蒋梦麟理直气壮地说。

"那么,你有没有在那个反对自治运动的宣言上签字?"日本大佐步步紧逼。

"是的,我是签了字。但反对华北自治,那是我们中国的内政问题,与反日运动毫无关系。"蒋梦麟面无惧色地据理力争。

日本大佐看到在这个问题上兜圈子,占不了便宜,于是迅速转移话题。"你写过一本攻击日本的书?"

"我们做学问的人,讲的是要有证据,不能信口开河。你说我写过攻击日本的书,请你拿这本书出来给我看看!"蒋梦麟的反问让日本大佐一时手足无措。

"那么,你是日本的朋友吗?"

"这话不一定对。我是日本人民的朋友,但也是日本军国主义的敌人,正像我是中国军国主义的敌人一样。世界上爱好和平的人,我和他们都是朋友;那些妄图侵略别人的人,都是我的敌人!"蒋梦麟义正词严地驳斥道。

日本大佐的脸红一阵、白一阵,但他不甘心自己的失败,想用威胁来迫使蒋梦麟屈服。他也知道,在蒋梦麟这样具有骨气的大学问家面前,来硬的可能会把事情弄得更糟。于是,他故意轻描淡写地说:"呃,你知道,关东军对这件事有点小误会。你愿不愿意到大连去与板垣将军谈谈?"

这时,电话响了,大佐接了电话以后转身对蒋梦麟说:"已经给你准备了专车。你愿意今晚去大连吗?"

"我不去。你们的'好意'我心领了,因为我没时间去。我的学校还有很多事务等着我去处理。等有机会我会在适当的场合拜会你们的将军。"蒋梦麟的回答极有分寸,而且没有丝毫的犹豫。

"不要怕。日本宪兵是要陪你去的,他们可以'保护'你。"日本大佐终于原形毕露。

听了日本大佐这样的话,本来坐在凳子上的蒋梦麟"嚯"地站了起来,正色道:"我不是怕。在我们有着铮铮铁骨的中国人的字典里,从来没有'怕'这样的字。再说,如果真的是怕,我也不会单独到这里来了。如果你们要强迫我去,那就请便吧——我已经在你们掌握之中了。不过,我还是劝你们不要强迫我。如果全世界人士,包括你们东京在内,知道日本军队绑架了北京大学校长,那你们可就要成为笑柄了。"

蒋梦麟的一番话软中带硬,显示出他巧妙的辩驳技巧。日本大佐听了这样的话,脸色立变,仿佛手心里捧着一只烫手的山芋:是把它丢了还是继续捧着,他左右为难。

"你不要怕呀。"日本大佐不知道该怎样应付这样的局面,只好心不在焉地重复这一句话。

"怕吗?不,不。中国圣人说过,要我们临难毋苟免。我相信你一定也知道这句话。你是相信武士道的。武士道绝不会损害一个毫无能力的人,因为伤害这样的人会令人不齿。"蒋梦麟很平静地对日本人说。

这时,电话又响了,这位日本大佐再次转身对蒋梦麟说:"好了,蒋校长,司令要我谢谢你这次光临。你或许愿意改天再去大连——你愿意什么时候去都行。谢谢你,再见。"

蒋梦麟昂首走出了日本宪兵司令部,看到了门外不远的地方焦急地向他的方向张望的家人、同事和学生,他长长地吁了一口气;然后不停地向他们挥着手。

后来,现代教育家罗家伦评价说,蒋梦麟是"郭子仪第二",大有单骑见回纥的精神。蒋梦麟大义凛然地独闯"虎穴"却能全身而退,他的勇敢、机智和巧妙应变,表现了中华民族那不可侮的浩然正气。

案例3

"马杜罗,你跟我出来一下。"自习课上,当同学们聚精会神写作业时,马杜罗却趴在课桌上打瞌睡。他跟在迈克老师后面,无精打采地走出了教室。

"你相信石头会开花吗?"老师的手掌里,躺着一枚光滑的鹅卵石。马杜罗不肯开口说话,只摇了摇头。两年前,一次偶然的患病,他落下了口吃的毛病,因为担心被别人嘲笑,他变得自卑,很少说话,学习成绩也一落千丈。

老师让马杜罗坐下来,拿出一把小巧的工具刀,埋头开始雕刻。很快,石头的上面,一朵小花栩栩如生。"你看,石头其实是可以开花的,只不过需要你转变一下思路而已……"老师又说,"我知道你一直喜欢看书,好故事应该与大家一起分享。周末的班会上,我希望能听到你的声音。"

马杜罗离开时,脸上带着自信的微笑。回到家里,他开始认真练习,对着镜子纠正自己的发音。一遍,两遍……周末那天,因为口吃总是躲在角落里的马杜罗,居然主动站到讲台上,虽然他紧张得大汗淋漓,说话也不是特别流畅,大家却送给了他最热烈的掌声。

多年以后，大学毕业的马杜罗，早已改掉口吃的毛病，成长为一个俊朗的小伙子。酷爱看书的他，梦想要成为一名职业作家，整天躲在租来的房子里写文章。不料，所有投出去的稿子，或者毫无音讯，或者收到退信，从来没有一篇能够发表。

那天，马杜罗发现口袋里的钱，只能勉强再维持几天的生活了，他怀着沮丧的心情，独自在街头漫步，竟然在街头邂逅了多年不见的迈克老师。与当年不同的是，老师早已经离开课堂，成了一位著名的雕刻家。

当他一口气说出心中的烦恼时，老师微笑着说："你知道我手里那块石头，为什么能开花吗？首先，因为我酷爱雕刻，每天所有的业余时间，都用来学习这方面的知识。另外，不管做什么事情，仅有喜欢不够，更重要的是要适合。就像我，每次将雕刻刀握在手中时，灵感总是如约而至。"

马杜罗忍不住倒吸了一口凉气，他想起自己每次写字时的艰难，那种搜肠刮肚的痛苦，忽然就明白了，自己喜欢文字，却只适合当一名读者，而不是一位作者。

第二天，马杜罗就按照街头的广告，跑去一家广告公司应聘。一年后，他又成为一名公交车司机等，为人谦虚、热情大方的他，受到同事们的尊敬，被选为行业工会领袖。于是，在工作之余，他又多了一项任务，那就是为争取普通工人的利益而奔波。从此，他慢慢步入了政坛，开始了不一样的人生旅程。

2012年10月10日，尼古拉斯·马杜罗被任命为副总统了！这个消息，像长了翅膀一样，迅速传遍了委内瑞拉的每一个角落。几乎所有熟悉马杜罗的人，都不敢相信自己的耳朵：他真的是当年那个口吃的马杜罗吗？会不会搞错了？

记者们蜂拥而至。面对他们连珠炮般的提问，马杜罗从容地反问："你们相信石头会开花吗？我信。"说着，他微笑着伸出手来，掌心躺着的，正是老师当年赠送的那块鹅卵石。隔了这么久的光阴，刻在上面的花朵，依然那么栩栩如生，一如年少时的梦想，从来不曾凋零。

参考书目

1. 刘伯奎.口语交际能力训练.北京:中国人民大学出版社.2011
2. 金正昆.社交礼仪教程.北京:中国人民大学出版社.1998
3. 王建华.大学生口语交际教程.北京:高等教育出版社.2011
4. 张颂.朗读学.北京:中国传媒大学出版社.2010
5. 陈昕,屠国平.教师口语艺术.北京:高等教育出版社.2012
6. 徐卫卫.大学生交际口语.杭州:浙江大学出版社.2007
7. 张颂.主持人场景应对技巧.北京:中国广播电视出版社.2011
8. 王群,曹可凡.节目主持语言智略.上海:复旦大学出版社.2008
9. 方其.商务谈判——理论、技巧、案例.北京:中国人民大学出版社.2011
10. 刘伯奎.教师口语训练教程.北京:中国人民大学出版社.2000
11. 程培元.教师口语教程.北京:高等教育出版社.2004
12. 秦海燕.教师口语训练教程.济南:山东人民出版社.2008
13. 唐树芝.口才与演讲.北京:高等教育出版社.2005
14. 韩广信.演讲与训练.大连:大连理工大学出版社.2008
15. 包镭.演讲与口才技能实训教程.北京:北京大学出版社.2009
16. 钟敬文主编.中国礼仪全书.安徽科学技术出版社.1997
17. [美]戴尔·卡耐基.卡耐基人际关系手册.杭州:浙江文艺出版社.1987
18. 张蔼珠.谋略之战——论辩赛的理论、筹划与运作.上海:复旦大学出版社.1997
19. 张鸿苓.中国当代听说理论与听说教学.成都:四川教育出版社.1998
20. 方言.教学实用口才.北京:中国戏剧出版社.2000
21. 冉永平.语用学:现象与分析.北京:北京大学出版社.2010
22. 姜望琪.当代语用学.北京:北京大学出版社.2003
23. 康家珑.交际语用学.厦门:厦门大学出版社.2000
24. 王建华,周明强.现代汉语语境研究.杭州:浙江大学出版社.2003
25. 申明清,陈民民.实用口语交际.上海:上海科学技术文献出版社.2007
26. 柳青,蓝天.有效沟通技巧.北京:中国社会科学出版社.2006
27. 宋欣桥.普通话朗读训练教程.吉林:吉林人民出版社.1993
28. 钱维亚.幼儿教师口语.北京:高等教育出版社.2010

29. 刘伯奎.青年口才训练系统.郑州:河南人民出版社.1997
30. 赵兵,王群.朗诵艺术创造.上海:汉语大词典出版社.2001
31. 【美】珍妮特·沃斯,【新西兰】戈登·德莱顿.学习的革命.顾瑞荣,陈标,许静,译.上海:上海三联书店,1998
32. 【美】戴尔·卡耐基.美好的人生.北京:民主与建设出版社.2004
33. 【美】戴尔·卡耐基.做淡定的自己.武汉:武汉出版社.2011
34. 【美】戴尔·卡耐基.人性的光辉伟大的人物.北京:中国文联出版社.1995
35. 【美】戴尔·卡耐基.人性的弱点全集.袁玲,译.北京:中国发展出版社.2008
36. 【美】戴尔·卡耐基.卡耐基:人性的优点.刘祜,译.北京:中国城市出版社.2006
37. 【美】戴尔·卡耐基.如何停止忧虑开创人生.陈真,译.北京:中信出版社.2008
38. 谷振诣.批判性思维教程.北京.北京大学出版社.2006
39. 【美】理查德·格里格,菲利普·津巴多.心理学与生活.王垒,王甦,译.北京:人民邮电出版社.2003
40. 【美】罗伊·鲍迈斯特,约翰·蒂尔尼.意志力.于丹,译.北京:中信出版社.2012
41. 宋青林.演讲与口才训练.北京:经济科学出版社.2010
42. 岳凯华,沈飞跃,等.演讲与口才.长沙:湖南大学出版社.2011
43. 颜永平,杨赛.演讲与口才教程.上海:华东师范大学出版社.2012.
44. 胡伟,邹秋珍,等.演讲与口才实用教程.北京:科学出版社,2010
45. 关彤.大学生口才训练.北京:北京大学出版社,2011.
46. 表扬与批评的技巧.辽宁:辽宁科学技术出版社.2008
47. 福田健.激励和批评艺术.北京:国家行政学院出版社.2011
48. 格雷厄姆·帕金斯.求职——教你如何打动招聘官.南京:华夏出版社.2009
49. 乐轩.求职面试技巧.北京:中国社会出版社.2008
50. 麦可思研究院.大学生求职决胜宝典(2013年·本科版).北京:清华大学出版社.2013
51. 演讲与口才.吉林:演讲与口才杂志社,2010—2013
52. 舒丹.演讲口才.北京:中国长安出版社,2005
53. 张振昂.口语交际教程.广州:广东高等教育出版社,2000
54. 罗佳汇.口才铂金卷.北京:海潮出版社,2003
55. 官辉.辩论阶梯:实用智辩制胜入门.北京:西苑出版社,2002
56. 刘显国.语言艺术.北京:中国林业出版社.2001
57. 邵如生.公关实用口才.北京:中国财政经济出版社.1997